献给同胞向荣、向华和永高

文化转场

非遗散论

岳永逸 著

九州出版社

图书在版编目（CIP）数据

文化转场：非遗散论 / 岳永逸著. --北京：九州出版社，2023.8
ISBN 978-7-5225-1861-9

Ⅰ．①文… Ⅱ．①岳… Ⅲ．①民间文学－文学研究－中国－文集②非物质文化遗产－中国－文集 Ⅳ．①I207.7-53②G122-53

中国国家版本馆CIP数据核字（2023）第095559号

文化转场：非遗散论

作　　者	岳永逸　著
责任编辑	张艳玲　王佶
封面设计	吕彦秋
出版发行	九州出版社
地　　址	北京市西城区阜外大街甲35号（100037）
发行电话	（010）68992190/3/5/6
网　　址	www.jiuzhoupress.com
印　　刷	北京盛通印刷股份有限公司
开　　本	710毫米×1000毫米　16开
印　　张	21.5
字　　数	247千字
版　　次	2023年8月第1版
印　　次	2023年8月第1次印刷
书　　号	ISBN 978-7-5225-1861-9
定　　价	78.00元

★ 版权所有　侵权必究 ★

本成果得到中国人民大学 2021 年度"中央高校建设世界一流大学(学科)和特色发展引导专项资金"支持。

非物质遗产既是一所医院,也是一支伴舞乐队:一个关注传统与社区生死存亡的严肃事业,一个服饰绚烂、灯光闪耀、旋律优美的筹款晚宴舞会。

——[冰岛]沃尔迪玛·哈福斯坦(Valdimar Tr. Hafstein)

他把眼睛睁得大大的,张着嘴,还撑开了翅膀。历史的天使一定是这个模样!他把脸孔朝向过去。在我们遭遇一连串事件的地方,他看到唯一的灾难不断地产生一堆又一堆的瓦砾,并把它们扔在他的脚前。他似乎想在那里停留,唤醒死者,并将破碎的东西组合起来。不过,一场风暴却从天堂刮来,猛烈地吹打他的翅膀,而使他无法将它们收拢起来。这场风暴不停地把他刮向他所背对的未来,他面前的瓦砾堆已愈堆愈高,而耸入云霄。这场风暴就是我们称为"进步"的东西。

——[德]瓦尔特·本雅明(Walter Benjamin)

目 录

代序　个人的非遗，实然与应然……………………1

53　壹
绪　章
非遗的"雾霾"………………………………………54

67　贰
野　乘
重述中国神话…………………………………………68
仙话的当代赋意………………………………………78

97　叁
节　日
粽子与龙舟，日渐标准化的端午节…………………98
大春节观，年味浓淡的色素分析……………………109

127　肆
曲　艺
言地语人，非遗曲艺之魂……………………………128
技术世界曲艺的可能…………………………………162

183 伍
庙 庆

层累金顶，非遗化皇会……………………184
庙会的非遗化与学界书写…………………230

263 陆
转 场

草根·小剧场·空壳艺术……………………264
转基因，非遗的馆舍化……………………289

311 柒
余 韵

回首向来萧瑟处……………………………312

附录 修山，小民的丰碑……………………323

后记……………………………………………335

代序
个人的非遗，实然与应然[1]

一、制造出来的非遗

多年来，关于非物质文化遗产（Intangible Cultural Heritage，以下简称"非遗"），人们基本是以联合国教科文组织（UNESCO）2003年《保护非物质文化遗产公约》（以下简称《非遗公约》）的界定为准。[2]然而，隐含了历史、政治、地方、个体复杂性和行动主体生命体验与情感的非遗，绝非一个先在的东西，其能指与所指有一个生成的过程，内涵与外延有着人为的规定性。这使得其作为一个语词和符号在不同时空、语境、人群的使用交流中，有着转喻和隐喻，及至二者的叠加、混融。因此，

---

[1] 作为"代序"，本部分是对刊发在《民俗研究》2023年第1期的《文化转场、个人的非遗与民族共同体》和《读书》2023年第7期的《镜头、馆舍与房舍》两文的整合与扩充。

[2] 关于《非遗公约》的宏大意义，学界多有阐释，可参阅户晓辉：《文化多样性与现代化的人权文化——对联合国教科文组织三个公约的政治哲学解读》，《遗产》2020年第1辑。

暂时脱离抑或超越《非遗公约》的界定，直面那些标识为非遗和力求"非遗化"的文化事象——民俗，结合中国的实际与传统，我们就会发现非遗始终有的作为一种技艺的政治属性。换言之，政治文化与文化政治实乃非遗的一体两面。以此，再审视下述问题就别有洞天：联合国教科文组织为何会要推行非遗保护？其本身存在哪些悖论？这些悖论又为何是世界性的？中国的非遗保护该何去何从？怎样才能切实服务人民和文化强国的初心，并产生世界性影响？

不容置疑，非遗是文化。然而，当将之从一个文化整体中按照一定标准辨析出来，单独作为一个门类予以强调时，有了意识形态判断且暗含道德、伦理色彩的非遗，已经演化为一种政治文化。进而，对非遗的申报、评定与保护也就在事实层面成为大小、层次不同的共同体之间交际的政治技艺。在明争暗斗的过程中，因妥协抑或所谓的共识而生的规训多样化的"标准化"在所难免。在所有政体科层制行政机构天生有的官僚主义[1]的裹挟下，非遗文化也越来越远离其原本试图呈现和强调的梦想与价值理性——人类文化的多元性，而日益呈现出彰显褊狭的民族主义、保守的地方主义甚或自私自利的个人主义的工具理性。[2]同时，价值理性与工具理性你来我往、犬牙差互的角力场又赋予非遗以追名逐利的实践理性。即，不同群体、不同名义、不同方式的抱残守缺、故步自封，或者利用、改造以及"创新"——文化身不由

---

[1] 塞尔托（Michel de Certeau，又译为塞托）认为：官僚主义是"无名氏的统治"，实乃一种"无独裁者的独裁政治"；在不停地从其自身的模糊性中得到好处的同时，官僚主义也越发丧失了其可信性；社会生活越官僚主义化，暴力倾向就越严重。参阅[法]塞尔托：《多元文化素养》，李树芬译，天津：天津人民出版社，2002，第80页。
[2] Lynn Meskell, *A Future in Ruins: UNESCO, World Heritage, and the Dream of Peace*, Oxford: Oxford University Press, 2018.

己的转场,甚至转基因。有意思的是,虽然初衷大相径庭,却呈现出"馆舍化"这一终端形态。[1]

庸常的现实代替了宏大的理想!

二、政治的博弈与技艺

联合国教科文组织的成立、《非遗公约》的缔结与推进的历史语境是二战之后殖民地国家纷纷独立、国际秩序重组、苏美争霸和最后美国一家独大的后殖民时代。这也是一个工业文明全面盛行,信息文明、数字文明迅猛来临而日新月异的时代。在此次国际格局的重组中,相较磨刀霍霍的新生超级大国美国以及不可避免处于颓势的英国,曾经在西方世界"自我优位"的法国明显处于次等地位。自然,文化就成为不甘人后的法国欲重振昔日威风和在国际领域拥有话语权的一个抓手。作为没有多少实际权力,执行力也总是打折扣的国际联盟组织,联合国教科文组织总部落户巴黎实非偶然。2003年在缔结《非遗公约》时,英、美的同时缺位和至今的缺席亦属情理之中。[2]

换言之,联合国教科文组织框架下的非遗保护是不同政治集团、民族国家与意识形态之间斗争和妥协的宁馨儿,且与冷战思维下的民族主义、大国文化外交有着松紧不一的关联。长期被殖民后独立的玻利维亚、韩国和二战的战败国日本在《非遗公约》

---

[1] 王巨山:《遗产·空间·新制序:博物馆与非物质文化遗产保护研究》,北京:商务印书馆,2018;武洪滨:《博物馆叙事语境中的非物质文化遗产》,《中国人民大学学报》2022年第1期。

[2] 《非遗公约》缔约国见网页:https://ich.unesco.org/en/states-parties-00024?。查询时间:2021年12月12日。

的缔结过程中扮演了举足轻重的角色,均有其必然性。[1]在相当程度上,这使得效仿1972年《保护世界文化和自然遗产公约》的《非遗公约》又是对前者奉为圭臬的以欧洲为中心的物质主义的反动,是对文化领域内既存的西方霸权的挑战与冲击,而非仅仅是修正和补充。

在中国,伴随经济发展,《非遗公约》借行政力量的嵌入,使"非遗"不但快速代替此前盛行的"原生态",而且具有了与二十世纪初的"民间""民俗"一样的启蒙性以及在日常生活领域的革命性。如果不固守"非遗"一词在中国落户、安营扎寨的时间节点,而是将时限延伸至清末,我们就会发现在一百多年前那个被列强鱼肉的岁月,中国已经有不少后来非遗所指的技艺性文化在世界博览会上亮相。1884年,中国音乐是伦敦国际卫生博览会的主题之一。此次博览会期间,除在中国展厅展陈了四十多种中国乐器之外,有六名八角鼓艺人每天定时在展区的中国茶室、餐厅演奏,并应邀助兴英国权贵的社交活动。[2]1915年,茅台酒在美国获"巴拿马万国博览会银奖"。[3]1949年以后,面对一穷二白的国情和资本主义世界封堵的残酷,周恩来指示成立的中华杂技团主要就是用中华儿女身体的极限美征向世界宣示新中国不屈不挠、奋力前行、睦邻友好的新形象。同期,凝聚着高超

---

[1] Valdimar Tr. Hafstein, *Making Intangible Heritage: EI Condor Pasa and Other Stories from UNESCO*, Bloomington: Indiana University Press, 2018, pp.25-68, 73-85; Yim Dawn-hee, "The UNESCO-Designated Intangible Cultural Heritage of Korea, China, Japan, and India: A Comparative Study of Their Preservation and Transmission", *Asian Comparative Folklore*, Vol.27 (2004), pp. 571-595.
[2] 宫宏宇:《晚清海关洋员与国际博览会上的中国音乐:以1884年伦敦国际卫生博览会为例》,《中央音乐学院学报》2015年第2期。
[3] 相关网页都注明是"金奖",但应该是银奖,参阅黄萍:《从小偏乡到大舞台:茅台酒声望的拓展(1915—1935)》,《中国饮食文化》2020年第2期。

技艺、在宫廷与市井乡野回环流转并具有审美价值的景泰蓝、漆器、雕器、料器等现今被命名为非遗的手工艺品不仅是创汇的文化产品，还是外交的国礼。

不论出于何种原因、由何人选送，这些文化在世界舞台的亮相，不仅让直接参与者自豪，让国人振奋，而且至今都是相关技艺、传承者津津乐道的谈资，是申报非遗名录时、宣传非遗时必然会大书特书的光荣史、前史。这些并不久远的史实，意味着文化在传承、传播和交流过程之中，始终与政治的高度关联性。在传统意义上同属儒家文化圈的东亚，不同国别之间对非遗争抢的执拗，借非遗申报对文化主权的宣示更强化了文化的政治意涵、疆界与族性。不同国家或地区对某一文化事象的联合申报，同样有着相互妥协而政治结盟的内在情趣。在此意义上，非遗绝非客观化而外在于政治的存在，其本质就是一种政治文化，而且表面的共荣是以排斥性或者说排他性的选择机制和明争暗斗以及妥协、共谋为基础。

那么，又该如何理解非遗的文化政治的一面？在不到二十年的时间里，非遗保护在中国就成为一个社会各界积极参与的运动，成就举世瞩目。事实上，从二十世纪初的"民间""民俗"和二十一世纪初昙花一现的"原生态"到战斗力强的"非遗"这一语汇变迁链，都表征着中华民族崛起的奋斗历程。这些意在唤起国民意识、文化自觉、文化自信和民族自豪感的语词或长或短时间的盛行，都是现代民族国家意识形态建设的一环，其本身就是民族国家政治建设，尤其是国民精神重塑的关节点，有着不言而喻的政治上的正确性。如果说在二十世纪初与五四新文化运动一同到来的民间、民俗是中华民族觉醒因而精英阶层眼光向下、到农村去、到民间去联手工农的"誓言"，那么在近一个世纪之后的非遗则是中华民族崛起的"纪念碑"。与民间、民俗在羸弱岁月多少是因外力的嵌入不同，非遗是二十一世纪的中国以平等之姿，不卑不亢地主动迎请。内向性与外向性兼具的非遗全面代替最终以内向性为基本旨归的民间、民俗，就有着不言而喻的当下政治上的应然。当然，非遗也赋予了民俗以新的意涵，即民俗不再仅仅是文化，还是需要主动继承并向他者高调展示的优秀民族文化遗产。[1]

这样，也就不难理解政府对非遗运动持续的大力度投入。2020年，教育部正式将"非物质文化遗产保护"列入普通高等学校本科专业目录，将其归类在艺术学之下的"艺术学理论"，代码为130103T。[2]尤为值得关注的是，在民族主义、爱国主义等情绪的簇拥下，非遗进一步激活了传统文化意识中固有的家国情怀与天下意识。如是，社会各界的积极参与自然而然：游子魏小石对民歌满怀期待而又不乏伤感的聆听，[3]资深编审宋安群对广西民歌的诗意寻踪；[4]作家严优对中国神话、仙话闪烁着才气和个

---

[1] 在众多类别的非遗中，近代中国以来就被钉在耻辱柱上而污名化的民间信仰尤为敏感。与高丙中一样，李华伟也认为非遗运动赋予了民间信仰以新的生机，其文化意涵得到有限且不乏善意的认可。但是，在强调民间信仰被整合进大传统的同时，李华伟更敏锐地意识到因为非遗化的民间信仰强调的是地方性与特异性，而存在潜在的解构功能。陈进国则注意到为融进非遗序列，民间信仰弱化其宗教性而强化其遗产性的谋略与技艺。参见高丙中：《作为非物质文化遗产研究课题的民间信仰》，《江西社会科学》2007年第3期；《中国的非物质文化遗产保护与文化革命的终结》，《开放时代》2013年第5期；李华伟：《正祀与民间信仰的"非遗化"：对民间信仰两种文化整合战略的比较》，《中央民族大学学报（哲学社会科学版）》2019年第2期；陈进国：《信俗主义：民间信仰与遗产性记忆的塑造》，《世界宗教研究》2020年第5期。
[2] 参见网页：https://m.gmw.cn/baijia/2021-03/01/1302141041.html。查询时间：2021年12月25日。
[3] 魏小石：《民歌笔记：田野中的音乐档案》，北京：电子工业出版社，2016。
[4] 宋安群：《天籁地声——广西情歌之旅》，桂林：漓江出版社，2018；《天歌地唱——广西当代山歌笔记》，桂林：漓江出版社，2020。

性的当代赋意，[1]小学教师黄俏燕对中国民间故事绘声绘色的再讲述，[2]主持人格桑卓玛对喜马拉雅童话一往情深的再编写，[3]民俗学者刘宗迪对《山海经》妖怪、万物和星空严谨细致的通俗写作；[4]新闻记者闫海军对陇中手艺的辛勤踏查，[5]策划、广告创意人罗易成对中国"守艺人"长期的拍摄和记述，[6]经常和荧屏打交道的巴晓光对福州龙舟带有暖意的"热描"，[7]人类学者胡嘉明对陕北剪纸、说书长时段的民族志释读；[8]诗人兼导演的王逸杰对日本匠心的默观凝视[9]……同步发生的是，自上而下推进的非遗运动也反向成为社会治理中有效的一环。

因为制度性的强力推进，非遗运动产生了海量的就业岗位，涉及行政、传媒、出版、科研、文旅、博物馆以及乡建（乡村振兴）等多个领域、行业。行政方面，从文化和旅游部的非遗司，到文化馆、群艺馆、非遗馆、非遗传习基地等多个事业单位，有着大量的行政人员。传媒方面，非遗板块已经全面覆盖平面媒体、网络媒体、影视传媒。出版业方面，与非遗相关的志书、丛

---

[1] 严优：《诸神纪》，北京：北京大学出版社，2017；《诸仙纪》，北京：北京大学出版社，2022。
[2] 一苇述：《中国故事》，北京：中信出版社，2017；《中国故事》，昆明：晨光出版社，2021。
[3] 格桑卓玛编著：《喜马拉雅童话》，拉萨：西藏人民出版社，2020。
[4] 刘宗迪：《〈山海经〉的世界：妖怪、万物与星空》，成都：四川人民出版社，2021。
[5] 闫海军：《陇中手艺》，北京：北京大学出版社，2018。
[6] 罗易成：《中国守艺人一百零八匠：传统手工艺人的诗意与乡愁》，北京：生活·读书·新知三联书店，2018；《求同存艺：两岸手艺人的匠心对话》，北京：生活·读书·新知三联书店，2021。
[7] 巴晓光：《诸神的游戏：中国福州龙舟的传统与禁忌》，福州：福建人民出版社，2021。
[8] 胡嘉明：《延安寻真：晚期社会主义的文化政治》，廖彦乔、童祁译，香港：中文大学出版社，2018。
[9] 王逸杰：《生生·匠心比心》，北京：生活·读书·新知三联书店，2017。

书、音像等电子产品的出版连绵不绝。科研方面，许多高校都设有非遗研究机构，研究生、本科生招生正在大举推进，关于非遗的专业期刊和期刊的非遗专栏同样稳步增长。文化和旅游部主管、中国艺术研究院主办的《中国非物质文化遗产》杂志已经于2020年创刊。在消费层面，不少民俗旅游易名为非遗旅游，旅游目的地也相继建立非遗体验馆、展览馆，等等。因横贯各个行业的"非遗业"，包括各级非遗名录的传承人在内的"非遗人"已经成为一个新生的职业群体和身份标签。[1]

显然，非遗业、非遗人在极大促进经济发展的同时，也振奋了国民精神。可是，在强化文化自觉、自豪与自信的同时，非遗也促生了明显小家子气而画地为牢的文化自恋和将非遗对象化、他者化后而生的浪漫想象。政治、经济与作为文化基因的家国情怀的合力，使得非遗运动从原本意义上以非遗传承人或传承主体为核心的日常生活转型为多个异质性群体广泛参与的全民事件，[2]以致有了觉得同时实现非遗内、外价值的可能。[3]因应信息时代的多介质，非遗原本内敛型的社区传承、群内传承、师徒传承、家族传承、性别传承向着开放、散点、多元、不拘一格的社会传承

---

[1] 2021年12月27日，文化和旅游部发公告取消了乔月亮等5人的国家级非遗代表性传承人资格。虽然是惩戒性的新闻，但公告的广泛播布反而强化了"非遗人"这一因非遗运动而生的身份标签。 更不用说，在《光明日报》这样的主流媒体上举办的差不多持续半年的"中国非遗年度人物"的评选与宣传。参阅：http://zwgk.mct.gov.cn/zfxxgkml/fwzwhyc/202112/t20211227_930063.html。查询时间：2022年1月1日；《2021"中国非遗年度人物"100人候选名单公布》，《光明日报》2022年1月19日第04版；《2021年"中国非遗年度人物"揭晓》，《光明日报》2022年6月11日第04版。
[2] 黄龙光：《非遗视野下彝族花鼓舞保护的多主体协作》，《内蒙古艺术学院学报》2019年第1期。
[3] 李向振：《作为文化事件的非物质文化遗产保护的内外价值实现》，《云南师范大学学报（哲学社会科学版）》2021年第5期。

迈进，[1]甚至出现想当然的虚拟空间的虚拟传承。在此转型过程中，为我所用的"制造"非遗、"婉饰"（euphemism）[2]非遗在所难免，产业化也理所当然。

随着以活态传承、创造性转化和创新性传承等主流话语为托词的非遗产业的兴盛，原本与传承主体的日常生产、生活、生计一体的非遗便不可避免地会脱离原境（context）而"异化"。与此同时，因为完全听命于非遗的能指与所指，非遗人，尤其是非遗传承人也同步被非遗"物化"而呈现出另一种异化。这也即非遗人对非遗承载的家国情怀、民族情结、悠久历史、艺术价值不乏投机性的无止境渲染。这些渲染，在遵从政治意志的同时，又以政治誓言的方式成就了一种无我无人而空洞无物，只有国、乡与艺的非遗叙事诗学，甚或说非遗神学。在事实层面，有形、无形的非遗产品必定嵌入、凸显历史悠久、文明厚重的国家符号。湖北黄石道士洑村的端午节就是这样在非遗化过程中被屈原化，而升位到民族层面、国家层面以及世界层面。[3]在表述层面，如同山西洪洞羊獬三月三接姑姑的非遗叙事那样，[4]喋喋不休的是在艰难岁月甚或生计无着的窘境下，如何大无畏地坚持传承这些优秀的民族文化。如此，在正史中被否定的皇权政治、帝王趣味以及"文化大革命"反而成为诸多非遗叙事浓墨重彩的亮点。

上述这种完全指向民族国家的非遗之实践理性，是作为社会治理技艺也是文化政治的非遗运动的必然结果。它也使得非遗运

---

[1] 这应该是当代社会非遗传承的共性，日本已发生了这样的转型。参阅王晓葵：《现代日本社会的"祭礼"——以都市民俗学为视角》，《文化遗产》2018年第6期。
[2] P. Bourdieu, "The Economy of Symbolic Gods", in *The Logic of Practice*, Cambridge: Polity Press, 1998, pp.92–123.
[3] 宋颖：《端午节：国家、传统与文化表述》，北京：商务印书馆，2016，第226页。
[4] 周希斌主编：《尧舜之风今犹在》，北京：中国戏剧出版社，2006。

动成为一种润物无声的"教化"工程，成为一种有效统合文化、整合社会、整顿社区以及凝聚人心的变革的工具。其中，当然有非遗人审时度势的自我评估，尤其是对《非遗公约》、政策、法规的理解，和与执行非遗政策的行政官员交往的策略以及狡黠。在有意无意之间，作为社会治理技艺的文化政治，非遗在其实践理性层面也同时转化为非遗人的政治文化。换言之，政治技艺本身不是单向度的，而是多向度的，是治人者的，也是治于人者的。而且，作为社会治理技术的非遗运动还凸显了另一个悖论。即，《非遗公约》中所强调的个性、地方性、多样性与申报过程中势必要凸显的民族主义、国家主义之间的不可调和性。逐层申报制度，在强化地方性与多样性的同时，过滤掉的也正好是这些试图要强调的地方性与多样性。在相同行政级别非遗的竞争中，顺利晋级的砝码、密码并非地方性与个性，而是谁能代表更高一级的行政级别、地域范围且能在更广范围引起关注、产生影响，直至符合在联合国教科文组织那里一个形同虚设的标准——"人类文化"。

  在一定意义上，保护也就与毁灭同步。至少，混沌抑或说混乱被井然有序的外表和共荣的光环所替代、置换。因应政府的政治目标、官员的政绩指标、绝大多数专家学者的生存策略以及民众的美好愿望之间的一致性，非遗运动也成功地成为对内的行政治理术和对外的国际交往术中有机的一环，且是不露声色、春风化雨般的远距离治理和柔性交际。

三、馆舍非遗的镜头美学

  众所周知，《非遗公约》的缔结，日本至关重要，且扮演了领头羊角色。中国政府主导的非遗运动的迅猛展开，与韩国江陵端午祭申报联合国教科文组织的非遗名录紧密相关。部分国人因"端午"两个字对韩国江陵一个地方性庆典的误读,迅速发酵,大大激发了各阶层国人的爱国主义。进而,政府快速介入,顺理成章地将非遗迎请进来。因为是顺应国际潮流而不甘人后的快上大干,标准化也就成为运动式文化治理的基本特征。

从申报角度而言,非遗运动是自下而上的。可是,上位的终决权,使得其实质是自上而下的。随着行政规章、制度的日渐完善,非遗的申报条件日益明细化。虽然可能事先在基层政府或申报方的迎请下跑马观花式地调研,但有着终决权的评审专家、行政官员大多对申报项目本身并不熟悉,他们基本上只能根据申报材料与根据《非遗公约》而来的政府文件的匹配度,根据申报材料的完美度和个人的主观意志、好恶、识见进行裁决。这不可避免地导致非遗申报书的形式化、标准化,及至很快成为一种特征鲜明的文类。其中,申报项目的历史演进、传承谱系、具体内容、精湛技术、完美技艺、社会影响与效益等必不可少。当一窝蜂而上的申报者都想分得非遗的政策红利时,申报条件就日趋复杂,诸如挂靠单位、法人,意在向终决者证明真实的图片资料、三到五分钟的精彩视频,等等。

非遗多是前工业文明时期的产物。虽然有着官民互动的回环流转,但散乱、碎片化的非体系化,以及因时、因人、因地而异的个性化,是其普遍特征。1931年,定县平民教育运动发现的秧歌艺人刘洛福被李景汉等中华平民教育促进会诸君派送到北平演出,引起轰动。然而,就是这样一个当年能在城乡游走的"名角儿",其生卒年也不详。在传说叙事中,因为大才子苏东坡曾在定州为官,虽然时间短暂,人们还是将定县秧歌的发生与之捆绑一处。[1]然而，当下的申报文本则要求将这些散乱的也是口耳相传、言传身教的知识逻辑化与精细化。这快速形成了非遗叙事的"神圣"维度，和对非遗的"神化"。

首先，谈及源起，必坐实传说中的人物，甚至要标明其生卒年。相声行当的祖师爷"穷不怕"朱绍文的生平随着非遗运动的展开越来越清晰，而另一个对相声发生、演进有着重大影响的张三禄则越来越模糊。其次，为强调自身的根正苗红、根基深厚，非遗申报时要渲染创始者的功绩、伟力，以将其美化。由此衍生出了第三点，进一步强调欲申报项目与上层文化，尤其是宫廷文化、皇权政治之间的关联。如北京的太平歌词、双簧等非遗项目，都会强调其与慈禧太后之间的渊源；中幡、掼跤都会强调其是从宫里出来的高贵出身；与妙峰山庙会关联紧密的诸多香会都会追溯并炫耀其"皇会"基底。第四，对传承谱系和连续性的强调，导致"文化大革命"在非遗叙事中化身为成就非遗的"厄"。不少文本都强调，在此期间人们如何大无畏也是机智地将可能被打砸的神圣物饰藏匿起来，甚或暗地里进行仪式实践。

如此，非遗申报文本标准地呈现了中华文化的上下一体性

---

[1] 苏轼确实写过《秧马歌》，但这显然与定县秧歌无涉。原诗云："过庐陵，见宣德郎致仕曾君安止，出所作《禾谱》，文既温雅，事亦详实，惜其有所缺，不谱农器也。予昔游武昌，见农夫皆骑秧马。以榆枣为腹，欲其滑；以楸桐为背，欲其轻；腹如小舟，昂其首尾；背如覆瓦，以便两髀。雀跃于泥中，系束藁其首以缚秧，日行千畦。较之伛偻而作者，劳佚相绝矣！《史记》：'禹乘四载，泥行乘橇。'解者曰：'橇形如箕，擿行泥上。'岂秧马之类乎？作《秧马歌》一首，附于《禾谱》之末云：春云濛濛雨凄凄，春秧欲老翠剡齐。嗟我妇子行水泥，朝分一垄暮千畦。腰如筊箙首啄鸡，筋烦骨殆声酸嘶。我有桐马手自提，头尻轩昂腹胁低。背如覆瓦去角圭，以我两足为四蹄。耸踊滑汰如凫鹥，纤纤束藁亦可赍。何用繁缨与月题，揭从畦东走畦西。山城欲闭闻鼓鼙，忽作的卢跃檀溪。归来挂壁从高栖，了无刍秧饥不啼。少壮骑汝逮老黧，何曾蹶轶防颠隮。锦鞯公子朝金闺，笑我一生踏牛犁，不知自有木驶騠。"参阅曾枣庄、舒大刚主编：《苏东坡全集》，北京：中华书局，2021，第679—680、2446—2448页。

和历史演进的连续性,并流于形式化,成为大历史的异文,而非仅仅是投影。原本接地气、聚人气的东西反而脱域、离地、空壳化。非遗本身与践行者-传承者、体验者-观者/消费-享用者的日常生活,尤其是生命体验、情感和心性之间的关联反而被忽视。因为是系统且有效地纳入行政管理,在申报成功之后,能够带来价值、效益和影响的活态传承自然成为考评的新杠杆。文化遗产如何转化为文化资产、文化资本,直至最后的文化产品,迫在眉睫。他者的目光、兴致和钱袋,左右了要活态化传承的非遗的诸多样态和可能有的路径与策略。创新性传承和创造性转化也顺理成章地成为非遗活态化传承的招幌。

在世界范围内,随着无线电、半导体的发明,曾有过广播一统天下而人们主要靠听(侧耳、伏地、伸长脖子、屏息静气)获取信息、过活的辉煌的音频时代。尽管如此,从报刊、电影到电视,从广告到商家推出的各类节目、直播带货,从相片、数码到VR(Virtual Reality)、AR(Augmented Reality),我们的社会早已使视觉"癌变"。视觉一家独大,其重要性日渐胜过听觉以及触觉、味觉、嗅觉。早已有之的"眼见为实,耳听为虚"被进一步强化。曾经在人类社会占有重要位置,尤其是记忆、演说历史,知天地、识命运、言生死、测未来的瞽者被彻底边缘化。以视觉为主导兼及听觉的观,成为人们感知、认识自然、自我和社会的主导方式。与之相应,长时间凝视屏幕、深居简出的"宅"越来越具有普遍性,少了地域差、代际差和性别差。较之过往,人们更习惯于"依据事物展示或被展示的能力来衡量其真实性"。[1]互

---

[1] [法]塞托:《日常生活实践 1.实践的艺术》,方琳琳、黄春柳译,南京:南京大学出版社,2015,第41页。

为因果，穿衣镜、风月宝鉴（镜）、望远镜、显微镜、近视镜、老花镜、潜望镜、太阳镜、隐形眼镜、泳镜、哈哈镜、猫眼、天眼，纷纷得以发明和盛行。

近代化以来，眼镜在中国也一度成为"唯有读书高"的知识（分子）的象征与代称。原本喻指孕妇也是俗语的"四眼人"不再是一种宗教意义上的禁忌、一种世俗意义上的防护机制、一个五味杂陈的贬义词，转而有了一言难尽、欲说还休的褒义：以对文字–知识的敬拜为名，体态动作上的低头敬惜字纸演化为对眼镜–科技的仰视、膜拜，以致戴眼镜成为一种时尚。正是因为视觉的重要，在"四眼人"这个俗语转义的征程中，不但眼保健操成为全民整齐划一的日常操练，安抚眼睛的眼药、恢复–矫正视力的神药、技艺和手段在不停地发明、快速地推广与认真地践行。

在当下这个被数码技术、无线网络、智能手机以及大数据操控与支配，随处可演、可观而演观一体的戏剧性的视频社会，每个人也当仁不让地成为滥用"知识"的权威，而且集暴露癖和窥视欲于一身。自视与对视、展视与窥视、敞视与监视自由切换，随意翻转。与"度娘"一样，包括抖音在内的各种审丑或审美、真假参半、短频快的"直播"，成为融产、销、传于一体而无所不及、无所不能的"知识资本家"，侵蚀着既往的教育权威、方式与制度。对于快节奏的都市生活而言，在固定的空间展陈种种非遗物象，反讽式地强化了非遗的物质性，使非遗成为可观的抑或说阅读的，活化了异质时空——"房舍"的非遗。同时，它也潜在迎合了都市子民对乡野"桃花源"式的浪漫想象和在精神层面对"慢生活"的追求以及象征性的温吞占有。与非遗的数码化、抖音化同步，美轮美奂的镜头化非遗、百科全书式的馆舍化非遗势在必行，也大行其道。

在利奥塔（Jean-Francois Lyotard）那里，"房舍"是与都市文明相对的乡村文明的代称。[1]然而，在呈现房舍与大都市整体性对峙的同时，利奥塔反而忽略了二者并非一种简单的对立关系，而是一种互相投影、呈现的涵盖关系。为此，从空间形态而言，作为房舍的对立面，"馆舍"或者能更好地体现利奥塔"大都市"的隐喻与转喻。落实到非遗层面，馆舍（化）非遗并非对先在的房舍（态）非遗的置换。在中国式现代化的反复尝试与追寻中，基于都市文明这一基本布景和商业社会的特质，作为文化强国重要举措的馆舍非遗实则是对房舍非遗的全面覆盖与更新，有着不言而喻的重要性。

就字面意思而言，房舍是作为生计、行当、人际交流、伦理阶序以及审美情趣的被非遗化前的地方文化艺术的传衍时空。低矮、粗鄙、素朴，还可能道阻且长的茅庵草舍是其基本的外在形态。换言之，房舍更多指向的是乡野、民间的社会空间形态。与之相对，馆舍则偏向的是官方制度性建构的人文空间形态。它并非新词，而是古语。在《日知录》卷十二中，顾炎武将"馆舍"与街道、官树、桥梁、水利、河渠等并列，指的是驿舍以及官寺、乡亭等遍布州县的体面、弘敞、雅致、舒适和惬意的园林式官方建筑。它可能有池、有沼、有鱼、有舟、有林、有竹，融山水、万物与城郭为一体。其诗情画意，足以安放、慰藉羁客身心，而相忘于江湖。

顾炎武写道：

---

[1] [法]利奥塔：《非人：时间漫谈》，罗国祥译，北京：商务印书馆，2000，第205—221页。

> 读孙樵《书褒城驿壁》，乃知其有沼、有鱼、有舟。读杜子美《秦州杂诗》，又知其驿之有池、有林、有竹。今之驿舍殆于隶人之垣矣。予见天下州之为唐旧治者，其城郭必皆宽广，街道必皆正直；廨舍之为唐旧创者，其基址必皆弘敞。宋以下所置，时弥近者制弥陋。此又樵《记》中所谓"州县皆驿"，而人情之苟且，十百余前代矣。今日所以百事皆废者，正缘国家取州县之财，纤毫尽归之于上，而吏与民交困，遂无以为修举之资[1]。

显然，这些勾画点染，寄予了以天下兴亡为己任的顾炎武的盛世理想、今不如古的感慨和对其时财政制度以及人情、世道的批判。

就当下而言，馆舍指的是博物馆、展览馆、民俗馆、非遗馆、会所、礼堂、剧场、图书馆以及学校、机场、火车站、驻京办、驻外使领馆等有着有形或无形围墙、闸机口、智能扫码系统以及人脸识别系统等门禁设置而专门展示、展演非遗的文化空间。因凸显的是一尘不染的视觉美学，虽然当代馆舍州县皆有，但心物合一、天人一体、直通心意的"自然"之境不再重要。在管理学意义上，馆舍是全开放的，俨然没有门槛之设。可是，华美抑或俗气、雅致抑或琐屑，层层设防、镜头密布、全景监视的馆舍，明显标识着进入者的身份、地位、品味以及阶层性与阶级性。诸如在地的传承人、大中小学学生、公职人员、他地怀着梦想而探寻文化的背包客、到此一游消费文化的有闲阶级，等等。

按都市文明的标准，馆舍的外在物质形态较之房舍绝对光彩逼人，华丽无比，其摆布设置也满含机关、算计。在对房舍非遗去"粗"取"精"、去"伪"存"真"之后，馆舍非遗是目的

---

[1] 顾炎武撰、黄汝成集释：《日知录集释》，北京：中华书局，2020，第642—643页。

明确地要入瓮的观者叫好、亢奋以及迷失。虽然离地、离土、离人，馆舍构拟的则是一个带有真实性的镜像空间。在无所不能的电脑时代，通过声、光、色、电、影、模拟态等多种配置，当下的馆舍俨然电影实拍地、元宇宙。[1]在进入其中的瞬间，身临其境的观者就不由自主地实现穿越，成为大型实景演出的演者。在这一亦真亦幻的梦幻空间，房舍非遗的生计特征、生态特征和粗粝本质被悬置，转化为馆舍非遗的镜像态。

当然，馆舍也完全可能大隐隐于市，藏在都市某个远离喧嚣的角落，抑或如北京天桥印象博物馆一样，安详而认命地在闹市地下蛰伏。[2]因少人问津，即使是身处闹市，这些同样试图被元宇宙化的馆舍仿佛都市中的房舍，或者说农舍，还叠加了"心远地自偏"的桃花源意象。反之，诸如2009年进入联合国教科文组织非遗名录的侗族大歌这些原本在乡野的房舍非遗，与旅游目的地开发经营配套，除尽可能增加导演精心设计、依靠声光色电等电子技术增色而一劳永逸的大型实景演出之外，闸机口、智能扫码系统以及人脸识别系统都快速同步跟上。基于"游客凝视"（the tourist gaze）[3]的消费主义美学，运用"视觉性"生产机制，景观生产者将房舍馆舍化，在当地民众和游客之间塑造出对视——相互看与被看，当然也是因陌生而群体性地相互窥视的表演性社会舞台。[4]虽然这可能反向强化了在地的民族特性，但馆舍化的房舍

---

[1] 博物馆和元宇宙之间的联系正在被强化。2022年3月26日，中青在线报道，60位馆长学者联名倡议博物馆积极参与建构元宇宙。参阅网页：http://news.cyol.com/gb/articles/2022-03/26/content_yEv5JULXR.html。查询时间：2022年3月27日。
[2] 岳永逸：《"土著"之学：辅仁札记》，北京：九州出版社，2021，第252—265页。
[3] [英]尤瑞：《游客凝视》，杨慧、赵玉中等译，桂林：广西师范大学出版社，2009。
[4] 刘晓春：《当代民族景观的"视觉性"生产——以黔东南旅游产业为例》，《社会学评论》2021年第3期。

俨然嵌入乡野的喧闹不夜城和漂浮在青山绿水间的金发碧眼的妖怪，多少都显得诡异。本土被异域化，家乡如异乡。被展示的非遗，也沦为"本土异域风情"。[1]

如果说馆舍的房舍化象征了都市子民因疲惫不堪而生的逃逸形态、心态，那么房舍的馆舍化在呈现强势却倦怠的都市文明诱拐、规训乡野的强劲的同时，也展现了乡野、乡民身不由己提升自己而都市化的欲念，以及似乎已经被升格、振兴的幻象。换言之，作为兼具"纪念碑性"（monumentality）[2]的里程碑和"记忆之场"[3]，林立的都市-馆舍与乡野-房舍的相向而行，遥相呼应，相互涵盖，不但言说着非遗运动、中国式现代化的丰功伟绩，也表征着当下技术世界"地点的统一性"（unity of place），[4]和在这种统一性的地点中生活、貌似还能穿越的芸芸众生的同质性，尤其是普遍的焦灼、无措、无奈、妥协、内卷以及轻车熟路的躺平。

通常而言，因为脱域、标准化和排他性，名录，尤其是官方机构批准的名录不得不依赖于非连续性和边界。这又反向赋予了从日常中抽取出来而列入名录的东西原本不具有的普遍性以及典型性，从而给纯然无视名录初衷而别有用心的"寻宝者"提供了一份购物清单或指南。非遗名录更是如此。[5]列入非遗名录、得到政府认可

---

[1] ［德］赫尔曼·鲍辛格：《技术世界中的民间文化》，户晓辉译，桂林：广西师范大学出版社，2014，第109—123页。

[2] ［美］巫鸿：《中国古代艺术与建筑中的"纪念碑性"》，李清泉、郑岩等译，上海：上海人民出版社，2017，尤其是第23—45页。

[3] ［法］皮埃尔·诺拉主编：《记忆之场：法国国民意识的文化社会史》，黄艳红等译，南京：南京大学出版社，2020，第1—99页。

[4] ［德］赫尔曼·鲍辛格：《技术世界中的民间文化》，第80—93页。

[5] Valdimar Tr. Hafstein, *Making Intangible Heritage: EI Condor Pasa and Other Stories from UNESCO*, pp.96-102.

之后，非遗项目必须进一步呈现其非遗化的样子。显然，非遗化的凸显，并非主要拥有管理职能的行政机关能单独完成。于是，有情怀没情怀的文化经纪人、形形色色的文化商人很快捕捉到商机。政治和经济的双重垂青，使得指向世俗化、娱乐化、泛感官化的文化资本春风得意。这加速了非遗项目在不同舞台上、镜头中、荧屏里的呈现。在全媒体时代，一旦进入代表人类一切的眼睛[1]之镜头这一美轮美奂的当代人体欲罢不能的延伸器官，服饰、道具、声音、体态、神情、光、色等各个方面均需迎合大小导演、摄影师、照相师以及他们要迎合的潜在观者的嗜好与兴味。

在相当意义上，这使得俨然有着魔力的镜头反向支配了一切，成为能动的行动者。[2]非遗和传承、表演与经营非遗的主体——人，都被镜头支配，进而物化，沦为布景抑或道具。不仅是表演艺术类非遗，在大小镜头的注视下，所有的非遗在高度整合而同质的空间经历了时间的压缩或者说加速度运动之后，成为时尚的"表演的艺术"[3]和过滤掉了粗粝痛苦的傻白甜式的"萌文化"[4]，走上了剔除现实毛刺与违和感而抹平且美化苦难的肤浅的美学化历程，具有了统一性。正如土家族的毛古斯被搬上舞台后，原本与生命节奏、生活韵律一体的文化理念、旨趣被镜头荡涤得干干净净。[5]在这种情况下，以观和被观为核心重组的当代节

---

[1] [美]巫鸿：《陈规再造》，上海：上海人民出版社，2020，第155—170页。
[2] 富晓星：《作为行动者的摄影机：影视人类学的后现代转向》，《民族研究》2018年第5期。
[3] [美]理查德·鲍曼：《作为表演的口头艺术》，杨利慧、安德明译，桂林：广西师范大学出版社，2008；王杰文：《表演研究：口头艺术的诗学与社会学》，北京：学苑出版社，2016，第20—134页。
[4] 刘文嘉：《别无选择》，《读书》2022年第2期，第157页。
[5] 王杰文：《论民俗传统的"遗产化"过程：以土家族"毛古斯"为个案》，《北京师范大学学报（社会科学版）》2016年第4期。

庆，哪怕是依托春节这样原本有着厚重底蕴和民意基础的佳节，因为丧失了与个体成长、生命相依的必然性，总是如白开水般的索然寡味，不受待见也就成为必然。

基于此，面对非遗有效传承问题，"从娃娃抓起""非遗进校园"成为最高亢的呼声。因为便于考查、评估，校园传承迅速被相关职能部门采纳、践行。然而，由于对房舍非遗本质的置若罔闻，校园非遗更加强化的是可分解的技与术，强调动作的整齐划一。脱域的标准化与形式化，与个体心灵成长无关的美学使校园非遗仅仅是馆舍化非遗的分身与异文。文化的表演性，远远大于文化本身。

毫无疑问，当非遗仅是在观与被观的关系体、连续统中存在时，展演性也就沦为非遗碾压一切的本质性所在。它必然脱离原境，脱离与之相应的生产方式、生活方式，而丧失其原本因"匮乏"而生的远乡近邻的交际、维系情感的创造性、审美性、宗教性（至少是神圣性）、娱乐性与游戏性。[1]转场后被展陈的非遗可能是美的，但因为外在于人，与个体生命体验无关，也就只能指向外在的形美。主要借申报的文本书写、影音呈现，在成功地将非遗民族化、国家化、符号化、数据化之后，非遗的展陈与展演进一步将非遗美学化。

此外，值得警醒的是，在被纳入不同级别的非遗名录之后，国家财政会给予非遗项目、传承人一定的经济支持。非遗项目级别越高，地方政府的实力越雄厚，财政投入就越多。以保护之名，对非遗制度化的"喂养"甚至"包养"自然导致一些传承人

---

[1] 郑长天：《瑶族"坐歌堂"的结构与功能：湘南盘瑶"冈介"活动研究》，北京：民族出版社，2009，第241页。

或文化掮客借非遗之名寻求更多的财政支持，以获取利润。显而易见，这也多少会滋生传承主体的惰性，减少原本因应生计、传衍压力而内生的主观能动性。原本是助力活态传承的"陪护"反而在一定意义上成为非遗传承的阻力。

换言之，尽管因为抽离了房舍非遗的粗野、力量与实质，馆舍非遗似乎预示着房舍非遗的消亡，也许还加速了房舍非遗的消亡，但是在标准化之后，以国家化、民族化、美学化面貌呈现的馆舍非遗天然就有着"妈宝""巨婴"的依附性与寄生性。如此，保护俨然指向了不可避免的消逝，化身为消亡的助推器。

四、呈与发，工具理性之弊

其实，申报、批复、评估之流程，并非现代民族国家行政治理的产物，传统中国就有这样的行政传统。而且，如同当下位列非遗名录之后，地方常常会将之转化为非遗馆、非遗传习所、工作坊、工坊、大师工作室以及巨型雕塑等人文地景，甚至将之节庆化一样，在传统中国遍布乡野的贞节牌坊、乡贤祠、神庙以及高耸的石碑，多数都是地方就相应的人、事申报而得到朝廷敕封之后，将文字、叙事再度转化为具有纪念碑性的人文地景之果。

在明、清两朝，给贞节妇女立牌坊就有自下而上申报的过程。而且，只有在朝廷旌表之后，一座贞节牌坊才能在乡野竖立起来。[1]与此相类，像颜元这样"乡里的圣人"那样，一个在地方有着好口碑的读书人身后要位列乡贤祠，同样要由地方上报朝

---

[1] 田汝康：《男性阴影与女性贞节：明清时期伦理观的比较研究》，刘平、冯贤亮译校，上海：复旦大学出版社，2017，第1—15页。

廷，得到朝廷的恩准。不言而喻，朝廷的敕封又加速了后世地方精英对相关传说的再生产。[1]

当然，呈报批复的程序严谨而繁琐。明万历四十二年（1614），江西九江府德化县万衣入祀乡贤祠的申报流程如下：

九江府学和德化县学两学生员公举→德化知县批文详查→府县两学复勘后回复知县呈文→德化知县在两学勘文基础上给知府申文→九江府知府在知县申文基础上给提学道呈文→提学道批文知府转由知县继续复查→府县两学复查后回复知县结文→德化县知县在两学结文基础上给知府复查申文→知府据知县复查申文转详提学道文→提学道批详调阅万衣著作→知府就调阅书籍事回复提学道→提学道批文知府行文知县置主入祠→知府行文知县设置木主。[2]

到了清雍正二年（1724），入祀的乡贤就必须上报礼部复核，最终由皇帝决定。

程序如此，需要提交的"证明材料"更是繁杂。在光绪年间《洪洞刘氏宗谱》卷二十"乡贤录"中，辑录有刘志入祀乡贤祠呈报的各类文献：

> 有举人、贡士、监生的公呈，时间在雍正元年（1723）三月十九日。有翌日洪洞县儒学教谕李艺、训导闫真垌呈请"乞照验转申"文。洪洞县将此驳回，要求"例应具送事实册籍并印甘结，详送过县，转详实行"。二十四日，李艺、闫真垌

---

[1] 王东杰：《乡里的圣人：颜元与明清思想转型》，南京：南京大学出版社，2021，第186—202页。

[2] 牛建强：《地方先贤祭祀的展开与明清国家权力的基层渗透》，《史学月刊》2013年第4期，第58页。

再次申详,并附儒学廪增附生的甘结与两人的审核,并开具"事实"12条。这12条字数较多,概括起来就是:天性纯孝、爱堂兄弟、业学俱进、治家得法、丕振文教、周济亲邻、修桥补路、拾纸埋骨、捐金施赈、建祠立约、性喜俭朴、诚实为本。二十五日,洪洞知县薛垲批转,确保"所结是实"。再下是二十九日平阳知府冯国泰的批转与确保"印结是实"。最后是山西学政彭某的批准文件。[1]

在进一步推进儒学社会化的过程中,明清两朝设置了日渐严密的针对源自圣贤的五经博士和奉祀生的制度。一旦获得五经博士和奉祀生这些头衔,就意味着与之相伴的祠宇、祭田、地位和新身份——"乡贤"的获得。这一系列实际的利益,也就导致了明清两朝有子、左丘明、子张、曾子等圣贤后裔的承袭、争袭与冒袭案。在争夺过程中,祠庙、志书、庙神碑、家谱、家书作为证据,纷纷被"制造"出来。与之相应,地方官员也不得不深度卷入圣贤后裔与朝廷的审查定夺繁琐程序之中。基于上述梳理,贺晏然明确指出:自上而下的国家权力与制度设计才是促成家族兴旺的关键因素,并非明面上的自下而上的呈报与文化传统;"所谓'乡贤',未必根植于'乡',更可能来自'国'"。[2]

不仅是对儒家纲常伦理推崇的贞节妇女、乡贤的塑造如此,文昌、妈祖等神灵都是通过地方士绅对其护佑一方的灵验事迹呈文上报而得到朝廷敕封,纳入正祀系统之后,才从一个地方小神

---

[1] 常建华:《捐纳、乡贤与宗族的兴起及建设——以清代山西洪洞苏堡刘氏为例》,《安徽史学》2017年第2期,第118页。
[2] 贺晏然:《圣贤与乡贤》,《读书》2022年第10期。

成为日渐弥漫全国的大神。[1]这种对地方性神灵的敕封，在某种意义上也是将淫祀正祀化、标准化抑或说正统化（Standardizing）的治理术，[2]一直持续到清末。光绪十九年（1893），在经过地方士绅以种种灵验事迹申报并上达朝廷之后，河北井陉苍岩山的三皇姑被敕封为"慈佑菩萨"。为纪念这一成功，在敕封后的第三年，井陉县知县言家驹专门撰写了《苍岩山神隋南阳公主奉敕封慈佑记》之碑铭。

事实上，对忠孝节义，尤其是贞节妇女的这种呈文、旌表褒扬制度在1918年都还存在，而且是官方律例《褒扬条例》的核心内容之一。这让胡适倍感愤怒，予以了严厉的批判。[3]在二十世纪末，因为庙首老王的能干，陕北榆林一个小乡村的黑龙大王庙为寻求其存在的宗教合法性，在经过申报后终于成为政府认可的道教活动场所，因而在庙门口悬挂上了市宗教局颁发的龙王沟道教管理委员会的牌子。[4]

换言之，尽管"皇权不下县"，但地方士绅有写申报公文以

---

[1] ［美］韩森：《变迁之神——南宋时期的民间信仰》，包伟民译，杭州：浙江人民出版社，1999，第76—101、126—159页。西王母在汉代的成神似乎有所不同。尽管巫鸿未说明百姓为何不再寄希望于"上天"，而是转向一个神祇，但正如其宏阔而细腻的研究所示：西王母在汉代成为日渐弥漫开来的全国性的宗教偶像，同样是今文经学的儒生推崇的谶纬之术、演绎的天命观和宫廷上下对引入的佛教的推衍等多种因素的合力之果。换言之，西王母成神，仍然是具有支配权、引导权的儒生等精英阶层有意或无意推动、诱导的结果，并且有着从地方到全国、从中心到边缘弥散的过程。参阅巫鸿：《武梁祠：中国古代画像艺术的思想性》，柳杨、岑河译，北京：生活·读书·新知三联书店，2015，第125—160页。
[2] James L. Watson, "Standardizing the Gods: The Promotion of T'ien Hou (Empress of Heaven) Along the South China Coast, 960-1960", In David G. Johnson, Andrew J. Nathan, and Evelyn S. Rawski (eds.), *Popular Culture in Late Imperial China*, Berkeley: University of California Press, 1985, pp.292-324.
[3] 胡适：《贞操问题》，《新青年》1918年第五卷第一号。
[4] Adam Yuet Chau, *Miraculous Response: Doing Popular Religion in Contemporary China*, Stanford, California: Stanford University Press, 2006, pp.224-225.

及报表的传统。因为交通的改变，在进入与工业革命相伴的民族国家之后，上传下达的申报频率越来越高。但是，由于现代民族国家政权的"内卷化"，[1]行政效率并未有明显改观。1945年，李安宅写道：

> 在上者三令五申，不见得都无内容；然而等因奉此地一层层转下去，一层层呈上来，便都是公文的处理，档卷的庋藏了。拿命令当公文，有收发，有呈转，有归档，不也就够了吗？[2]

在中国古文献中，作为一个并列式的合成词，古语"风俗"实则是一个偏义复词。[3]侧重前者"风"时，它指的就是仕风甚或王者之风，也即统治阶层的意识形态、价值观念和生活方式，是其急于试探进而规训、教化被支配者——臣子、民众——的统治策略。清朝初年推行的剃发易服令、进而加码的文字狱和明清两朝不停竖立的贞节牌坊都是明证。偏向后者"俗"时，它就是通常意义上的乡风俚俗，是处江湖之远的芸芸众生习以为常而基本不会质疑的生活方式、习惯，或淳厚鄙薄，或彪悍野蛮。

风与俗的歧义性与并存，才有了"风成于上，俗化于下"之类的古语，如："俗者，习也，上所化曰风，下所习曰俗"（《周礼》）；"风，风也，教也；风以动之，教以化之。……上以风化下，下以风刺上"（《毛诗序》）。而荀子所言的"入境，观其风俗"的"风俗"应该就有多方面的意涵了：（前朝）

---

[1] [美]杜赞奇：《文化、权力与国家：1900—1942年的华北农村》，王福明译，南京：江苏人民出版社，2003，第40—61页。
[2] 李安宅：《论语言的通货膨胀》，《文化先锋》1945年第5卷第15期，第9页。
[3] 鞠熙：《天下与遗产：中国古代风俗学的两种面向》，《民俗研究》2022年第6期。

遗风；正在践行的当朝之风；还在下沉的当朝之风；以俗之态呈现的风；已经将风化为潜意识和无形的俗。

以此观之，中国自古就有的自上而下的采风传统，采的实则是不同阶级、阶层混杂的意识形态。而历朝历代一定轰轰烈烈展开的"移风易俗"其实是一场无死角的社会治理运动，是规训和教化的巫术，是将乡野、众生作为战场的意识形态之战。这场战争的主旨以当朝的王风、仕风移易不合时宜的前朝之王风、仕风。而且，统治阶层完全相信自身的正统、优位与强大，正如《论语·颜渊篇》所言："君子之德风，小人之德草，草上之风，必偃。"

五四新文化运动时期，北京大学发起的歌谣征集运动，明显有着采风遗韵。在1918年2月1日《北京大学日刊》第61号刊载了《北京大学征集全国近世歌谣简章》之后，同年的《新青年》第4卷第3期、《教育杂志》第10卷第4期、《东方杂志》第15卷第5期等纷纷转载。不但如此，征集令还得到各地不同层级政府的纷纷响应。1918年5月23日，浙江省长公署发布了第1093号训令，要求教育厅遵照北大函征集歌谣，并刊送简章原文。同年8月4日，昆明县公署训令第七号给县劝学所转发了云南省长公署和教育厅的训令，要求劝学所对北大征集歌谣的事宜奉此合行，遵照办理。

这一自上而下的采录传统——采、报、批、建（刊载）——延续到二十世纪下半叶。1958年，在集思广益之后，学者们就民间文学工作提出了"全面收集、重点整理、大力推广、加强研究"的任务和"古今并重"的原则。针对采录，又有具体的十六字方针："全面搜集、忠实记录、慎重整理、适当加工。"这一方针延伸到了三十年后全面推进的民间文学三套集成工程。[1]正如祝鹏程辨析指出的那样，采风不仅是文明的生成方式，更是社会主义文艺的生产机制。[2]换言之，作为手段的采风，既是目的也是形式和内容，在其自上而下地推展开来的过程中，它也成为一种具有支配力、控制力的意识形态，是形塑"新"人的实践技艺。

显然，申报-批复的公文书写传统并未因社会变迁、政体变化而断裂，反而有着内在的延续性。长官意志的不可抗性，往返批复的文牍传统，专门制作文案、呈文的"师爷"，都有意无意地参与到美饰甚至编造整齐划一的程式化公文的行列之中。事实上，受工具理性的支配，学界对非遗运动的研读、建言大致是以学术之名发挥其隐秘而消极的创造力，实乃美饰的程式化公文的回响。就非遗保护，学界基本是秉持本真性的原境（生态）传承-社区传承和创造性的活态传承-社会传承两种论调，争论不休。[3]其实，这两种论调异曲同工，只不过花开两朵，各表一枝。

本真性原生态论看似是一种保守主义与复古主义的立场——将非遗视为静态与恒定不变的，主张不要用过多的外力去干预。但是，随着所谓生态博物馆建设的引入、交通的便捷、人口流动的加剧、信息交流的快捷与多元，原境生态保护几乎没有可能。诸如曾经热闹一时很快就人迹罕至、冷冷清清、门堪罗雀的贵州隆里生态博物馆等就是明证。如前文言，生态博物馆本质上是展演性的，它迎合的是外来他者对自身镜像的投影以及当地拥有决

---

[1] 毛巧晖：《20世纪下半叶中国民间文艺学思想史论》，北京：学苑出版社，2018，第72—79、127—130页；《采风与搜集的交融与变奏：以新中国初期"忠实记录、慎重整理"讨论为中心》，《民俗研究》2022年第5期。

[2] 祝鹏程：《采风：一种文明生成方式的古今流变》，《民俗研究》2022年第5期；《作为社会主义文艺生产机制的采风》，《文学评论》2022年第5期。

[3] 吕微：《社区优先还是社会优先？——民俗学的逻辑出发点与"〈保护非物质文化遗产公约〉修正案"》，《民俗研究》2021年第3期。

断权的强势群体——新乡绅——对外在世界的臆想、模仿。只不过貌似房舍实则尽力馆舍化的生态博物馆空间上不在车水马龙、交通拥挤的烟柳繁华地，而是在空气清新、阳光明媚的偏远之乡。

活态论则莽撞抑或说乐观地秉持着"发展就是好的"之幻象，一厢情愿也是理所当然地认为非遗应该因时应景地变脸。诸如，在政治上，必须张扬民族主义、爱国主义；经济上，满足不同群体的消费欲的同时赚得金钵满满。显然，这种论调不但忽略了非遗的"内价值"，[1]还完全将非遗剥离传承主体而工具化、庸俗化与市侩化。舞台化、表演化的活态非遗终止成为镜头这一行动主体的猎物。这种变相的"豢养"与俨然全开放的原生态本真论最终合流。

海量的非遗写作也大都是以下八个板块的不同配置与排列组合：

1.非遗的概念；

2.非遗的理论与政策；

3.国际经验，尤其是近邻日本与韩国；

4.非遗化前的原态；

5.非遗化；

6.非遗化后的新态；

7.现状弊端和建言献策；

8.理想愿景。

作为尚方宝剑且贯穿始终的家国情怀的加持，更强化了这些非遗八股千篇一律的事实。这些都促使"非遗"一词成了意味着"先进"的霸权话语。可是，正如说书、八角鼓、京剧、评剧等百戏和玉雕、牙雕、根雕、陶器、云锦等制作技艺一样，当下

---

[1] 刘铁梁：《民俗文化的内价值与外价值》，《民俗研究》2011年第4期。

被称为非遗的这些文化事象始终在不同时空、群体、阶层之间流转，发生着量变或质变。[1]

表演艺术类非遗的核心是观与被观。然而，当所有门类的非遗都具有表演性、展示性，且必须常态性为他者在馆舍中有序展演时，非遗的可持续性、良性传承与发展就难免是痴人说梦。显然，非遗不可能完全原生态化，也不能为活态化而僵尸化、快餐化。那么，有无突围的可能？要想突围，我们就必须抛弃工具理性，抛弃简单粗暴地对非遗运动式治理滋生的美学化，而直面三个基本问题：其一，非遗为何？为何保护？怎样保护？其二，谁的非遗？谁在舞台中央？其三，谁应该在舞台中央？谁真正在舞台中央？舞台又是谁的中央？

五、复数态，涵盖公活的出作

如果将文化视为一种资源，那么从其所有的角度而言，可分为四类：1.私人所有（private property）；2.特定成员组成的社群共有（communal property）；3.国有（state property）；4.非任何个人或群体所有的开放性资源（open access）。[2]在非遗化过程中，被称为非遗的文化已经被资源化，[3]而且整体性地发生了从前两类向

---

[1] 在宫廷和市井乡野间交互影响、回还演进是中国民间艺术的总体特征。相关研究可参阅岳永逸：《老北京杂吧地：天桥的记忆与诠释》，北京：生活·读书·新知三联书店，2011，第379—429、457—503页；岳永逸：《朝山》，北京：北京大学出版社，2017，第238—252页；[美]巫鸿：《陈规再造》，第271—287页。
[2] David Feeny, et al., "The Tragedy of the Commons: Twenty-Two Years Later", *Human Ecology*, Vol.18, No.1 (1990), pp.4-5//1-19.
[3] [日]岩本通弥、山下晋司编：《民俗、文化的资源化：以21世纪日本为例》，郭海红译，济南：山东大学出版社，2018；[日]菅丰：《河川的归属：人与环境的民俗学》，郭海红译，上海：中西书局，2020。

后两类的转换。换言之，如前文所言，本意在资源化与"公"的非遗运动是促使相对的"私"让步于相对的"公"，忽视个体，强调群体、整体，忽视"小我"，凸显、呈现民族国家之"大我"的外向型与开放型的运动。在大我全方位包裹小我的历程中，因私和小我一体的社区传承、群内传承、师徒传承、家族传承向着散点、多元、不拘一格的社会传承转型自然而然。[1]当然，这样也易导致对作为（开放性）共有资源的非遗的争抢而空心化，终致一无所有的"公地悲剧"（the tragedy of the commons）。[2]

不言而喻，在交通便捷、交际频繁、传播手段多元且日新月异的当下，想固守一方、一群、一地的文化已经完全没有这种可能。保持自身特色或者说独一无二性的变，才是最佳选择。如此，非遗有效的保护与传承不应该是仅定睛于《非遗公约》的那个"非遗"，不应该是仅满足于晋级国家级名录后被喂养、悬置进而悬浮的"非遗"，而应该是回归到日常，回归到传承主体——文化享有者那里，将其还原为可以支撑人之"生"，与个体生命、感受、体悟紧密相关的"非遗"。换言之，要避免公地悲剧，使非遗的保护与传承真正是可持续的，是有源之水、有本之木，就有一个如何使大我内化于小我，进而小我反向涵盖大我的辩证法。事实上，如果深入民众的日常生活世界并直面资源化的文化本身，就会发现这种辩证法原本就一直存在于自上而下的非遗化过程之中。这使得非遗出现复数形态，而且是"非非遗"的形态支撑着非遗形态，并赋予非遗作为文化传承的真正活力。

---

[1] 要指明的是，在此整体趋势中，同样不乏社区传承盘活非遗的例证。参阅杨利慧：《社区驱动的非遗开发与乡村振兴：一个北京近郊城市化乡村的发展之路》，《民俗研究》2020年第1期。
[2] Garrett Hardin, "The Tragedy of the Commons", *Science*, Vol.162, No.3859 (1968), pp.1243–1248.

在征集歌谣时，五四歌谣运动吹响了中国现代民俗学运动的号角，宣扬了"民俗"与"民俗学"。但是，实践者们大抵忽视了传承主体，将"俗"从"民"那里剥离开来。这使得原本意在启蒙的五四歌谣运动基本止步于知识分子的自我启蒙与救赎，社会效应有限。在二十世纪四十年代初，作为亲身参与者，钟敬文已经意识到歌谣运动的非专业性。在他看来，与民众的"隔"、对社会意义的疏于了解，使得歌谣运动的好些工作"差不多白费"，可以继承的资产太少。[1]同样，杨堃也曾将周作人领军的"文学的民俗学"和顾颉刚担纲的"史学的民俗学"之失败归于并未真正与民间、民众日常生活发生关系，因而明确倡导采用与老百姓平视、打成一片的局内观察法（Methode intensive）的"社会学的民俗学"。[2]旁观者清，大致同期，始终关注中国现代民俗学运动演进的传教士司礼义明确意识到中国民俗学同行并未对民俗本身"投入全部心力"，反而在民俗研究的旗帜之下，掺杂了语言、文学、教育，甚至政治等各种不同的关照。[3]

事实上，因为大干快上等运动式治理的操作策略，既有的多数非遗调研同样延续了二十世纪二三十年代中国现代民俗学运动的上述不足：忽略了要大张旗鼓地非遗化的文化事象之内价值，忽视了这些要非遗化而保护传承的文化事象对于卑微却坚韧个体的生活世界的意义，甚至将其与个体剥离开来。换言之，绝大多数既有的非遗调研是将非遗及其传承主体视为工作对象，而非情感对象。美其名曰服务于非遗申报、保护和科研的短平快

---

[1] 钟敬文：《民间艺术探索的新展开》，《钟敬文全集·14》，北京，高等教育出版社，2018，第29页。
[2] 杨堃：《民俗学与通俗读物》，《大众知识》1936年第1期。
[3] Paul Serruys, "Children's Riddles and Ditties from the South of Tatung (Shansi)", *Folklore Studies*, Vol.4 (1945), pp. 214//213-290.

的调研，实则是服务于自我工作的文化"掠夺"与"占有"。在相当意义上，这使得学术调研与行政治理携手助力的保护成为掠夺，至少是剥夺的手段，并进一步助长了非遗运动中张冠李戴、挪用，以及任意编造、拼贴的不正之风，及至造成巨大的财政浪费。[1]然而，正如郑长天发现冈介——湘南瑶族"坐歌堂"——实乃当地瑶人生活状态"缺乏"的艺术性呈现那样，[2]一旦将非遗视为情感对象，基于长期田野调查的非遗，就有着动人的另一番图景。

为了完成自己的学位论文，赵雪萍对2008年入选第二批国家级非遗名录的天津汉沽飞镲的调查持续年余。以给合作者孩子义务辅导功课等多种常见的"以人心换人心"的交往方式，她赢得了当地人的信任。[3]2018年7月13日，北京市文学艺术界联合会举办了"仰望非遗——京津冀历史文化的传承与保护"专题研讨会。在会议现场，当着众多专家学者以及领导的面，合作者天津市级非遗传承人刘洪生称许已经完成调研的赵雪萍道：

> 这孩子，和记者、专家不一样！没把我们当外人，没有看不起我们。很多人来了，打一头就走！给他个苹果，擦了又擦。小赵不一样，给她苹果，拿着就啃。

正是因为有这样基本的情感认同，汉沽飞镲也有了远较其作

---

[1] 蒋悦、傅蕃：《"非遗"申报每年浪费数亿元　不正之风日盛》，参见网页：https://www.chinanews.com.cn/cul/news/2010/05-26/2305712.shtml，查询时间：2022年1月1日。

[2] 郑长天：《瑶族"坐歌堂"的结构与功能：湘南盘瑶"冈介"活动研究》，北京：民族出版社，2009。

[3] 赵雪萍：《公活与出作：汉沽飞镲的田野考察》，北京：北京师范大学文学院硕士学位论文，2018，第34、130—132页。

为国家级非遗叙事的繁杂风貌。

在历史上,飞镲被用于渔业生产的同时,还承载着渔民和盐场盐工的精神生活及诉求。因此,不仅仅是渔闲时的日常生活,年节、农历四月的迁西景忠山庙会等非常时节,也都是汉沽飞镲传承的时空。目前,对有着国家级非遗名头的汉沽飞镲,没有人去在意其在庙上的状况。改革开放后,因应焕然一新的精神面貌、经济的快速发展和人们生活条件的改善,汉沽飞镲融入当地的白事之中,成为丧仪必备的仪式符号。方言"出作"被当地人用来指代白事时的飞镲表演。因为和人生仪礼发生了关联,熔铸了人们对生者和死者关系的理解、对死亡的敬畏,汉沽飞镲顺利地实现了转型而焕发出新的生机,以至于早在1990年汉沽飞镲就被当地学校请进了校园。[1]

显然,出作及其带动的飞镲进校园为骤然来临的汉沽飞镲的非遗化提供了坚实的社会基础、生活基础与民意基础。在非遗化之后,在传承主体那里很快就诞生了"公活"一词,用来指以非遗名义给他者展演或竞赛的汉沽飞镲。作为公活,包括传承主体在内,官媒精英[2]、评审专家、文化经纪人等庞杂的非遗人纷纷参与进来。在官媒精英全方位把控的媒体层面,公活全方位覆盖、遮蔽了此前近三十年使公活成为可能的出作。显然,无论是从公活这一地方命名,还是同样有板有眼地为拥有公权力的他者的表演,公活也是汉沽飞镲传承主体的能动性与汉沽飞镲自我调适的体现。换言之,在传承主体的生活世界中,汉沽飞镲包括了相互依托又相互影响的出作和公活两个部分、两种类型,它明显大于

---

[1] 赵雪萍:《公活与出作:汉沽飞镲的田野考察》,第68页。
[2] 岳永逸:《都市中国的乡土音声:民俗、曲艺与心性》,北京:中国人民大学出版社,2015,第70—71页。

非遗的能指和所指。

然而，在深思熟虑的专家一本正经地提出非遗进校园后，因为主要是服务于公活之表演和应对检查、评估，汉沽飞镲被拆解为侧重技巧与美观的技术性动作，加之受升学压力影响的家庭教育观念的制约，孩子们的学习动力远不及被主流教育推崇多年的钢琴、舞蹈等源自西方的"雅"艺术。[1]不仅是汉沽飞镲，国家级非遗项目赣南采茶戏、北京小红门地秧歌和云南峨山彝族花鼓舞的校园传承，都存在类似窘境。[2]如此，在专家指导下花费大量财政投入的校园传承是否能给予非遗以新生，只能拭目以待。

与汉沽飞镲当下传承类似的还有2006年就跻身首批国家级非遗名录的河北省的定州秧歌。在非遗化的定州秧歌叙事中，在红白喜事中操演的"挡小事"和庙会演出的"唱台口"都被排除在外。然而，不容忽视的是，正是在改革开放后随着经济的发展，定州秧歌有机融入当地的人生仪礼之中，才有了后来给他者专门表演的非遗化定州秧歌的可能。当然，非遗化也使得定州秧歌与汉沽飞镲一样，新生出了专门作为非遗的演出类型。这包括观者主要是摄影师、老人、研究者、官员、评审专家和艺人自己的送戏下乡、不同行政级别的汇演与竞赛等。而大投入的学校传承在经过初期精心的形象包装之后，很快就演进为留有不多遗迹的空

---

[1] 赵雪萍：《公活与出作：汉沽飞镲的田野考察》，第76—80页。
[2] 参阅王静波：《国家、社群与现代地方小戏：以赣南与粤北地区采茶戏的生存和演变为考察对象》，北京：北京时代华文书局，2019，第314—329页；张青仁：《行香走会：北京香会的谱系与生态》，北京：中央民族大学出版社，2016，第113—116页；黄龙光：《民间仪式、艺术展演、民俗传承：彝族花鼓舞田野民俗志研究》，北京：中国社会科学出版社，2015，第223页。

洞洞的建筑物，[1]仿佛具有纪念碑性的"废墟"[2]。这些绝对大于非遗而又被非遗笼罩的繁杂图景，同样是作为定县本地人的谷子瑞前后调查两年的结果。

充分尊重传承主体，深入其日常生活的细枝末节、神经末梢，自然就会发现出作、挡小事和唱台口这些在八股式的非遗诗学中没有的地气、生气与人气，尽管非遗化确实可能给某个原本有着调适能力的文化事象增添些类型以及可能性。然而，不是非遗化的公活，而是出作、挡小事和唱台口才将游离在传承主体日常生活之外的非遗牢牢地固着在大地之上，使之有了非遗这个外来并裹挟强力嵌入的大词难以斩断的日常性。只有摆脱因工具理性支配而日渐空洞化的非遗这一语词本身的限定，回归日常，回归人们的日常生活态，关注被称为"非遗"的文化事象之于个体生命的价值与意义，非遗语境下的非遗研究才有可能突围。

六、支撑人之"生"与铸牢民族共同体意识

主要基于德国和法国前后四个世纪的日常事例，埃利亚斯（Norbert Elias）早已雄辩地指出：文明是一种进程，是过程化的东西，而非一成不变的标准。[3]班雅明（Walter Benjamin，又译本雅明）敏锐地意识到：印刷术的发明迅速地改变了人们讲故事的方式，促生了新闻，繁荣了小说；机械时代的全面来临则决绝地

---

[1] 谷子瑞：《定县秧歌：从乡村戏到非遗》，桂林：漓江出版社，2022，第267—271页。
[2] [美]巫鸿：《废墟的故事：中国美术和视觉文化中的"在场"与"缺席"》，肖铁译，上海：上海人民出版社，2017。
[3] [德]诺贝特·埃利亚斯：《文明的进程：文明的社会起源与心理起源的研究》，王佩莉、袁志英译，上海：上海译文出版社，2009。

改变了此前艺术浓厚的光晕，尤其是其不可复制的独一无二性，使之成为可复制的艺术作品；而照相术不但快速影响了人们对宏观宇宙和微观世界的认知，还日渐改变了芸芸众生的视觉和对空间的知觉。[4]经历了三个多世纪的传播、弥漫，从欧洲到美洲再到亚洲，作为镜和镜头的"捕获物"的世人，对自己呈镜像态的"物化""异化"在短暂地作为政治表达的手段和时髦的生活方式之后，早已习之以为常。[5]无论是鲍辛格（Hermann Bausinger）对与技术世界水乳交融的民间文化的诠释，还是劳里·航柯（Lauri Honko）对民俗的再定义，[6]都在说明：民俗是一种变动不居的过程；民俗的为"我"所用是民俗传衍的常态；民俗二次生命的获得常常是从档案等书面材料中再出发的；多种因素交互作用下的民俗自身同样具有适应性。在数千年来文明未曾中断的连续统中国，无论用哪种称谓，民俗、民间文化还是非遗，以及文化，都同样如此。

如已经指明的那样，传统中国的"民间"文化在其演进历程中总是与精英文化甚至宫廷文化交相互动而回环流转。乡风民俗的形成，更是历朝历代统治者持之以恒的制度性的传衍教化，被民众内化为自觉进而反哺（新生的）精英意识形态的结果。[7]如同说书艺人的墨刻、道活儿泾渭分明又交互影响一样，[8]与口耳相

---

[4] ［德］华特·班雅明：《机械复制时代的艺术作品：班雅明精选集》，庄仲黎译，台北：商周出版，城邦文化出版，2019，第325—362、25—69、167—191页。

[5] ［美］巫鸿：《物·画·影：穿衣镜全球小史》，上海：上海人民出版社，2021。

[6] ［芬］劳里·航柯：《民俗过程》，刘先福、唐超译，《中国非物质文化遗产》2021年第4期。

[7] 杨开道：《明清两朝的民众教育》，《教育与民众》1930年第2卷第4期；《中国乡约制度》，山东省乡村建设研究院，1937。

[8] 岳永逸：《空间、自我与社会：天桥街头艺人的生成与系谱》，北京：中央编译出版社，2007，第164—166页。

传、言传身教一道，图像、绘画、书本、档案、碑铭等可视的符号（书面）传统在民间文化的传承中始终扮演着重要角色。如砚台那样，[1]玉器、瓷器、云锦、景泰蓝等相当一部分凝聚着精湛技艺的艺术品，原本就是依附于宫廷或特殊（精英）阶层的情趣、审美与日常消费而生发演化的。

其实，自宋以降，中国文化的平民化——指向平民社会与日常人生——的演进在陶瓷、刺绣、雕刻等手工艺品上有着鲜明的体现。正如钱穆所言：这些"心物合一"的手工艺品，尽物性也尽人性；物性与人性的相得益彰、相悦相解，促生了当下非遗运动高调渲染的"（大国）匠心"；这种独具一格的匠心将中国人在意的自然与实用调和一处，使得天趣活泼、生意盎然的民间工艺不但具有审美性，是艺术品，还是对于日常人生有极亲密和极广泛应用的实用品。[2]

不同地域、族群文化的绵延互动及至最终融合，也很好地体现在作为边陲之地的云南"中华化"的过程中。在对"滇池"之"滇"和彩云南现的"云南"千百年来释义转向的耙梳中，张轲风精准指出：在边疆内地化、地方王朝治化的过程中，也即中华民族这个共同体的形成过程中，诸如诸葛亮七擒孟获等旧有传说和作为祥瑞的彩云南现而新造的"庆云"传说会被地景化、文本化，尤其是公文化、审美化、意识形态化，从而成为一个外来者和本地精英长期互动的文化建设或者说文化重建的工程；在育化"望治"的边民、国民的同时，这个工程成功而有效地将国家情

---

[1] [美]高彦颐：《砚史：清初社会的工匠与士人》，詹镇鹏译，北京：商务印书馆，2022。
[2] 钱穆：《中国文化史导论》，北京：九州出版社，2012，第186—187页。

怀、中华民族共同体意识内化为了民众的自我意识。[1]

毫无疑问，正是不同阶层、不同群体、不同行业、不同地域的文化交流互动与融合，铸就了中华文明的一体性和作为一个共同体的中华民族屹立于世界之林的恒定性。有了这一长时段视角，我们就会明了：在当代中国，民俗文化整体性的非遗化，非遗文化的民族国家化、馆舍化和有新技术强力支撑的数字化，[2]是当下民间文化演进的正常态与阶段。而且，乐观地看，因应创作者和消费者对文化内涵的追求、数字与技术的完美融合，将会在利于非遗等优秀传统文化展示的同时，促生数字文化精品、造就文化高原与高峰并存的多彩美景。[3]也即，在全球化语境之下和数字文明时代，非遗化赋予了民间文化以新形态、新价值，并使之在向"上"流动中得以发展。[4]通过非遗化，主动与世界对话、交流的国家意志必然会给主要沉在中下层的民间文化以及边际文化打上深深的烙印。因此，完全可以将非遗化视为这些体现民族精神以及国家意志的民间文化演进的助推器，是绵延不绝的中华文明继续开拓进取的必有历程。

然而，要想使非遗化在作为"模仿系统"（a system of imitation）的民间文化[5]的演进长河中具有永久的纪念碑性，就必须直面在经历了以非遗化名义的国家化、馆舍化与美学化的形塑之后，或浓或淡打上非遗烙印的文化是否能再有效回流民间，再民俗化（re-folklorization），尤其是能否与民众的情感体验、生命历程形成亲

---

[1] 张柯风：《从此滇池不倒流》，《读书》2022年第4期。
[2] 王巨山：《遗产·空间·新制序：博物馆与非物质文化遗产保护研究》，第181—208页。
[3] 江小涓：《数字时代的技术与文化》，《中国社会科学》2021年第8期。
[4] 徐赣丽：《文化遗产在当代中国：来自田野的民俗学研究》，北京：中国社会科学出版社，2014，第240—251页。
[5] [德]赫尔曼·鲍辛格：《技术世界中的民间文化》，第201—214页。

密无间的深度关联与互动。换言之，只有在"小我"反向吞噬强调"公"的大我，将大我内化之后，被非遗化的民间文化才能接地气、有人气，而获得新的个性、活力，生生不息。

如前文所述，非遗化助力了汉沽飞镲、定州秧歌在当下形态的多元性，但真正使二者在非遗化前后拥有蓬勃生机的并非作为公活的非遗，而是与个体生命切实发生关联并互动的出作、挡小事与唱台口。与出作一样，公活只是汉沽飞镲的当代形态之一。二者的并行不悖，使汉沽飞镲呈现矛盾统一的复数态。在此意义上，"非遗本身并不是一个问题"这样的断语才有了逻辑上的合理性。也即，非遗化之果应该是去掉"遗产"二字的活态、活力满满的孙末楠（W. G. Sumner）意义上彰显民族精神（Ethos）的"非物质文化"（Non-material culture），[1] 而非指向过去、气息奄奄的馆舍化的"遗产"（heritage）。哪怕它有着"逝者之美"！

1945年，在谈及小工业和手工艺发展时，蒋旨昂就明确指出其基本原则是：让多数人有较长时间的自由，以享受丰满的人生。[2] 显然，这也应该是非遗保护的基本原则。如此，非遗运动后的非物质文化，不但是社会演进的动因、社会文明的基石，还是增进公民安全感、幸福感和铸牢中华民族共同体意识的刚健的文化势力，必将助力中国式现代化的完成和人类文明新形态的完善。

因应作为一门学科的民俗学自我突围的需要，在美国、日本民俗学界，用vernacular一词替换folklore的尝试已经持续相当一段

---

[1] 黄迪：《孙末楠论社会动因》，《天津益世报》1936年12月23日第12版；黄兆临：《文化之范围、内容与性质》，《新民刊》1936年第2卷2期。
[2] 蒋旨昂：《发展吾国小工业之途径》，《中农月刊》1945年6卷第11期。

时间，并有着不小的声浪。[1]正是在对vernacular的引入中，日本民俗学家菅丰将民间艺术界定为"支撑人之'生'的艺术"，即vernacular艺术。顺势在对日本、中国两国非遗运动的审视中，他鲜明地提出了抛弃宏大叙事的"家庭级文化遗产"和"个人级文化遗产"两个概念，强调个体在遗产保护运动中无可替代、不容置疑的核心地位。他写道：

> 对于尊重民众多样化的文化实践并以之为研究对象的民俗学而言，"突出的普遍价值"几乎没有任何意义。如老人的花墙那样不具突出价值或普遍价值的造物在人类的生活世界中俯拾皆是，但即使没有突出的普遍价值，它们却依然有自己的价值。它们有着普通凡常平平无奇的价值，又有着属于个人的独特价值。有时候，它是如金色冒险号折纸那样由某个有一定共性的集团所共享的价值，有时候则是只有极少数人能够意识到的价值。极端而言，甚至可能是仅有独自一人能够理解的价值。它们固然无法被列为"世界级""国家级"的文化遗产，但却可能是某个家庭的"家庭级文化遗产"，或是某个人自己的"个人级文化遗产"，是无可替代的重要存在。对于这些平凡生活中不突出亦不普遍、饱受忽视的"家庭级文化遗产"与"个人级文化遗产"的

---

[1] Margaret Lantis, "Vernacular Culture", *American Anthropologist*, Vol.62, No.2 (1960), pp.202-216; Leonard. N. Primiano, "Vernacular Religion and the Search for Method in Religious Folklife", *Western Folklore*, Vol.54, No.1 (1995), pp.37-56; Richard Bauman, "The Philology of the Vernacular", *Journal of Folklore Research*, Vol.45, No.1 (2008), pp.29-36; [日] 菅丰：《日本现代民俗学的"第三条路"：文化保护政策、民俗学主义及公共民俗学》，陈志勤译，《民俗研究》2011年第2期; [日] 岛村恭则：《社会变动、"生世界"与民俗》，王京译，《民俗研究》2018年第4期; [日] 小长谷英代：《"Vernacular"：民俗学的超领域视界》，郭立东译，《遗产》2020年第1辑; [日] 岛村恭则：《狄俄尼索斯（Dionysos）和民俗（vernacular）——何谓民俗学视角》，《日常と文化》2021年第9卷; 陆薇薇：《日本民俗学的vernacular研究》，《民俗研究》2022年第3期。

价值，我们民俗学研究是应当要重视的。[1]

七、个人的非遗及学科归路

在十九世纪，与浪漫主义、民族主义，尤其是反启蒙运动相伴，"民俗（folklore）"被发现并被大书特书。[2]慢慢地，到了二十世纪中叶，它也成为研究者与研究对象共同指认的对象，得以命名，有了"民俗学主义（folklorism）"的兴起。[3]在二十世纪下半叶，伴随民俗、民俗学主义和新的世界格局，因国别间的文化传播、政治角力，给民俗易容化装、穿了马甲之后，"非遗"被有板有眼、有条不紊地制造了出来，并在最近二十年来大行其道。

在其主要对联合国教科文组织大小外交官员会前会后精彩记述的田野民俗志中，哈福斯坦（Valdimar Tr. Hafstein）强调玻利维亚、韩国，尤其是因无形文化财产保护经验丰富且为联合国教科文组织提供了巨额经费支持的日本等不同层面、意义的"弱"国所扮演的关键角色。对他而言，非遗实乃斯科特（James C. Scott）意义上的"弱者"对抗强权——欧洲中心主义和"物质遗产"这一霸权话语的武器。[4]因此，将非遗视为二战之后因地缘政治争斗而兴起的一种意识形态的哈福斯坦，对非遗常有着醒人耳

---

[1] [日] 菅丰：《民俗学艺术论题的转向：从民间艺术到支撑人之"生"的艺术（vernacular 艺术）》，雷婷译，《民俗研究》2020 年第 3 期，第 32 页。
[2] 刘晓春：《从维柯、卢梭到赫尔德——民俗学浪漫主义的根源》，《民俗研究》2007 年第 3 期；刘晓春：《民俗与民族主义——基于民俗学的考察》，《学术研究》2014 年第 8 期；[日] 岛村恭则：《民俗学とはいかなる学問か》，《日常と文化》2019 年第 7 卷。
[3] 周星、王霄冰主编：《现代民俗学的视野与方向：民俗主义·本真性·公共民俗学·日常生活》，北京：商务印书馆，2018，第 29—202 页。
[4] [美] 詹姆斯·C. 斯科特：《弱者的武器》，郑广怀等译，南京：译林出版社，2007。

目却贴切的命题，诸如：非遗即民俗；非遗即治理术；非遗即主权；非遗即领土；非遗即社区；非遗即节日；非遗是指代人际关系、忠诚和社会组织的伦理概念；非遗是一种强化疏离感和危机感的诊断；外力介入的非遗保护是有着副作用的治疗。[1]虽然都有"人类文化遗产"这项王冠，但是以国家为界，非遗对外强调的是"国家性"，对内则更强调地方性、差异性，进而成为有效规训民众、规范社区的治理术。也正是因为作为民俗学家的哈福斯坦的这些基本认知，其《制造非遗》（Making Intangible Heritage）一书就是从制造非遗概念、制造威胁（危机）、制造非遗名录、制造社区和制造节日五个方面展开的。

在此基础之上，本研究更想强调的是：在经历了人类化、国家化、非遗化以及社区化之后的非遗，回落个体的日常生活，成为看得见摸得着并实实在在有益于个人的非遗，也即民俗非遗化后"再民俗化"的重要性。这种民俗化不是"民俗主义"者所言的对民俗片面的使用，而是"把民变成民俗学者的现代性反思能力"[2]，是个体对自己及其文化（遗产）之间关系进行反思和配置的实践，是实践主体在意向性生成的语境中运用过去的经验民俗化地感知、表象世界，[3]进而服务于生命感受、社群和谐、社会文明、国家康健和人类命运共同体铸就的近景、中景与远景。在此意义上，相较因应"民俗主义"而已经被误读以及滥用的"民俗化"而言，使用更强调行动主体的非遗的"个人化"或"个体

---

[1] Valdimar Tr. Hafstein, *Making Intangible Heritage: El Condor Pasa and Other Stories from UNESCO*, pp. 122-135, 137-141, 152, 166, 183-188, 203.
[2] Valdimar Tr. Hafstein, *Making Intangible Heritage: El Condor Pasa and Other Stories from UNESCO*, pp.171-177.
[3] 刘晓春：《探究日常生活的"民俗性"——后传承时代民俗学"日常生活"转向的一种路径》，《民俗研究》2019年第3期。

化"应该更为妥当。长时段观之，已经发生的非遗化仅仅是民俗传衍的一个方面、阶段。个人的非遗——非遗的个人（体）化，才是所有非遗的核心，才是所有组织、政府出于种种原因、心眼将民俗非遗化后应该有的终极旨归。显然，"支撑人之'生'的艺术"（vernacular）这一命题就有着不言自明的重要性。

前文已指出，礼俗互动[1]，大、小传统之间的交互缠绕、两位一体是作为人类独一无二的中华文明的基本生态。其实，口头传统与符号书写系统互动是不同类型的人类文明传衍的普遍特征。[2]为此，人类学家古迪（Jack Goody）还创造出了"文字-口语（lecto-oral）"这一强调书写和口语两者连带性与交互性的新词。[3]显而易见，在中国顺世界大势而兴起的非遗运动，是前所未有的对民俗文化、口承文化全面摸底而使之整体性进入国家序列、升堂入室的综合性文化治理工程，是大传统对小传统井然有序的整合工程，是清明盛世的文治伟业。有鉴于因统合而日益呈现出镜像化的馆舍状，本文从行政治理传统、文化传衍逻辑、个体生命感受等不同层面强调个人的非遗和社区、国家、人类命运共同体之间的辩证关系。

其实，就非遗与个人的关系，联合国教科文组织2003年《非遗公约》第二条第一款有如下表述：

> "非物质文化遗产"，指被各社区、群体、有时是个人，视为其文化遗产组成部分的各种社会实践、观念表述、表现形式、

---

[1] 张士闪：《礼俗互动与中国社会研究》，《民俗研究》2016年第6期。
[2] ［美］詹姆士·斯科特：《逃避统治的艺术：东南亚高地的无政府主义历史》，王晓毅译，北京：生活·读书·新知三联书店，2016，第270—293页。
[3] ［英］杰克·古迪：《神话、仪式与口述》，李源译，北京：中国人民大学出版社，2014，第148—155页。

知识、技能以及相关的工具、实物、手工艺品和文化场所。[1]

多少有些遗憾的是，进展经年的国内主流的非遗学刚刚垂青"社区"，并视之为战无不胜的独家秘籍，四处挥舞。

作为眼光向下的学科，一度亦被称为"民学""民人学"以及"人民学"的民俗学[2]始终都不应背离其关注常民之生活态、对作为民族国家主体的小众的敬畏的基本定位。面对现今非遗叙事的空泛，工具理性支配的非遗运动对非遗内价值选择性地熟视无睹，超越民族国家化、馆舍化和美学化的非遗，将之还归日常生活，直面生命个体本身，既是非遗化后的民间文化前行可能的正道，也是民俗学与非遗学发展应有的坦途。毫无疑问，与和民族国家形成相伴的民俗学一样，[3]应经济强国之后文化强国而新生的非遗学同样有着官学、国学的底色。如何在依附性中寻求必须有的独立性，就成为一个不得不面对的根本问题。

面对中国共产党领导下的中国式现代化和人类文明新形态，始终面向现实的中国社会学已经表达出其一定的学术自觉、理论自觉以及实践自觉，显示出一门学科存在的重要性。[4]显然，如"修山"那样，民俗也好，非遗也好，民俗的非遗化与非遗的个

---

[1] 参见网页：https://baike.baidu.com/item/保护非物质文化遗产公约/5149800?fr=aladdin。查询时间：2022年3月18日。

[2] 江绍原编译：《现代英吉利谣俗及谣俗学》，上海：中华书局，1932，第276—277页；杨堃：《民人学与民族学（上篇）》，《民族学研究集刊》1940年第3期。

[3] 徐新建：《民歌与国学：民国早期"歌谣运动"的回顾与思考》，成都：巴蜀书社，2006；毛巧晖：《20世纪下半叶中国民间文艺学思想史论》，第189—218页；岳永逸：《风俗与民俗：中国现代民俗学的史学根性和民族性》，《中国人民大学学报》2022年第1期。

[4] 洪大用：《实践自觉与中国式现代化的社会学研究》，《中国社会科学》2021年第12期；冯仕政：《社会学的实践与实践的中国社会学》，《社会学评论》2022年第3期；冯仕政：《范式革命与中国社会学自主知识体系的建构》，《社会》2022年第6期。

人化（民俗化）也好，这些关联上下、纵贯古今又与"小我"一体的日常生活文化——vernacular艺术-个人/家庭级的文化，不但是社会文明的核心与常态，更是历史自信、文化自信的基石，是它们更加坚实地赋予中华文明以一体性、绵长性与恒定性。作为以非遗化的民俗和个人化的非遗为基本研究对象的独立学科，如果仅仅回应公约、诠释政策、建言献策，而完全丧失"在野"的批判性立场和深度的学理思考，不关注卑微的个体生命本身，总是想赋予文化高大上的外价值而无视鲜活的文化本体及其自主调适能力，民俗学这个老大哥也好，非遗学这个新生小弟也好，都将仅是"高鸟尽良弓藏"的那张弓。正如不完全是基于切实的资料积累、严谨的田野调查和在纯学术研究基础之上展开——未对民间文化本身"投入全部心力"——的民俗学者，群起而快速地对非遗的"神化"以及在一定意义上被行政权力的"同化"，反而将民俗学置于了尴尬甚至危险的境地。[1]

民俗学也罢，非遗学也好，其真正的使命不是其他，而是影响人们评价、传承和实践自身文化的方式，进而赋予一种文化以生生不息的活力，使之成为源头活水，是如何将馆舍非遗强化的"我们"悄然无形地熔铸、内化在具体的"我"之中。正如千百年来的传衍教化使仁义礼智信深藏于民、内化于民那样，只有在怎样将承载民族精神的非遗藏之于民，尤其是如何使之与个体"我"的生命体验紧密关联作为民俗学、非遗学以及文化遗产学的基本问题时，这些学科才会有其安身立命之本。进而，立足中国的学术、学科也才能在国际学术舞台中有自己的话语权以及由

---

[1] 施爱东：《警惕"神化"非物质文化遗产——兼谈民俗学者的角色定位》，《民间文化论坛》2007年第2期；周星：《非物质文化遗产保护运动和中国民俗学——"公共民俗学"在中国的可能性与危险性》，《思想战线》2012年第6期。

此而生的引领性，中国的经验才会真正是世界的。

八、战术，小屋

世界范围内非遗的申报、裁定、赐封与评估，虽然有"自信""保护""传承""发扬"等诸多名义与理想，但操盘手——权威们——并不十分清楚自己是在通过"运作文化"与"文化运作"拟构历史，而且大致是在对民众的规避中规划、拟构历史。这种拟构历史，蕴含着精英（以及欲加入其中的民众，如非遗经纪人）和被规避的民众二者之间存在的俨然明确的政治关联的幻想，充斥着被等同于事实，指向过去以及将来，且温软、妩媚而又清纯的"异国""异乡"的罗曼蒂克、审美诗学以及云山雾绕的迷思。在以非遗的名义将文化标准化抑或说"封闭"——将活态文化"非遗化"——之后，在展陈室、演示地和博物馆等全景监视空间中受镜头美学支配的或趋之如鹜或门可罗雀的馆舍非遗的批量出现，也就自然而然。

在中国，从与近代化相伴的"迷信"的一再定义与整肃、五四新文化运动对"民俗"的发现，到持续十年的"文化大革命"，更使得二十一世纪以来秉承传统呈报之行政逻辑的非遗运动迅猛、红火得别有风味，光晕团团。为了有话说、有事干，总得有个逝者或者其他什么由头。没有任何东西能够胜过逝者之美。当然，这种言说及其实践，或者也蕴含着新的可能，或好或坏。

总体而言，外倾性的西方文化重地、空间与物，向外扩张，造就的是以富强为目的而偏重物质功利的科学性的"机械的物质文化"。与此不同，内倾性的中国文化重人、时，重理想、德性和自身内部之绵延，反躬自省、心物兼容，是以安足为目的而艺术性的"生命的精神文化",是以"人文"为中心的"人本位的"。[1]换言之,俗语"三百六十行,行行出状元"在表达社会分工、行当有别的同时,更强调的是各行之间相互尊重与依赖,并无高低优劣之别。孔子固然是中国人追慕、敬拜的圣人,但自诩为壮夫、君子、大人不为的雕虫小技等"小道"与大道同样等量齐观。与孔圣人一样,鬼斧神工,以无厚入有间而解牛出神入化、游刃有余的庖丁(《庄子·养生主》)同样是中国人向往的人生至境、理想范型。如同"匠心",好手、高手、妙手、能手、强手、素手等这些礼赞技艺的俗语(也是非遗叙事中频频出现的核心词汇),都是在言说与大道并驾齐驱的"小道"的可观、有理和化境。

　　对主要指向小道的"非遗"一词的前缀从"人类"到"人""个人"的递进,正是基于对有着外力引诱和内在传统双重加持的中国非遗运动的省思而对在世界范围内已经庸俗化、行政化、官僚化与形式化的非遗运动的批判。"个人的非遗"或"非遗的个体化"不但是对"人类(非物质)文化遗产"的反动,更是扬弃,是革命性的:它并非《非遗公约》所言的"**有时是个人**",而是永久是个人的,且终将也只能、必须是个人的。因为每个置身种种关系、配置、网络中的个体既是主体,也是一个"具有决定关系的相互作用间冲突不断(通常是对立)"的场所。[2]正如作为"连续统"的家国一体[3],个人不仅仅是大小共同

---

[1] 钱穆:《中国文化史导论》,北京:九州出版社,2011,弁言和第13、192、241页;《文化学大义》,北京:九州出版社,2011,尤其是第23—30、171—179页;《中华文化十二讲》,北京:九州出版社,2011,第15—16页。另可参阅钱穆:《中国学术思想史论丛·10》,北京:九州出版社,2011,第33、205—206页;《中国历史精神》,北京:九州出版社,2011,第141—158页。
[2] [法]塞托:《日常生活实践 1.实践的艺术》,第31—32页。
[3] 翟学伟:《中国人的行动逻辑》,北京:生活书店出版有限公司,2017,第16—43页。

体以及人类的分子。在日常实践——对严丝合缝的种种教化、规训机制的承受、抗争等不同形式的消费-使用——**化用**中，个人也反向涵括了其置身的大小共同体以及人类，而民族国家的个人则承载、显现着建构出来的"民族性"，或者说国民性。

化用，即创造，即生产。由于在消费-使用者与强加给他的"秩序"的特征的这些产品之间存在一种"巨大的使用上的差异"，化用这种完全不同类型的生产"表现为一种几乎不可见性，因为它几乎不以自己特有的产品来引人注目，而是借助于一门使用的艺术，并且使用的是被强行赋予的东西"。[1]这一个体（被支配者，也是弱者）化为己有、为我所用的"顺从"——化用的行为模式和运作图式，使得包括非遗在内的诸多文化有了多个声部、变调、间奏与变奏，而呈现出叠加、杂合的"复数态"，或和谐或紊乱，以至于长期被定格在"迷信"这一耻辱柱上的不少民俗事象借尸还魂，甚至如鱼得水。

这样，在古老的东方，汉沽飞镲有了涵盖公活的出作，唱台口、挡小事依旧是定州秧歌的底色。而在联合国教科文组织内部，非遗本身就是曾经的"弱者"对以欧洲主义、物质主义为中心的"文化""文物"之威权的挑战与反叛。可是，一旦非遗成为新的权力，很快就有了对其官僚主义的控诉、批判，有了非遗即民俗、治理术、主权、领土、社区、节日、医院、筹款晚宴舞会等多样化的再定义。对非遗的反叛，至少反思，势在必行，也理所当然。

尽管无意中暗合了文化强国——复兴中华文化——的民族大义、政治伟业之时事、要政与洪流，但是"人类的非遗"是官

---

[1] ［法］塞托：《日常生活实践 1.实践的艺术》，第93、92页。

媒精英从外面拿来且在外部赋予的名称。这一"拿来主义"不具有本土性，亦无内发性，而是从世界之众，尤其是从东亚邻邦之众。这些精英自觉或不自觉地对权力抑或说权威机构已经清除了的内容进行着清点和美化。因为在他们及其依附与效忠的权力机构看来，"死亡的美丽"因关进坟墓而更加感人与闻名。[1]

"个人的非遗"这一对作为定语而主体性缺失的"人类"的替换，是不得已而为之的德·塞托提出的与策略（stratégie）相对的战术（tactique）。[2]尤其是弱者"以他者的场所作为自己的场所""不断地借助于强大的异己力量"，在"敌人"的视域内实现"卑微的却非常基础的各种转化"，而将"统治秩序隐喻化，使之在另一个层面上运行"。[3]即，这一替换是不得已而为之的语言"游戏"——对霸权话语甚或说暴力语言[4]的戏谑、拟构和计谋的美学，也是必须要有的一种"固执"甚或说"执拗"的伦理学。当然，这一替换也是基于"复数非遗"这一被边缘化的民众日常实践——使用非遗——的战术成功的世界性的社会事实。

如此，才能打破《非遗公约》对想象的大小共同体、社区的强调而生的壁垒，才能荡涤《非遗公约》打着"人类"的旗号对隔膜、边界的暗示与婉饰，尤其对生命本真、本体的忽视。如此，作为人文社会科学的民俗学、非遗学才会有其人文性，才有其独立性和存在的价值。如此，在非遗后，抑或说后非遗时代，文化才能真正成为连接民众、社会与国家以及人类的纽带与桥

---

[1] [法]塞尔托：《多元文化素养》，第38—74页。
[2] [法]塞托：《日常生活实践 1.实践的艺术》，第38—41、94—99页。
[3] [法]塞托：《日常生活实践 1.实践的艺术》，第39、97、92页。
[4] 如果话语所表示的东西与一个社会将其变成的东西之间出现了呈上升趋势的失调现象，那么这种话语就像某种暴力的表现那样在起作用，话语本身就变成了暴力语言。参阅[法]塞尔托：《多元文化素养》，第76页。

梁，才真正是大小共同体、民族国家与人类的。

显然，布迪厄（Pierre Bourdieu）对结草为标、编竹为门、绿树荫屋、青山补墙、鹅鸭比邻和牛羊做伴的"个人小屋"的颂扬仍然具有启示意义：

> 我就当卢浮宫、杜伊勒里宫、巴黎圣母院——和市场上的圆柱——坐落在我家里，在一间按照我的心愿建造的小屋里，我一个人住在这里，在十分之一公顷的一小块地的中央，有水流、阴影、草地和寂静。如果我想在这里放一座雕塑，这雕塑既不是朱庇特，也不是阿波罗：这些先生对我毫无用处；也没有伦敦、罗马、君士坦丁堡或威尼斯的风景：恳请上帝不要让我住在那些地方！我在这里只安置我缺少的东西：山峦、葡萄园、牧场、山羊、母羊、绵羊、收割者、牧羊少年。[1]

九、余语

绝代佳人，幽居空谷，天寒袖薄，日暮倚竹。蝉噪林静，鸟鸣山幽，雨中果落，灯下虫鸣。

如同庖丁解牛和伯牙碎琴，被命名为"非遗"的中国文化，其妙处在自然，在此生命、此情境中享受的一番妙处，在浑然天成的至性、至情与至境，是一切尽在不言中、心有灵犀的众乐乐，亦是念天地之悠悠而怆然涕下的独乐乐。

1979年，在香港的钱穆听到加有配音的箫、笛录音带时，有

---

[1] [法]皮埃尔·布尔迪厄：《区分：判断力的社会批判》，刘晖译，北京：商务印书馆，2020，第81页。

如下感言：

> 然所录各曲，其中多加配音，则无此必要，殊属多余。当其扁舟江上，一人倚楼，生于其心，动乎其气，出乎其口，一箫一笛，随手拨弄，天机横溢，情趣烂然。若使必再约三数人或七八人来作配音，则无此场地，亦且异其心情，必当在大城市大商场大酒楼，卖票盈座。而天地已变，情趣迥别，同此箫笛，同此音节，而不复同此情怀矣。[1]

因应视觉癌变而受制于镜头美学的馆舍非遗、视频非遗，是商业文明主导的都市社会、信息社会和全媒体时代的必然产物。在铸牢中华民族共同体意识、文化旅游、数字经济等的加持下，这些非遗化后的"文化"，实现了从"小道"向"大道"的华丽转身。至少说，将"雕虫小技"提升到了与"大道"等量齐观的地位。然而，非遗化后的这些文化，正如加了配音的箫、笛。

乡野僻壤，茅庵草舍；通都大邑，楼堂馆所。时位移人，文化转场；天地已变，基因转异。心生微澜，情趣迥然；天机钝槌，情怀大异。

二〇二三年七月廿五日定稿

---

[1] 钱穆：《中国文学论丛》，北京：九州出版社，2011，第200页。

壹 绪章

非遗的"雾霾"

一、谁的多样性

二十一世纪以来,学界的鼓与呼、政界的强力推进、媒介的张扬,使得作为语词和事实的"非遗"已经众所周知。作为一项事业、一种运动,以及社会主义精神文明和文化建设的一个重要组成部分,似乎会长时间持续下去的非遗运动完全可以和二十世纪最后二十多年进行的十套民间文艺集成工程相提并论,后者已经有"文化长城"的美誉。二者都是精英阶层对主要源自民间,并在民间传衍多年的文化的重新审视、定位,并且都最大程度地动用了社会资源,群策群力,全民参与,可圈可点。当然,非遗运动是以十套民间文艺集成工程为基础的。作为一个新生词汇,"非遗"正在势不可挡地全面取代"民间文艺""民俗"。

受西方思潮，尤其是五四新文化运动、民俗学运动、民众教育运动影响的"民间文艺"在整个二十世纪的中国都是一个红火、正面、光明的词汇。在五四新文化运动中，它被视为"反动""没落""腐朽"的上层文化的反面，认为其中蕴藏着民族的"新的精神"。继而，在民族存亡的生死关头，鼓词、快板、木板年画等民间文艺都成为抗日的利器，并最终在中国共产党这里形成了"文艺服务于政治和人民"的系统的新型文艺观。

"十七年时期"，民间文艺不仅是社会主义精神文化建设的一个重要组成部分，还被有序地纳入新的社会主义意识形态的宣教序列之中。万恶的地主、奴隶制，舍生忘死的革命先烈，英勇的太平军和义和团等爱憎分明的形象通过"民间"文学的采录、传播深入人心。在国家一穷二白的状态下，杂技、民间工艺品等成为外交场合重要的媒介、黏合剂。演出成本低廉的相声等曲艺则成为"文艺的轻骑兵"，驰骋在抗美援朝的战场和大江南北的建设工地。改革开放后，虽然民间文艺的政治功能在弱化，但将其定性为优秀的传统文化时，其正能量也就呼之欲出，苍翠欲滴。

简言之，虽然也有单线进化论等外因的进入，但民间文艺的红火更主要是因为中国这个历史基体蜕变而生的"内发性发展"，或者说"固有的展开"。与此不同，非遗的嵌入则更主要是对国际语境这一外因冲击的回应之果。

联合国教科文组织的《非遗公约》意在保护人类文化的多样性，但其世界性依旧是片面的，不但唯我独尊的美国没有率先加入，老牌帝国英国同样也迟迟不加入该公约。反之，在世界的东方，中、日、韩、越等国家则痴迷于晋升世界非遗名录。对昔日这一大儒家文化圈留存的有形、无形遗产的争夺，大家铆足了劲儿，明争暗斗，不乏刀光剑影。该地域自古以来就有的"执拗的低音"回响在非遗的战场。

确实，联合国教科文组织的《非遗公约》的口号是保护世界文化的多样性，有费孝通所言的各美其美、美人之美、美美与共的善意。但是，这个多样性究竟是以什么为标准？其圆心是什么？始终语焉不详。与平等、自由、民主一样，多样性成了一个不证自明的具有道德优越感的普世评判。从美、英至今都将自己置身事外的现实，或者大致可以明了这个多样性的参照物在哪里，是什么了。

由此，也就不难理解为何中国人极力荐举的非遗保护经验主要是日本和韩国的。事实上，正是因为韩国要将其地方性庆典——江陵端午祭——申报为世界非遗名录的事件，使得"非遗"以迅雷不及掩耳之势嵌入中国人的话语体系，并促生了轰轰烈烈、红红火火的非遗运动。原本就意在保护中国文化多样性、丰富性的十套民间文艺集成等有声有色的文化工程、事业随即也就渐渐淡出公众视野。联合国教科文组织的《非遗公约》不但是横刀立马的非遗运动的基本旨归，举国上下更是以晋升其名录为幸为荣。

二、非遗的形式化

二十世纪末，十套民间文艺集成工程的践行者首先是低姿态地到街头巷尾、田间地头、炕头灶边去问、听，主动地去采，然后再记录，再编辑，再出版。换言之，对于本质上自上而下、眼光向下的这场文化运动而言，民间文艺依旧是民间的，民众的。虽然有居高位者遴选、淘汰机制，但十套民间文艺集成的真实性、客观性反而无声地言说着中华文化的多样性与丰富性。

自上而下的非遗运动也是一场声势浩大的文化清理与自救运

动。不仅如此，它还是从底层开始，层层上报、审查、评定的文化运动。悖谬的是，在本质上，这一看似尊重文化传承主体和基层的申报是形式化的，要说清诸如申报项目的起源、传承谱系、具体技术/艺和社会影响/效益等诸多方面的问题。直至新近，申报者必须有挂靠单位，必须提供逼真的图片资料，甚至必须提供五分钟左右的视频才能进入评审环节。

原本地方性、多样性的民间文化的传衍实态经常是随机、随性的，不一定完整与完美。而且，与下里巴人捆绑一处的民间文化经常都是精英文化要改造、教化甚至否定的对象。因此，就长期处于草根状态的民间文化而言，其多数很难有连续性的书面记载，口述的历史常常也是一种残缺状态。非遗申报书的制度化要求，使得其填报本身就是一个步履维艰、绞尽脑汁的过程。在这个自我梳理也是回望的过程中，没有的要建构出来，可能不合评审专家与政府官员节拍的内容要剔除。最终，在申报环节对一个非遗项目的立体性叙事和言说中，可能表格填写得工工整整，视频也做得精美绝伦，但这实则是对一个原本活态的文化事象纸面化、视频化，也即剥离生活而形式化的过程。

无论是表格、报告书还是视频，这些立体化的非遗申报叙事已经成为一种有着鲜明自我风格的文类，有着不容置疑也是千篇一律的形式美学。在申报环节的非遗叙事美学中，因为志在必得，有意迎合上级官员和评审专家的完美、完善是其最高准则。

在叙述起源时，大体尊崇的是神圣叙事原则。这又有三个维度：一是要将原本传说中的人物，尤其是创始人坐实，并考据出其生平，撰写其家世与家谱；二是夸大原本名不见经传的作为常人的创始者的功绩、伟力，将其虚化，进而神化；三是强调与上层文化，尤其是宫廷文化、帝王将相、文人雅士之间的关联，将

壹　绪章　57

大历史叙事中被定格为负面形象的历史人物反转成为眼光独到并具有前瞻意识的文化保护、非遗运动的先驱。

在北京地区不同级别、类别的非遗名录中，完美的神圣叙事随处可见。不少花会一定会张扬自己的"皇会"历史，将慈禧或光绪纳入其历史叙事中，从而使昔日的旧皇会跻身当下的新"皇会"。太平歌词、双簧的传人会分别强调"抓髻赵"、黄辅臣这些曾经被"老佛爷"召进宫表演过的艺人，并强调这两个原本街头市井的玩意儿之得名就是老佛爷"金口"御赐的。相声则会强调"穷不怕"朱绍文的旗人出身、文化水准、相声文明及其与王公府邸的亲密。中幡则言必称宫中的礼部大执事与皇室仪仗队的旗杆。掼跤会直接与善扑营对接起来。"泥人张"会浓墨重彩徐悲鸿1943年写的那篇《过津购泥人记》。"面人郎"会渲染冰心1957年写的《"面人郎"访问记》。"葡萄常"会引用杨朔1955年的文章《十月的北京》和邓拓1956年7月发表在《人民日报》的《访"葡萄常"》。

在叙说传承的韧性时，被正史否定的"文化大革命"一定是叙述的焦点。人们会强调在这举国上下迷狂、混沌的时期，该事象如何被个别不畏生死的人私下里传承，从而延续了丝丝薪火、点点香火。在言其成就和影响时，除提及某位传承人的天下无人不知、无人不晓的"大师"身份外，学生、徒弟、治愈的患者或追随者的人数，产生经济效益的钱数、作为文化大使的外出次数、作为文化名人参展参演的回数、获奖的级别等，都纷纷出炉。这样，处于申报过程中的非遗已经被表格化、数据化、符码化。

在决定是否进入评审环节时，基层非遗日常申报管理机构的工作人员评判的标准首先是这些不同形制文本的完美度。与此大同小异，通常而言，坐在会议室的评审专家也基本是根据这些

"完美"文本来评头论足,指手画脚,决定取舍去留。就这样,表面上自下而上的非遗运动实质是自上而下的。

当然,在地方政府的一把手将申报高级别的非遗提高到政治高度,作为头等大事时,不但会组织临时的班子来负责申报工程,还会想方设法获取高级别评审专家的信息,将之请到现场感受、考察,让专家们对申报大业建言献策。这样,在对居高位的评审专家们走、转、改的历程中,获其芳心。必要的话,地方政府还会组织召开专门的研讨会,尤其是尽可能举办能引起媒介关注、报道的国际学术研讨会。在名与利等工具理性的驱遣下,要保护也可能是确实值得保护的非遗沦为大、小名利场和交际场的工具与符号。换言之,看似井然有序、一本正经的非遗申报实际上是职能部门、专家和申报对象的传承主体之间的共谋、共构,并最终形成利益均沾的一个个昙花一现的大小共同体。

在此历程中,不少有着话语权和投票权、行色匆匆的专家同时也就扮演了出纳和会计的双重角色,并在申报环节中加速着非遗的工具化、离地化、形式化与空壳化。"有机知识分子"原本应该有的为民请命、为民代言,为党和政府把关、建言献策,对社会负责的担当、良知消失殆尽,沦为不折不扣的机会主义分子和文化掮客。

在晋级高级别的非遗名录后,作为地方政府相关职能部门的例行性工作,因为有前期人力、物力、财力的大量投入,地方也就有着要晋级后的非遗回报的诉求。理念上,如何让非遗能产生更多的社会影响和经济效益是政界、商界、学界以及非遗传承主体都关注的事儿。于是,动态传承、活态传承、生产性传承,直至产业化传承等计谋纷纷出炉。这同样与非遗运动的初衷相背离。

原则上而言,非遗多数是前工业文明时期的文化遗产。这些非遗,是乡土的,有着精神内蕴,不是口耳相传,就是手工的或小作坊的。它们与特定地域的自然地理、社会生态、物产、历史人文、风俗习惯、宗教节庆等息息相关。要前工业文明时期的文化事象在工业化、信息化和都市化的当下产业化传承，只能对原本想要保护的文化形态进行有预谋、有组织的破坏。即使能成功改进，进行大规模的机器化生产，这些产品也已经不是属于文化的非遗，而是买来后可以轻易舍弃的商品了。然而，在保护声浪中，产业化的生产性传承却是被推崇的主流。在此潮流中，原本"精神性存在"的不少非遗不可避免地被形式化为商品，沦为彻头彻尾的物或者说"物化的存在"。

纵然确实无法将之进行类似的形式化，在居于上位的精英操作层面，非遗保护的现状也大抵流于形式。在要"文化走出去"的主观愿景下，非遗也不可避免地成为迎合都市等他者想象的"被展示的非遗"。上至国家文化部，下至县（区）级的非遗保护单位，在展览馆、博物馆等室内的展柜、墙上举办以精美图片及部分实物为核心的非遗展览蔚为大观。只不过，文化部的直属部门可以到欧美、可以到港澳台办展览，而一般的地方职能部门只能因陋就简地在小范围内办。这样，层层下拨的非遗保护经费相当一部分也就主要花费在大小名目的徒有其表的展览上。进而，为了向上级要到更多的钱，也能花掉更多的钱，修建非遗博物馆、展览馆、非遗广场等耗资不菲的土木工程也就名正言顺地被提上了议事日程。

除了静态的空间设置与展示，在保护现状层面将非遗形式化的还有不同级别兴师动众、动用名导、声光色电等现代科技手段而举办的在舞台上、话筒前和镜头前的汇演、调演。表演性非遗项目原本大多都是仪式性的，天幕地席，是在特定的时间、地点、场域才能举行的，多少有着精神交流和为个体生命、村落、族群祈福的神圣意味。然而，以汇演、调演之名，这些基本迎合都市对乡土想象的舞台化、舞台剧式的且随时都能表演的非遗，更在意的是空洞的视觉效果，其操演完全屈从于高清的镜头与对受众想象的想象。

此外，看得见、摸得着的宣扬非遗的举措是参与诸方都愿意积极参与的。诸如成立传习所，举办传承人培训班，编写书籍，刻录光碟，将各种资料数码化，建立非遗数据库，等等。传习所的房子尽可能修建或装饰得宏伟、豪华。传承人培训班尽可能大张旗鼓，山雨未来之前已经风满楼。书籍、光碟的内容不一定上乘，但形式一定要精美。数据库的数据不一定多、全面，也基本不对他人开放，但一定要将之说得大得吓人。在都市，不仅电视台、广播电台纷纷开办非遗节目，图书馆、档案馆、群艺馆、文化馆、文联等各种相关部门纷纷染指非遗，高校等科研机构则建立非遗研究所，将非遗作为一个独立的研究方向，创办非遗杂志，或在已有杂志中开设非遗专栏，撰写非遗专著、论文，等等。就对某个非遗项目的论文写作而言，也早已形成了历史、现状和政策建议的四平八稳的太极招式。

三、标准化的隐忧

在形式化的大背景下，在这块文化生态丰富多样的土地上，被不同程度形式化、空壳化的非遗还有着以爱国主义的名义而被标准化、单一化和乌托邦化的隐忧。

在"保卫端午"的号角吹响后不久，以非遗的名义，"保卫春节"之声又高亢响起。以爱国主义、民族主义、弘扬优秀传统文化的名义，这些急于表白、邀宠的吁请者首先将自己放置在道德的制高点。谁要是提出异见，语不惊人死不休的引吭高歌者就会正义凛然地用"你不爱国""欺师灭祖"之类的唾沫星子淹死你。其实，这不仅是狭隘的国族主义作祟，也是一种可怕的霸王心态和夹杂着虚无主义、夜郎心性的褊狭的文化精英主义。究竟保护谁的春节，保护什么形态的春节，是否要全国人民过一样的春节，好事者都不置一词。

"保卫春节"有着名实不副的窘境。不仅如此，已经"保卫"成功，晋级联合国教科文组织非遗名录的端午反而出现了一些危险的信号。众所周知，中国的端午节进入该名录是湖北秭归、湖南汨罗、湖北黄石和江苏苏州四地联合申报的结果。之所以要这四地联合申报，在国家层面看重的就是四地有着差异性的端午节的典型性。秭归是屈原的诞生地，汨罗是他殉难之地。两地端午节紧紧与这位伟大的爱国主义诗人捆绑在一起自然而然，合情合理。苏州是伍子胥的生活之地，那里的端午节就天然与伍子胥联系在一起。

虽然都在湖北，黄石的端午节则与屈原关联不多。它的主色是持续四十天的原本有"厘头会"之称的神舟会。作为西塞山前道士洑村的地方性庆典，神舟会主旨是通过净化、布施等手段，祈福、禳灾、驱瘟、除恶、祛病、求子、联谊。正是因为申报非遗，神舟会被定格为"官名"。不仅如此，在官民的合力下，原本在神舟正仓的"（送子）娘娘"将正位让给了屈原，而退居神舟后仓。在2005年以来的当地的官方叙事中，祈祷丰收、健康、村庄安宁的神舟会被言语化为悼念屈原、弘扬爱国主义精神和以热爱祖国为荣的端午节。

2015年6月，地方政府与相关的职能部门合作在黄石举办了规模盛大的"中国端午节节俗与屈原文化学术研讨会"。在会上，虽然还不是主流,但已经有了这样的声音:屈原是伟大的爱国主义诗人,为什么端午节还有纪念别的人物的说法?端午节就应该只许提屈原。这样伟大的爱国主义者不纪念,我们纪念谁?

这样义正辞严、掷地有声的声音是高亢的,也是阴森可怕、张牙舞爪与狰狞的!对于当下生在长在都市的大多数人而言,端午节已经简化为粽子和龙舟两个符号了,也即所谓"奶奶的丝线,爷爷的船"之类亲情化的表达。如果原本五彩纷呈的起源传说都要定位于一格而标准化,那么端午节已经在绝大多数地方被简化为粽子和龙舟的两个符码也不再重要了,更别提有些地方端午节划的不是龙舟,而是凤舟,甚或根本就不划龙舟。如此这样,不远的将来端午节或者就只能举办屈原诗会了!

其实,形式化本来就直接指向的是标准与标准化。不符合某些基本的条件——也就是标准——再有特色的文化事象也只能在非遗这个条条框框明确的体系之外。如果再有爱国主义、民族主义这样被盗用的"大词"作为虎旗,蒙蔽、胁迫、绑架众人,越来越同一的标准化的非遗也就指日可待了。

当然,无论是形式化还是标准化,都不是非遗运动的全部。何况,从管理、操作层面而言,形式化与标准化有着不言而喻的合理性、便捷性!但是,无论就哪个方面而言,谁的非遗,谁的多样性应该是非遗运动中时时诘问和警醒的问题。究竟是谁赋予了我们将"非遗"非遗化的权力?我们究竟在向被命名为非遗的东西索取什么?是在切实地保护那些被称为"非遗"的文化并使之有益于地方的文化生活吗?这些举措有益于传承、享有它的人群的日常生活而增强其幸福感吗?

晋升到高一级的非遗名录中的文化越来越多,保护、传播的手段也越来越多样,冠之以非遗名目的展览、汇演也越来越多。

壹 绪章

可是，我们的文艺伟业似乎并未见繁荣多少。他文化主动将我们当下的文艺请进去的事儿更是寥若晨星。事实上，弥漫在我们身边的更多的是对文艺繁荣-贫瘠的焦虑。

党和政府早就意识到生态环境对国计民生的重要性。1971年1月26日《人民日报》第五版和同年3月11日《人民日报》第六版都曾刊文猛批美国的环境污染，将污浊的空气、河流视为"美帝国主义一天天烂下去"的标志。1999年3月9日，《北京晚报》的头版头条就有"绝不让污染的大气进入新世纪"的大幅报道和誓言。这是政府的远见和国家对人民的承诺。该篇报道前面还有引题："近期，国务院将专门审议北京治理大气污染的目标和对策。"然而事实是，十四年后，在2013年7月10日《参考消息》中，有中美以学者突破性研究发现"雾霾缩短中国北方人五年半寿命"的醒目报道。2014年1月18日，人民网时政上有"北京市市长：治不好雾霾提头来见"的军令状，并配有官员们胜券在握的轻松淡定和笑意盈盈。

所有的这一切似乎都是严肃的语言游戏！

2015年12月7日晚些时候，为了应对后续三天的重霾，北京市的中小学幼儿园不得不首次因为雾霾而放假了。这可以看作对花朵的关爱，也可以看作政府防霾治霾的决心与有效举措。12月9日，《环球时报》的头版整版都是关于"首次拉响最高级警报被赞展现治理雾霾决心"的"北京'红色预警'引世界热议"的报道。

肆虐地侵袭、腐蚀着肉身的霾，如此地步履轻盈，悄然无声。它向世人证明了自己的强大，所向披靡，如同一个挥之不去的梦魇，一个荒诞却沁人心脾的寓言。将霾与非遗相提并论或者有些牵强，但一个指向人身，一个却关系人心。因为人，二者有了难分彼此的相关性。这或者是一个绝配的隐喻：霾与身，非遗与心。形式化与标准化就如同本意在于要保护文化多样性的非遗的雾霾。果真如此，如果不警惕萦绕在非遗周围的雾霾，那非遗运动同样可能有条不紊、环环相扣地成为梦魇、寓言、笑话抑或一幕幕滑稽剧。

话又说转来，身心真的必须肩并肩、手拉手地同步前行，白头偕老？古语云，"皮之不存，毛将焉附！"可是，皮要真的没了，毛有鸟用？

（原文刊载于《读书》2016年第3期，亦曾收入拙著《以无形入有间：民俗学跨界行脚》商务印书馆2019年版）

貳 野乘

重述中国神话

一

新近,严优书写中国远古神话谱系的力作——《诸神纪》,广受好评。

严优,这位近年来声名鹊起,曾经荣获《中国作家》新人奖、冰心儿童文学佳作奖的女作家,实际上是一位学者型的作家。她本科毕业于北京大学中文系,研究生则是在北京师范大学专攻中国民间文学。作为一位有着专业训练的作家,写出受到老、中、青三代都喜爱的神话专著,就有着其必然性。那《诸神纪》究竟是怎样的一本书?魅力何在?

虽然古代中国的神话是碎片化的,但仍然有着海量的文献需要去耙梳、阅读,更不用说二十世纪以来官方和民间搜集到的大量的口传文本。因此，没有甘心坐冷板凳的文案功夫，没有大胆的取舍、超强的逻辑思维能力和游刃有余的表达力，要在一个基本合理的架构中轻快地讲述、叙写五彩纷呈的中国神话都是不可能的。显然，多年对神话有着浓厚的兴趣，广泛阅读和思考，并也给自己闺女持之以恒讲述中国神话的严优，具备这些条件和能力。

就框架而言，《诸神纪》分为上、下两篇。上篇主要是以黄河流域为主的中原系，下篇主要是黄河流域之外的非中原系。中原系又按照时序，依次是创世时代、大母神时代与男神时代。男神时代又按照三皇五帝排序。五帝之后还讲了中原大天神的终结者——帝喾。下篇主要按地域来分述神系，诸如西边的西王母和昆仑山神系，东边的帝俊、羲和等东夷神系，西南的廪君、蚕丛、杜宇等古巴蜀神系，南边的东皇太一、东君、云中君、湘君和湘夫人等南楚神系。此后，她还就特色明显的女神和少数民族神话各写一章。这样，在有限的篇幅内，《诸神纪》将中国神话的基本风貌井然有序又详实地呈现在了人们面前。

如何在纷繁复杂且碎片化的中国神话中建构出一个谱系，是个仁者见仁、智者见智的事情。冒天下之大不韪，严优这一大胆的开创性工作之目的只有一个：让更多的国人知晓在中华大地上千万年来流传的这些蕴藏着先民智慧的优秀传统文化。

当下，无论是基于文献的梳理，还是田野调查，不同类型、厚薄不一的中国神话集已经很多很多。然而，除了专业的研究者，这些花费大量精力的神话集很少有人问津，大抵是在图书馆的一角"蒙尘"，未有编辑者初想的"救世"功效，也未掀起多少阅读的热望。为了克服这个蒙尘的魔障而能流传开来，《诸神纪》对这些系列神话的叙写、讲述也进行了创新性的尝试。即，每个

贰　野乘　69

单元分为了导言、故事、掰书君曰、原文出处和插图五个板块。

导言是引子，三言两语，有话则长，无话则短，主要介绍某个神话的基本主旨。故事，乃每个单元的核心、重中之重，是严优对这些可能散见于典籍或乡野的神话故事的当代译写，抑或讲述。换言之，这一部分也可以视为作家严优的"神话新编"。虽然是新编，这些篇幅适中的神话故事，语言优美、活泼，接今天的地气，不但可读，还可听，在有着散文诗般玲珑剔透与精致的同时，又有着民间故事的俏皮灵动、朗朗上口，还未丢失神话原本有的丰富想象、伟岸、高远和那种让人心生敬意的庄严肃穆。

掰书君曰、原文出处和插图三个板块都是围绕新编的故事而来，但又自成体系。在掰书君曰部分，作家严优明显加重了她自己作为神话学者的比重，主要是给大家分享她对这个神话的认知与诠释，还包括学界对这个神话有些什么研究成果，有哪些点可以商榷、探讨，等等，对话色彩浓厚。很多当下的，包括网络用语、流行词汇，学界一些新的观点，她都能手到擒来，融入自己的解读体系，推心置腹，娓娓道来。这样，虽然是试图导引读者明白这些神话故事背后的意涵以及文化逻辑，掰书君曰丝毫没有学术写作的苦涩、枯燥，反而写出了不同读者会各有所获甚或会心一笑的剧情，俨然一幕幕曲径通幽、暗香藏袖又跌宕起伏的小剧。像后羿、嫦娥、河神宓妃等多角的情爱，就典型地呈现出严优式的"神话学"或者说"神话美学"。

原文出处，则几乎是一个严谨的学者的工作。它将与新编神话故事相关的典籍记载，当然是相对集中和主要的文献资料之原文一一列举出来。这样，原文出处在与故事、掰书君曰之间形成一种互文性关系的同时，也供读者检阅、审视，从而在写作与阅读之间，在作者、古人、神祇、读者之间形成交互感染与叠合的对话关系。如果说"故事新编"更适合于母亲读给婴幼儿听，适合于中小学生直接品读，那么掰书君曰和原文出处就更适合于青年人、中老年人玩味了。一千个读者有一千个哈姆雷特。无论是共鸣还是引发读者的冲突甚或反感，同时呈现自己创作、文献和理论视点的严优，都坦坦荡荡，可圈可点。

让人称道的插画则是男女老少读者通吃。这些增强视觉效果的插画，与或抒情或说理或纪实的文字并驾齐驱，让《诸神纪》有着连环画般的轻漫、欢快又不失其谨严、庄重。因此，别出心裁的这些插画，绝不仅仅是简单地为了调节视觉的审美疲劳。插画实则又分为两个序列。一是历代典籍中有的，以小幅呈现的绘像。通过这些绘像，即使不读文字，这些流变的绘像也大致勾勒出了相应神祇在中华文明长河中的演进历程。另一个序列是每个单元都有的新创的彩画插页。就其原创性、一体性而言，严优搭档七小的这些绘画创作，同样是同类体裁的书籍以及影视作品扮相上未曾有过的。没有对神话人物本身的理解，没有对中华文明更多的参悟，这些插页彩画的神圣感、宗教性，尤其是其直击人心的冲击力是不会那样强烈的。如同年画，这些彩页插画颜色浓烈，却艳而不俗，反而增强了插画的磁力，有着百看不厌的美感。

在轻阅读时代，无论对于作者、出版人还是读者，一本能让人手不释卷而读下去的书就是好书。在这个意义上，图文并茂、深入浅出成了当代好书的必备条件。毫无疑问，《诸神纪》都做到了。

二

"轻学术"是严优自己对《诸神纪》的定位。何为"轻学术"？不是学术书，却又有着学术的味道；妙趣横生，却又处处隐藏着机智与理性；图文并茂，又不花里胡哨，反而典雅清透。这种通俗和学术之间的中间状态、过渡状态的取径，绝对是危险的。但正如所呈现的那样，处处有着创新的《诸神纪》做到了，并获得了成功。

对于神话的重述方式，通常有两种路子：一种是强调科学性、资料性而所谓学术的路径。即，强调神话的原生态，要求全方位一字不落地记下讲述的每个细节，甚至音量的高低强弱，以及表情，等等。另一种方式是改编或创编，即结合具体时空以及受众的接受期待，叙述者或讲述者按照自己的理解进行文学加工，以求让神话更易于让时过境迁的生活在当下、眼前的人们接受、理解，甚或传承传播。在具有道德优越感的科学主义路径的规训下，整个二十世纪对中国神话的采录，"忠实记录"的前一路径始终都是主流。反之，任何有违"真实"的改、编、创都会被人不同程度地质疑、诟病与批判。然而，哪怕是同一个神话讲述者对同一神话的讲述，每次都不可能完全相同。在这个意义上，口头流传的活态的、原生态的神话，都是流变的，同样是有意识的创编之果。

正是因为这些认知，严优根据自己的美学追求，对神话大胆地进行了洋溢着时代气息的"新编"。基于早年作为一个聆听者、阅读者、研习者的经验，当下将自己主要定位为作家的严优认为，对简洁却恢宏壮阔与诗情画意浑然一体的神话阅读，应该是兼具崇高与优美的审美体验。所以，她对新编的神话力求在文学性的描述和简洁之间找到平衡，且不违背神话要解决宇宙、人类和文化一些根本性问题与人类童年期的幼稚与朴拙等基本的美学特征。

这种变通与灵活是当下多数在高校、科研机构从事学术研究的人难以做到的。学者们习惯的是引进某个理论，或创设某个阐释模式、范式。对于如何将纯理性的认知亲力亲为地变得浅白通透以让更多人了解，要么是不愿、不屑为之，要么是心有余而力不足。在此意义上，自我解放和释然的严优是幸运的。她的神话学是一个没有镣铐的舞者在天地间的随风起舞，酣畅淋漓，如痴如醉。这种基于严肃的态度、充分的准备，而对表达自由和自由的追求、对时代的敬畏、对读者的尊重，使得《诸神纪》俨然一本"大家小书"。

三

如果将《诸神纪》的出现，跳出狭隘的神话或神话学的圈子进行审视，我们就会发现这本书的出版和受到读者的青睐，有着更为深远的象征意义。本旨在于让更多世人了解并热爱中国神话的《诸神纪》，不仅是一种文化自觉的表现，它还承载着一位作家对中华文化的自救意识。甚至从其前言、后记，我们也能感受到通过对该书呕心沥血的写作，具有浓郁家国情怀的严优，也在相当意义上完成了她的自我救赎。如果考虑到其变动不居而游离在体制外的身份，将严优力图弘扬中国神话的写作称为"民间"对传统文化的自救运动也未尝不可。

在当下要弘扬优秀传统文化的大语境下，神话显然是其中无可置疑的一个部分。无论东西，对于一个特定族群或者一个特殊的文明体而言，主要意在解释天地万物起源和族群生发、演进的神话，作为一种智慧抑或思维，都具有独一无二的不可替代性，有着本雅明深度诠释的"光晕"。与古希腊罗马神话的谱系相对简明和因为基督教的横扫而基本藏匿在书籍中不同，在中华大地上传衍的神话是多源共生、多元一体的，而且还是活态的。然而，中国神话的传承始终面临着一种受抑制的不利局面。

在儒家思想大行天下的时代，神话，尤其是中原系神话不是被历史化，就是被伦理化。千百年来，碎片化、边缘化是远古神话在精英文化中的常态，虽然皇帝们为了强调自己"君权天授"的合法性而在循环往复地炮制着新的神话故事。鸦片战争以来，因落后挨打而求自强的总体语境，又长期使得对本土文化的污名化成为一种革命性的姿态。在相当意义上，不同时期知识精英倡导、实践的启蒙运动以及革命，都是以西方为标杆的。周作人一直热衷于翻译推介希腊神话，以至于二十世纪五十年代，童痴般的他还在做这些事情。对周作人而言，希腊神话是美的，文学的，是有创造想象力的。反之，本土的神话，神话中的很多神祇，也是在大江南北的庙里被民众供奉的这些神祇，则被结结实实地贴上了"迷信"的标签。为了反对所谓的迷信，神话也成为破除迷信和庙产兴学运动要革命抑或改造而被株连的对象。所以，尽管在二十世纪二三十年代，包括茅盾在内的很多学者都在写神话学，但这些拓荒者们更喜欢译述西方的理论，征引西方的例子。

换言之，对本土文化的自贬、自毁在这一百多年是一以贯之的。这使得在今天，当官方突然说要恢复传统文化、弘扬优秀的传统文化时，其传统文化的能指与所指就和百姓已经惯性接受的关于传统的观念之间有着相当大的错位，甚至裂缝。其实，就政府主导的非遗运动的名与实而言，也有着语言的遮蔽术，有着欲说还休的尴尬。虽然甘肃、河南的伏羲女娲祭典都已经名列国家级非遗名录,但无论是申报文本还是申报成功后的媒介报道,都基本屏蔽了老百姓向女娲娘娘求子等仪式实践。这样的状况,同样不利于古典神话的再生与传承、传播。

另一方面,远古神话作为一个"武库""弹药库",其元素、符号又接二连三地被《花千骨》《三生三世十里桃花》等当代流行的影视剧断章取义地恣肆使用,成为其取悦大众而"吸金"的遮火皮,成为功利主义与消费主义主导的快餐文化的工具与策略。因为其基本的卖点还是白富美女演员的脸蛋、三围,男主角的高富帅与"小鲜肉"属性,当然还有煽情的狗血剧情。看似传承神话的当代"神话剧"这些乱象,实则也是促使严优为神话正本清源而进行"轻学术"写作的动力之一。

或者出于一个现代自立女性的直觉与敏感,严优曾经直言不讳地指出,这些形式上是大女主剧、大女神的"神话剧"的本质依旧是"小女人剧"。即,这些流行剧只不过是以女性为主角,女性戏份多一些罢了,它不但无助于女性主体意识的树立,还悄无声息地弱化着女性的主体意识。因此,在《诸神纪》中,不但有"孤独的大母神"这个单元,还有专写月神嫦娥、爱神瑶姬、美神宓妃、战神九天玄女和性爱兼音乐之神素女的"诸女神"单元。再加之散布在其他单元的女神,女神的篇幅、比重远大于男神。细心的读者不难发现女作家严优这一偏袒女神,并希冀当代女性自信、自立、自强而自由、自在之"私心"。

正是基于这些深思熟虑,严优以自己的方式将远古神话盘活。《诸神纪》既给读者揭示了丰富的情意满满的神话世界、大气磅礴的神话思维与大开大合的智慧,还在自我救赎的同时,希望完成女性的救赎。这样的"轻学术"写作,显然是与时俱进地真正地在传承、传播优秀的传统文化。传统成了现代的传统,现代也是传统的现代,二者之间不再有永远无法跨越的银河。所幸的是,严优并不寂寥,《诸神纪》也非孤例!

四

2017年,中国出版界有两本书的出版具有标志性的意义,而且随着时间的流逝,这种界碑意义会更加凸显。这两本书,一本是《诸神纪》,另一本是5月由中信出版集团出版的一苇的《中国故事》。

一苇,真名黄俏燕,是一位在南方位微的中小学老师。她之所以集六年之力要写出一本中国自己的"格林童话"——《中国故事》,就是有感于我们孩子的世界几乎被《格林童话》占据了,但卷帙浩繁、丰富多彩的中国故事却几乎与孩子的世界无缘。出于这种文化自觉,黄俏燕漫长而孤独的中国故事重述工作,就是殷切地希望能用这些与《格林童话》一样优美的本土故事为孩子们撑起一片更广阔的天地,"拯救"中国故事的同时也滋补中国孩子的心灵,进而寻找中国文学和中国人灵魂深处的根源与动力。通过与孩子们的课堂互动,没有经过民间文学专业训练的黄俏燕,基于对数万个中国民间故事的阅读理解,创编出了她自己的八十一个"中国故事"。令人称奇的是,《中国故事》同样掀起了一阵阵"中国故事风"。

显然,与非遗运动和优秀传统文化进校园等自上而下的制度性行为相较,引起广泛关注和好评的《诸神纪》《中国故事》的创作、出版与阅读,完全可以称得上是基于优秀传统文化的自救的"民间运动"。这其实是非常值得玩味的现象。一年之内,两本中国民间故事与神话佳作的相继出版,也在一定层面上意味着中国整个社会都有了文化自觉的意识、对于本土文化的自信和传承的践行。

  当然,《诸神纪》也不是完美无缺。首先,如果能就其已经建构出的大小神系,画出一个谱系图,并在地图上标示出来,就会让读者更加一目了然。其次,鉴于中国神话在黄河内外、大江南北的活态传承,与神话关联度高的人文景观、仪式地景也是可以简约呈现的。再次,就地域神话,《诸神纪》明显更偏重山川秀美的南国,而疏远广漠彪悍的北国,以至于蒙藏等广阔之地的神话基本是缺位的。或者,这些"瑕"仅仅是作家严优的下一个计划、芳心与野心。

(原文刊载于《新京报·书评周刊》2017年12月2日B08版,亦曾收入拙著《以无形入有间:民俗学跨界行脚》商务印书馆2019年版)

仙话的当代赋意

一

鸦片战争后，对于多数传教士而言，中华本土的道教、萨满教等"异端"反而魅力不减。作为传教士中术业有专攻的佼佼者，禄是遒（H. Doré）不遗余力搜罗编辑了多卷本"中国迷信"（*Recherches sur les superstitions en Chine*）。其中，"道教仙话"就独立成卷。[1]

在落后挨打而求国家独立、民族自强的总体语境下，包括道教在内的诸多本土信仰常与"迷信"捆绑一处，也就不足为怪。

---

[1] ［法］禄是遒：《中国民间崇拜》第十卷《道教仙话》，王惠庆译，上海：上海科学技术文献出版社，2014。

五四新文化运动的中坚，早年不时"互文互名"的鲁迅、周作人兄弟，[1]都曾经批判性地将中国文化的根底归结为道教，认为中国人多属道教徒。周作人更进一步，将中国文化的根基推到了萨满教。

1918年8月20日，在写给许寿裳的信中，言及《狂人日记》的主旨时，鲁迅有言：

> 前曾言中国根柢全在道教，此说近颇广行。以此读史，有多种问题可以迎刃而解。后以偶阅《通鉴》，乃悟中国人尚是食人民族，因此成篇。[2]

两年后，1920年7月18日，在《乡村与道教思想》中，周作人更明确地界定了他所批判的道教："不是指老子的道家者流，乃是指有张天师做教主，有道士们做祭司的，太上老君派的拜物教。"[3]他指出：1.儒教的纲常已崩坏，佛教式微到只剩轮回因果几件，就事实而言，"支配国民思想的已经完全是道教的势力了"，"中国人的确是道教徒了"；2.在没有士类支撑门面的乡村，守护神并非孔孟，而是"梓潼帝君伏魔大帝这些东西了"；3.改革乡村的最大阻力，是乡民身上以道教思想为主力的旧思想。[4]

1925年9月2日，在《萨满教的礼教思想》中，周作人写道：

---

[1] 孟庆澍：《激流中的文本、主义与人》，北京：人民出版社，2020，第115—128页。
[2] 鲁迅：《鲁迅全集·第11卷》，北京：人民文学出版社，2005，第365页。
[3] 周作人：《谈虎集》，北京：北京十月文艺出版社，2011，第239页。
[4] 周作人：《谈虎集》，第239—240页。

> 中国据说以礼教立国，是崇奉至圣先师的儒教国，然而实际上国民的思想全是萨满教的（Shamanistic比称道教的更确）。中国绝不是无宗教国，虽然国民的思想里法术的分子比宗教的要多得多。讲礼教者所喜说的风化一语，我就觉得很是神秘，含有极大的超自然的意义，这显然是萨满教的一种术语。[1]

近百年来，在五四新文化运动奠定的基本语境之中，对道教以及萨满教作为一种宗教的宗教学研究不乏声浪。深研甲骨文、考古学的陈梦家、张光直等就格外强调萨满之于中国早期文明的重要意义。[2]然而，对于与道教关联甚紧，蔚为大观的关于周作人当年点过名的张天师、太上老君、梓潼帝君、伏魔大帝等神仙的志怪、传奇、传说故事的研究，却明显位居边缘。对于这些和神仙相关的叙事，无论是书面记载还是口耳相传，严优将之统称为"仙话"。截至目前，直接以仙话命名的学术专著屈指可数，研究者也以男性学者为主。诸如：郑土有《中国仙话与仙人信仰研究》（2016）、罗永麟《中国仙话研究》（1993）、梅新林《仙话：神人之间的魔幻视界》（1995）和刘燕萍《神话·仙话·鬼话：古典小说论集》（2012）。

之所以如此，不但与仙话在近代以来被"迷信"污名化有关，更与孔圣人不语怪力乱神之"怪力乱神"的正统而正确的"紧箍咒"——文化潜意识——有关。换言之，经过源自西方的"赛先生（科学）"不同程度洗礼的世人，反而更加认同了在中

---

[1] 周作人：《谈虎集》，第237—238页。
[2] 陈梦家：《商代的神话与巫术》，《燕京学报》1936年第20期；张光直：《中国青铜时代》，北京：生活·读书·新知三联书店，1999，第252—280、289—304页。

国长期占据主流的不语怪力乱神的儒家观念。人们可能控制不住好奇心，甚至也会在茶余饭后津津乐道，但大致还是将仙话定格在神神叨叨、胡说八道、不足为据的奇谈怪论，是上不得台面的东西。不容置疑，作为一种土生土长的文化现象，传衍数千年的想象力丰富、奇幻瑰丽的仙话确是一宗重要的文化遗产。它是世界的，更是中国的。在文化强国、弘扬优秀文化遗产、讲好中国故事、全面提升公民文化素质与文化自信等当前语境下，重新审视、定位仙话就有了必要。

二

如同众多文化遗产一样，源生于过去的仙话当然也是粹渣并存，良莠不齐。它不是严格意义上的纪念碑，更不一定是丰碑，却绝对有着巫鸿借中国古代艺术和建筑诠释的"纪念碑性"。[1]一个时代有一个时代的价值评判，一群人有一群人的好恶和认知水准，一个人有一个人的心灵感受能力与智性。但是，这些"个体化"也是个性的存在，都不言而喻地承袭了过往，预示着未来。这使得在相当意义上，历史是拟构（fiction）与心性的，甚或因人而异，不时变脸。对称为遗产也是历史的文化的这种纪念碑性而言，不同时代的后来人对其形式、内涵、意蕴以及价值显然有着相似或迥异的体认、言说与封赠。粹渣、良莠完全可能易位。甚至如一枚硬币，可以不时翻转，抑或随心所欲地随时翻转。如果因为一种文化遗产存在渣和莠，就置若罔闻，视而不见，弃之不顾，那是对作为史实的遗产本身的不公，是作为后来者的我们掩

---

[1] ［美］巫鸿：《中国古代艺术与建筑中的"纪念碑性"》，尤其是第23—45页。

耳盗铃式的愚妄、虚妄。

所以，如何创新性传承、创造性转化，让千百年或明或暗而传承不绝的仙话具有当下意义，或者说今天的我们应该怎样释读仙话，才是至少都风闻过一两个仙话的国民应有的文化自觉与文化担当。换言之，作为一种文化遗产，仙话确实是世界的、民族的，但更是现实世界中群体的和生活中每个活生生的个体的。前者，更多指向崇高，美但不乏悲壮，因而让人敬畏、膜拜，以至于远观，有了距离。后者，更多指向优美，怡心养性，是个体化的，因而如春风拂面，洋溢温情，不由得人不亲近。

事实上，当落实到生活世界中的卑微而常态的个体层面时，与个体默观、凝望、对视进而互动的遗产，就不再仅仅是属于遥远的过去、他乡，高高在上，而完全有可能成为一种活态的、有着当下性的支撑人之"生"的艺术（vernacular）。[1]这种从崇高-壮美向优美的转型、让渡，又会反向使崇高充盈，还不乏灵动，进而接地气、有人气。如此，强调个性、性情的个人的遗产、群体的遗产与更强调共性、知性的民族的遗产、国家的遗产也就不是一对眈眈相向的矛盾的范畴，而是荣辱与共、共情共鸣的你中有我我中有你、相互涵盖的互文关系。

正是出于这种基于家国情怀、小我与大我一体的文化自觉和学术担当，严优与北京大学出版社精诚合作，于2017年推出了学理情趣兼具、雅俗共赏的佳作《诸神纪》。因为广受好评，次年香港中和出版有限公司推出了该书的繁体版。在经过四年的沉积、耙梳和打磨之后，与北京大学出版社再度携手，严优推出了

---

[1]　［日］菅丰：《民俗学艺术论题的转向：从民间艺术到支撑人之"生"的艺术（vernacular 艺术）》，雷婷译，《民俗研究》2020 年第 3 期。

同样"轻快"的学术著作《诸仙纪》。

基于传承优秀文化遗产的直觉，在2017年中信出版社推出的《中国故事》基础之上，黄俏燕（笔名一苇）在2021年推出了由晨光出版社出版的更为系统、广博的"万物""人间"和"道路"三卷本《中国故事》。无论前者还是后者，主要面向儿童的黄俏燕的中国故事都是旗帜鲜明地改编、重述包括神话、仙话在内的中国民间故事——童话。与此有别，因为更主要面向青年、成年以及老年，严优是重释，而非仅偏重意美、言美和情美的重写，是她在意的"轻学术"。

三

在对汗牛充栋的仙话进行系统学术研究的同时，她更希望能对大众进行关于仙话的知识普及，共享其中的玄妙。一反百年前启蒙先驱的否定性的基本定位，有着文化自信的严优旗帜鲜明地指出："神仙学说及仙话是中华民族贡献给人类文明的一份别致的礼物"；通过具有突出的"中国性"的仙话，我们完全可以讲出精彩的"中国故事"。因此，"对传统文明进行现代化的审视与扬弃，并且不断将这种审视与扬弃的成果与本文明的后裔们分享"，就成为严优创作《诸仙纪》的强大内驱力。

何为仙话？作为一个严肃的学术问题，在"前言"中，经由与神话的比较，严优将仙话定义为"基于人们相当长时期内相当程度共识的、关于仙的故事的总和"。进而，她强调了仙话的三个特点：1.故事有情节，有仙与仙、仙与人等关系；2.所体现的观念基于神仙学说，在一定人群中存在共识，能引发共鸣；3.这种共识能持续较长的历史时期。在对"监察神"——三尸神——的品评中，严优似乎是不经意地随手写道："仙话提供克服一切障碍超越自我的可能性。"这一句，应该是截至目前关于仙话最好的描述性的却言简意赅、直击内核的恰切定义，也是严优基于对个体生命的敬意、基于人间本位主义[1]、基于事实上一直存在的人类命运共同体，赋予仙话以"正"能量，进而赋予《诸仙纪》合理性的基石。

换言之，仙话并非仅是有角色、有情节、有共识的关于神仙林林总总、源远流长的故事。这些长命不绝衰的故事，之所以在自古及今的中华文明体中有一席之地，之所以在科技昌明的今天还要讲述、重温，关键就在于它是生命观的投射，是对人突破自身局限性的一种朴素而奇妙的想象，或如汪洋恣肆，或如小溪潺潺，或如瀑布飞流，或如泉水叮咚。而且，它也确实在相当意义上表明了人克服一切障碍，而超越自我的可能性。哪怕这仅仅是一种想象性的满足、海市蜃楼与愿景！作为一种别具一格、自成一体的文类，仙话有着人类优秀文艺作品基本的形态、质地与功能。因为它直面的是最普遍意义和最本质意义上的个体人本身，面对的是人心与人性，映射的是人类永远的困境、对生命的理解、期许和从未停止的如夸父逐日般的追寻，如西西弗斯（Sisyphus）般锲而不舍。

当然，要说清仙话，就不得不说清"仙"。与禄是遒等十九、二十世纪之交的传教士整体上倨傲也是笼统地将中国本土的宗教信仰视为"异端"、污名化为"迷信"不同，二十世纪后半叶基于田野调查的焦大卫（D. K. Jordan）[2]、武雅士（A. P.

---

[1] 周作人：《艺术与生活》，北京：北京十月文艺出版社，2011，第13页。
[2] David K. Jordan, *Gods, Ghosts, and Ancestors: Folk Religion in a Taiwanese Village*, Berkeley: University of California Press, 1972.

Wolf）[1]等人类学家，对中国本土宗教提出"神-鬼-祖先"的三极认知范式。这种认知虽然有所进步，但"神"依旧是一个模糊的概念，几乎囊括了除鬼之外，人们供奉膜拜的一切超自然力量，神、仙、精、灵、怪，等等。在汉语语境中，"神""神仙""仙"之语义多有含混、叠合。三个语词中，最常用的又是双音节的偏义复词"神仙"。语境不同，"神仙"或指"神"、或指"仙"。也正是在与其《诸神纪》之"神"的比较中，严优定义了她这本仙话要谈的"仙"。

何为仙？它是通过内养外服等方式修炼而长生不死，经常住在山里或其他奇境之中，具有某些特殊能力的得道者。仙是后天的，是凡人经过艰苦修炼得成，其"仙格"由"人格"提升而来，其超自然性由自然性改造而来。显然，与神相较，仙与人有着更多的互动、关联和亲缘性，是凡人对生命的理解与追求，是绝大多数中国人长期信奉、实践的奉神为人和奉人为神的"神人一体"辩证法[2]的绝佳体现。

因此，鉴于"仙话"的仙与话的双重指向，《诸仙纪》在架构上也就分成了围绕"仙"和"话"的上、下两篇。在诸多"话"中，上篇尝试厘清人、仙之间的物质鸿沟与仙的谱系，包括：古神、巫师、道家自产、传说人物、历史人物和修道者等仙的来历；内丹、外丹、房中术、尸解等成仙的技术；禁咒术、符箓术、隐身法、地遁、穿越、变形、幻术等仙术与法门。偏重"话"的下篇，先是总括在长寿、转世、复活、永生等观念驱遣

---

[1] Arthur P. Wolf, "Gods, Ghosts, and Ancestors", in Arthur P. Wolf ed., *Religion and Ritual in Chinese Society*, Stanford: Stanford University Press, 1974, pp.131-182.
[2] 岳永逸：《行好：乡土的逻辑与庙会》，杭州：浙江大学出版社，2014，第166—170页。

下的凡间与仙界之间的进阶，然后以仙的类别为轴分而述之，包括：玉皇、太上老君、二郎神、雷神、哪吒、东岳、孟婆、城隍、土地、灶王等流量大、存在感强的道教诸仙；洪崖、王子乔、东方朔、严君平、左慈、八仙等嬉游仙界、人间的男仙；妈祖、骊山老母、麻姑、江妃、紫姑等亦喜亦怒、有喜有怒的女仙。

同时，也因为仙话的仙与话的双重指向，"仙在话中"和"话中说仙"的《诸仙纪》又成为一个整体的"纪"。这个纪，不仅仅是"录"，它也"述"。在对仙话进行深入浅出、妙趣横生的现代转译的同时，严优还以女性的直觉，对仙话这一男权社会的衍生物进行犀利的评析，启蒙当代女性，也希望男性一道砥砺前行。

四

与郑土有、罗永麟、梅新林等前辈男性学者相对严谨的学术写作不同，严优明确将自己的写作定位为"轻学术"——有游戏精神，轻松活泼又处处洋溢着真知灼见，且不乏棱角、锋芒的学术。也即，她要一如既往地在学术语言与普通读者的通俗阅读需求之间架起桥梁。顺势，她将其写作与古已有之的文体"笔记"区分开来，命名为"一种具有当下性的笔记"。较之古代的笔记体著述，其当下性的笔记不仅仅是如张岱《夜航船》般的记与言，而是更有体系、更注重论与辨，要摆事实、讲道理，要晓之以理，动之以情。然而，较之学术专著，其当下性的笔记又有着更多的弹性与回旋的空间。在一定程度上的自由联想、随兴发挥，使得其著述远离味同嚼蜡、拒人于千里之外的学术术语的同时,有着更多的个性与趣味、本色与真情。以此,她期望其当下性的笔记,知识性与趣味性并重,且基于知识性的趣味性能略大于知识性,能引发更多的共情与共鸣,能普及"在中华文化的大家族中占据重要地位"的仙话。

如是,在作家和学者之间的自由摆渡、切换与穿越,使得貌似调侃却严肃认真、直捣黄龙的"轻"说,既是《诸仙纪》的内核,也常让人脑洞大开,抿嘴一笑,会心领首。诸如:

> 到了宋代,玉皇/帝为最高神的民间观念得到官方认可,正式进入皇家祭祀系统。宋初内忧外患,宋真宗即位后犹感艰难。他生于深宫,没有战勋,年纪轻轻,也谈不上德操。为了稳定自己的地位和全国上下的情绪,就大搞迷信,说天帝给自己降下天书,表示赵家的皇权是天授。然后他给这位天帝上尊号为"太上开天执符御历含真体道玉皇大天帝",通过官方力量认证了玉帝的最高神地位。

天上玉皇名号得来的全不费工夫,人间"龙王"的捉襟见肘、装神弄鬼、装疯卖傻,皆栩栩如生,如在眼前。在其"轻"说之中,道貌岸然、相互含括、狼狈为奸的神权、皇权、男权没有了遮羞布,赤身裸体,一览无余。

当用现代日常生活中人们熟悉的技术、物象来勾画仙家时,高流量的神仙之画皮也欲盖弥彰。不是无所不能的神仙实现了时空穿越,而是读者在文字前反转、倒立,俨然梦蝶的庄周,是耶非耶,满眼的迷离蒙眬,心与物游,不知今夕何夕,身在何处。以其顽劣、俏皮,严优不紧不慢、不露声色地写道:

贰 野乘

灶神是老天爷投放到世间的监控摄像头，自带超大硬盘，整年全天候不间断存储你的黑料。呃……如果它化身小强的话，那就是监控器的生化移动版，不仅整年全天候，而且三百六十度无死角，盯着你。

在严优笔下，三尸神又是啥样的存在呢？它"是监察界的劳模，间谍界的王牌。因为他们对你的监察不是近身，而是进身——钻进你的身体里去进行内部监控！"

毫无疑问，这样的"仙话"——对神仙的唠嗑、比画，绝对前所未有，如临其境，感同身受。其实，严优以其不显山不露水的曲笔，描绘出了当代以科技形态存在的无处不在的"神仙"。她不仅描绘出古人的生存困境和突围的尝试，也不经意地在其游戏文字中道出貌似"不信一切"的现代人生活的两难，和算计重重，处处设防、监视又"全景敞视"，[1]以致荷载独彷徨而无险可守也无围可突的窘境。

当然，这一技术世界困境的揭示，仅仅是无心插柳。以其女性的细腻与敏锐，严优对仙话的当下的纪与述——现代释读，更着力女性主义立场。如同《诸神纪》一样，她试图通过自己的"仙话"，为过往仙话中受歧视、压抑，甚或奴役的女性（神仙）鼓与呼，从而赋予古旧仙话以当下性和启蒙性，进而实现对仙话这一文化遗产的创造性传承和创新性转换。

---

[1] 岳永逸：《天眼、日常生活与街头巷尾》，《读书》2017年第3期；《以无形入有间：民俗学跨界行脚》，第204—218页。

五

灶王爷的仙话，实乃民间文学中屡见不鲜的"浪子回头"这一母题。在男权社会衍生的仙话中，这样的母题绝对不会出现在女性身上。反而，对难产而死的产妇，乡土中国长期都视为不洁，避之唯恐不及。为此，严优揶揄道：

> 这种宽宥，与对女性的苛求恰好相反。浪子回头金不换，还能成神，浪女不行，浪女最多允许上岸给富豪做小，运气差的就像鱼玄机掉了脑袋，运气好的话，色衰后可以在念经中忏悔前半生。唯一的例外大概是潘金莲，她被奉为娼妓之神，但娼妓神在万神之殿中可算不得一根葱。更有甚者，连因难产而死的女性，白话《玉历》等道书都要（吸纳佛教的说法）安排她们去酆都的血池地狱受难。大约因为在某些观念中，生产原本"不洁"，一个女人生产不顺，居然还敢污血而死，就更"不洁"，有罪。

其实，严优嘲讽、戏说的这些仙话，不仅是语言抑或文字，它更是长期实践的整体性社会事实的映像。1940年前后，在北平郊区，也是现在北京大学、清华大学附近的前八家村延寿寺供奉的"鸡姑"（亦名"寄孤"）神，就主要是应对死于难产的产妇而在阴间专门保佑产妇灵魂、收留孤魂野鬼的地方性神灵。然而，虽然其处理的是具有强力的横死幽灵等污秽，却地位低下，"大庙不收，小庙不留"。当年专门在此实地调研丧俗的陈师曾的儿子陈封雄指出：村民认为，难产而死的妇女是因有罪而上天罚之的结果，是不洁的；因此为了避免污秽祖茔，难产而死的妇

贰 野乘 89

女须暂厝，等到本家再丧一人安葬时，顺便将产妇之棺掘出，在祖茔地依序葬之，这即"带灵"；不仅如此，在接三日，丧家要为死亡产妇扎制一个鸡笼焚烧，以使产妇之魂免入鸡笼。[1]

了解了这些不乏"惨烈"的社会事实，就更能理解严优对仙话中占了半边天的女神仙讨论的自白："考察在传统的男性表达中如何呈现女性面对体制与权力的态度（顺应/屈从/不合作/反对/抗拒……），并进而探讨现实中女性关于快乐与痛苦的感受在仙话中有着怎样的曲折反映。"为此，严优特意写出了"神仙与姻缘"一章，包括白水素女、牛郎织女、柳毅传书、吴洞灰闺女等。遗憾的是，因整本书篇幅关系，该章只能与读者失之交臂。

这里剧透一下，在被"留白"的"神仙与姻缘"这一章中，一直如福尔摩斯般抽丝剥茧而揭秘的严优，依然是在拷问以男权为核心的旧权力系统。对于白水素女（田螺姑娘）下凡，严优品评道：

> 螺女下凡，表面上是天赏，本质是勤恳本分的底层男子对自己的（幻想性）奖励。身无长物，穷到娶不起妻，又希望有好运降临，唯一可以拿来跟上天讨价还价的优长，只有道德。我信仰，你安抚；我奉献，你支配；我表现，你奖励。这是公平的，比（仅具有普通道德水准的）刘阮袁根的际遇公平，更别说拿来与（借出差之机大搞艳遇的）张鷟相比了。至于谢端见到仙女就苦缠不放，其行为背后，除了道德勇气的支

---

[1] 陈封雄：《一个村庄之死亡礼俗》，北平：燕京大学法学院社会学系学士毕业论文，1940，第105—106页。

撑,也是现实婚俗(男方应主动)的反映。

对路人皆知的牵牛郎,严优毫不客气地道明其尴尬的身份:放牛娃的升级版,不上学的童工,成年了因身无长物,称呼仍只能与牛挂钩。但是,对这样一个极度贫困而仍旧勤劳的男子,底层民众"充满真情地投入了自己"。于是,"在牛精的教唆和帮助下,贫苦质朴的青年牛郎完成了偷窥—藏衣—要挟—结婚—生子五部曲,走向人生巅峰"。当然,严优同样没有忘记揭示为抱得美人/帅哥归,好儿郎柳毅和吴洞"灰姑娘"工于心计、老谋深算的一面。

值得称道的是,在《诸仙纪》中,类似这种对男权世界以及神仙"小心眼"的鞭挞,并非仅仅是立足古今。先后在北京大学中文系和北京师范大学中文系浸润多年的严优,还有着中西比较的广博视野,有着对仙话、笔记、中国文学、中国文化和她自己辨识力满满的自信,有着一双"透视眼"和超强的"读心术"。

因此,在"神仙与姻缘"中释读广为流传的月老与韦固这则仙话时,深谙中西文学之趣和接受美学三昧的严优敏锐地指出:因为是男性写的,故事并不承担替女性发声的责任;《简·爱》(*Jane Eyre*)里从不曾替自己说话的"阁楼上的疯女人"仅仅是"韦妻在遥远的时间与空间外的别样回响"。如此一来,长期被国人视为女作家夏洛蒂·勃朗特(Charlotte Brontë)写的彰显女性觉醒、赞誉有加的《简·爱》,就应该打不少折扣了。作为觉醒的女性,勃朗特的短缺,也因此暴露了出来。

这种深刻与独到,难免让人想到当年热血沸腾的江绍原,及其在《语丝》《晨报副刊》《京报副刊》上连载的诸多古今中西比较的"礼部文件"[1]的影子、曼妙与威力。

六

显而易见,在严优笔下,古代的仙话,不再仅是古代的,也是当下的;不再仅是中国的,还是世界的;而且是关于并无古今中西之别的人心与人性的。以其才情、自觉与担当,严优赋予了作为研究对象的仙话以新意。即,有着与诗话、词话同等意涵的"仙话"这一新文类,不仅仅是其自言的"当下性的笔记"。仙话,是关于神仙的故事,更是关于神仙故事的故事,是关于神仙故事的当代诠释。作为新文类"仙话"的核心,《诸仙纪》中每章大比重的"掰书君曰",充满了认知论的意涵。严优确实将众多的古书给我们掰开、拆散、揉碎了,让我们感知到散落在这些古书间的仙话背后的逻辑、权力和可能有的能量。《诸仙纪》也骤然变得沉重起来,至少有些凝重。

众所周知,井上圆了在东瀛开启的妖怪学,其本意完全不是搜罗奇闻异事,弘扬"妖怪",反而是出于对明治维新精神革新并不彻底的事实,试图破除迷信与妄信,以科学打破"假怪",引导人进入"真怪"之宗教的世界。[2]换言之,井上圆了名之为妖怪学的东西,实则是意在开启民智与革新的哲学,是提高教育、宗教之位置,实现道德的大革新,乃日本在工业化、现代化过程

---

[1] "礼部文件"一共九份,在1925—1926年连载完,包括:《女裤心理之研究》《催生》《周官媒氏》《读经救国论发凡》《血,红血》《发、须、爪》等。后来,江绍原将《发、须、爪》扩写成了《发、须、爪——关于它们的迷信》,也曾尝试将《血,红血》扩写成专书《血与天癸:关于它们的迷信》。

[2] [日]井上圆了:《妖怪学讲义录(总论)》,蔡元培译,北京:东方出版社,2014,"绪言",第5—18页。

中破除"迷信"的扛鼎之作。[1]在相当意义上，五四新文化运动开启的理性启蒙并未彻底完成。借其"仙话"，严优只不过是在相当意义上继续这一启蒙伟业。她半点没有要大家去相信这些仙话的措意。她只是觉得：作为中国人，也是世界性的公民，大家绝对都应该读读这些仙话，了解这些仙话；通过仙话，实现文化上的传承和自我革命，实现国民与世界公民的自我教育，进而自信十足地在网络时代进行无处不在并洋溢着真、善、美、正的文化表达、交际与交流。

就传统文化的循环再生，回收与利用，近一百多年来的中国与日本，迥然有别，差距不小。因为井上圆了《妖怪学讲义录》，在经历了哲学上认知的洗礼和革新之后，日本原本有的神仙鬼怪早已实现了创新性传承与创造性转换而活态化。众所周知，日本的神仙鬼怪乃日本动漫等文化产业的核心竞争力与生长点，风靡世界。在弘扬日本文化的同时，也赚得金钵满满。不仅如此，一改明治维新前日本从中国引入"妖怪"的传统，明治维新后不仅是"妖怪"，"妖怪学"也长期在向中国有序回流与渗透。其影响既波及年轻人的视觉审美，也影响到学界对"妖怪学"的再审视。在相当层面上，动漫、影视之有声有色的动态传播和平面纸媒之静态的日本"妖怪来袭"，[2]也多少赋予包括万圣节在内的装神弄鬼而在当代中国"老"鬼与"新"鬼兼容并存的日常消费文化以新格局。[3]与西方的吸血鬼影视文化一道，频频来袭的日本妖怪（学）在让影视化的《封神演义》《白娘子传奇》《西游记》《聊斋》故事等有着持久消费群的同时，还在相当意

---

[1] 江绍原：《中国礼俗迷信》，天津：渤海湾出版公司，1989，第10页。
[2] 王逸杰：《妖怪来袭》，北京：生活·读书·新知三联书店，2021。
[3] 岳永逸：《都市中国的乡土音声：民俗、曲艺与心性》，第138—144页。

义上刺激了《山海经》《搜神记》《太平广记》《阅微草堂笔记》等典籍的通俗化释读与不同形态文化的再生产。

正是在此意义上,严优对仙话的再写作、当代意涵的赋予和革命性的释读,必然有利于仙话从文化遗产、文化资产向文化资本、文化产业、文化产品的当代转换。如此,与《诸神纪》一样,无论是作为国民传统文化知识的普及读本、〇〇后开心的私房读本,还是作为领导干部、行政人员的基本人文素养读本、烧导演脑和让当下在网络上铺天盖地却一地鸡毛的玄幻文学作者汗颜的风暴读本,《诸仙纪》都未尝不可。

当然,在充沛的文字和独创性的插画之外,如果能适当配之以不同仙话分布的时空地图,《诸仙纪》应该会有更好的视觉效果和接受效果。但是,这需要耗费大量时间、精力,从而泾渭分明却也显得沉甸甸的"文化地图",又多少与原本定位为"轻学术"的《诸仙纪》本意有些相违了。或者,严优就是要故意给读者诸君留下更多想象的空间与可能。

仙话,"提供克服一切障碍超越自我的可能性!"让我们再次回到严优这句在我看来经典的定义。

列维·施特劳斯(Claude Lévi-Strauss)曾经将神话定义为:"指使人在不知不觉中将它们想出来。"为此,列维·施特劳斯遭到很多批评。对这些批评,列维·施特劳斯并不以为然。反而,他游刃有余地辩解道,他这一"活生生的体验的描述",精确地道出了"我对于我与我的作品之间的关系的感受",而且其独具的思考与书写方式,开启了对人类的"一种新的观照"。[1] 套

---

[1] [法]克劳德·李维史陀:《神话与意义》,杨德睿译,台北:麦田、城邦文化出版,2010,第16—17页。

用大师的自我表白：严优对于仙话的"活生生的体验的描述"，不仅道出了严优对于她和《诸仙纪》之间"关系的感受"，还以其独具的思考与书写，开启了对于仙话、中国传统文化以及人类的"一种新的观照"。

作为永远在路上且有着文化担当的学者型作家，相信继《诸仙纪》之后，诸圣纪、诸鬼纪、诸怪纪、诸人纪等，都在酝酿之中，甚或已经在严优写作的路上。

（原文刊发于《中国文艺评论》2022年第5期）

叁 节日

粽子与龙舟，日渐标准化的端午节

一、节俗的符号化

作为生活节律中的节点，春节、清明、端午、中秋等任何一个传统佳节都是中华文明的整体性呈现。儒家的亲情伦理、慎终追远、尊老爱幼，道家的道法自然、顺势而为、天道行健、以柔克刚无不蕴含其中。在不同民族、不同时代、不同地域，这些节庆的时长、仪式、形态等外在形式千差万别、丰富多彩，而且远播海内外。这也是在韩国江陵端午祭之后，湖北秭归、湖南汨罗、湖北黄石和江苏苏州四地的端午节能以"端午节"之名成功地申报为联合国教科文组织"人类非物质文化遗产代表作名录"的原因所在。

上述三省四地的端午节各有特色，主要是围绕屈原、伍子胥等历史文化名人而展开的，有着能够得以系列阐释节庆粽子、龙舟等"关键符号"（Key symbols）或者说标志性符号的传说故事。但是，粽子、龙舟这些得到越来越多认同并有标准化倾向的关键符号显然不是大江南北端午节的全部。[1]早在1926年，江绍原就在《端午竞渡本意考》中明确提出：起源于送灾的竞渡"本是一种用法术处理的公共卫生事业"。在该文的首节，他直接提出了"竞渡是吊屈原吗"这样尖锐的问题，并进行了否定性的回答：

> 我以为我们从《荆楚岁时记》的记载，可以看出：（1）此俗实在比屈原、伍子胥、勾践三人都早，但是（2）后来吴、越、楚的人又都想把这个风俗归到本国的某一位大人物身上去。三地的人的地方主义，已经够讨厌；我们既然不是楚人之后，为什么要特别替屈原捧场？[2]

显然，经过近百年的发展演进，当中国全面进入信息化时代、技术世界时，尤其是在二十一世纪以来申报和保护非遗的浪潮中，端午节出现了更倚重于以屈原为依托的粽子、龙舟等关键符号，而日渐标准化、趋同化、简约化的倾向。

二、节俗的流变

因应不同时代、地域、人群以及特定的社会语境，尤其是节庆

---

[1] 分别参阅黄石：《端午礼俗史》，台北：东方文化书局，1963；陈连山：《话说端午》，上海：上海外语教育出版社，2008；冯骥才：《我们的节日·端午》，银川：宁夏人民出版社，2008；刘晓峰：《端午》，北京：生活·读书·新知三联书店，2010；宋颖：《端午节：国家、传统与文化表述》，北京：商务印书馆，2016。
[2] 江绍原：《江绍原民俗学论集》，上海：上海文艺出版社，1998，第206页。

的主要仪式活动，端午节有着众多别名，是中国传统节日中名称最多的一个。诸如五月节、端五节、端阳节、重五/午节、菖节、蒲节、龙舟节、粽子节、天中节、地腊节、诗人节、女儿节，等等。

从根本而言，端午节是人们基于对自然时令转换的理解而生的一个节日。在更多的地方，它是人们面对即将来到的炎热夏天举行的一种群体性的"过关礼"。换言之，在相当意义上，端午的关键在于"季节的交替，夏至即将到来，故民众要举行各种予以准备和应对的季节性仪式"。[1]

"端午节，天气热；五毒醒，不安宁"，故五月又有"恶月"之称。《荆楚岁时记》有言："五月俗称恶月，多禁忌曝床荐席及忌盖屋。"因此，端午节又形成了一系列除瘟避毒、祛邪的节俗。艾蒿、菖蒲、桃枝、朱砂、雄黄、五彩/色缕等都是端午节常见的节日用品与物饰。是日，人们在门前系朱索、贴五毒符、张天师像、钟馗像，在门窗插艾叶，挂雄黄袋，把蒲剑、桃枝放在床边，用兰汤沐浴、喝雄黄酒、艾酒，给小孩佩戴香囊，穿五毒衣、老虎肚兜，系五色丝缕，等等，从而祈求小孩健康成长，祝愿老者延年益寿。

这也是至今包括有名的嘉兴粽子在内，人们习惯性用五色线捆系粽子的原因。当然，端午节的节令食物不仅仅是粽子，会因地方物产而异。周作人的《儿童杂事诗·端午》写道："端午须当吃五黄，枇杷石首得新尝。黄瓜好配黄梅子，更有雄黄烧酒香。"

除了采取种种措施防护，人们还会在端午采药、制药并用

---

[1] 李亦园：《宗教与神话论集》，台北：立绪文化事业有限公司，1998，第322—346页。

药。[1]这在曾经长期共享相同历法的东亚，尤其是中、日、韩三国有着相当的一致性。[2]

早在汉代，就有"蟾蜍辟兵"的说法。在成书于后魏的《齐民要术》中，有五月捉蛤蟆制药的记载。后来，不少地区都有端午捉蛤蟆之俗，主要是在端午这天收蛤蟆，刺取其沫，制作中药蟾酥。在杭州，过去人们还给小孩子吃蛤蟆，以求消火清凉、夏无疮疖。这一土法在去年福建乡野还有人实践，导致孩子中毒，被权威的央视"探秘"。此外，有的地方人们还会在端午这天往蛤蟆口中塞墨锭，悬挂起来晾干，做成蛤蟆锭，以之涂抹脓疮。

在北京，有"癞蛤蟆躲不过五月五"的谚语。明人的《长安客话》有载，太医院的御医会在端午这天派遣人到南海捕捉蛤蟆挤酥，再将其合药制成紫金锭。有一年，干这活的人敲锣打鼓，彩旗飘飘，大张声势地列队前往。看不惯的人就写诗讥讽，云："抖擞威风出凤城，喧喧鼓吹拥霓旌；穿林披莽如虓虎，捉得蛤蟆剜眼睛。"官方带头捉蛤蟆延续到清代。王士祯的《居易录》说："今端阳节，中官犹于端门鹭内造紫金锭，是其遗制也。"在续上述事迹的同时，《间史掇遗》还专门提及有人只刺蛤蟆一只眼睛的善行，云："……以针刺其双眉，蟾多死。吾乡朱公儒为院使，俾两眉止刺其一，蟾虽被刺得活，后遂因之。"

明代，赴南海子捉蛤蟆取酥的官人的具体手法，《帝京景物略》也有载："针枣叶刺蟾之眉间，浆射叶上，以蔽人目，不令伤也。"1929年出版的《民社北平指南》中还有这样的句子："亦有纳古墨于蟆腹，向日晒之，谓其墨可疗疾，故有'癞蛤蟆

---

[1]　周星：《本土常识的意味：人类学视野中的民俗研究》，北京：北京大学出版社，2016，第102—129页。
[2]　周星：《东亚的端午：以"药物"为中心》，《中原文化研究》2014年第5期。

脱不过五月五'之谚语。"

对于女性而言，端午同样是个特别的节日，所以才有"女儿节"的别名。早在明代，五月初一到初五这数日，京城家家户户都会把小女孩打扮得玲珑剔透，出嫁的女儿也会在这几天回娘家。打扮闺女时，人们要用石榴花，使之尽态极妍。沈榜的《宛署杂记》云："燕都自五月一至五日，饰小闺女，尽态极妍。已出嫁之女，亦各归宁，俗呼是日为'女儿节'。"《帝京景物略》还专门提及这几天人们打扮闺女要用石榴花，所谓"家家妍饰小闺女，簪以榴花"。同时，该书还提及，京城人五日群入天坛避毒、吃粽子，南耍金鱼池，西耍高梁桥、东松林、北满井等习俗。到康熙年间，以女儿为中心的端午节俗一如既往，人们不仅用石榴花装扮闺女，还给女儿佩灵符。同期的《大兴县志》说："五月五日，悬蒲插艾，幼女佩灵符，簪榴花，曰'女儿节。'"《百本张岔曲·端阳节》云："五月端午街前卖神符，女儿节令把雄黄酒沽，樱桃桑葚，粽子五毒，一朵朵似火榴花开端树。一枝枝艾叶菖蒲悬门户，孩子们头上写个王老虎，姑娘们鬓边斜簪五色绫蝠。"

《北平风俗类征》抄录的关于过去北京端午的风俗条目[1]另一重要的内容就是对小孩健康的关爱。

富察敦崇的《燕京岁时记》有载："每至端阳，闺阁中之巧者，用绫罗制成小虎及粽子、壶卢、樱桃、桑葚之类，以彩线穿之，悬于钗头，或系于小儿之背。古诗云'玉燕钗头艾虎轻'，即此意也。"让廉的《京都风俗志》也有相似记载：

---

[1] 李家瑞编：《北平风俗类征》，上海：商务印书馆，1937，第72—78页。

> 人家妇女,以花红绫线结成虎形、葫芦、樱桃、桑葚,及蒲艾、瓜豆、葱蒜之属,以彩绒贯之成串,以细小者为最,缀于小儿辫背间。或剪纸,或镂纸,折纸做葫芦蝙蝠卍字各式,总谓之"福儿",杂五色彩纸以衬之,总谓之"葫芦儿"。妇女买通草小虎,草绒福儿,带钗簪头上。至初五日,惟神符福儿留之,其葫芦等物,尽抛街巷,谓之"扔灾虫"。是日小儿额上,以雄黄画"王"字,又以雄黄涂小儿鼻耳之孔,谓如此,夏月能避诸虫,亦有饮雄黄酒者。

在《民社北平指南》中,端午节期间的巧妇秀女的作为与上述文字同,只不过"葫芦儿"有了"长命缕""续命缕"等别名。

虽然近些年北京的端午节期间有了应景的端午诗会,但是过去北京的端午节俗显然与屈原基本没有关联。事实上,在辽金元时期,北京端午节俗是以国家祭天仪式为中心,并具有演武性质的射柳、击球等竞技;明清以降,北京的端午节日益世俗化、家庭化。[1]随着社会的发展、时代的演进,与不少端午习俗消逝不同,因为现代民族国家的建构,赛龙舟、吃粽子反而日渐盛行大江南北。由此,在当下的中国,用"奶奶的丝线爷爷的船"[2]来指代端午节也就大体可行。

需要追问的是:为何不是别的,而是"奶奶的丝线"——粽子,和"爷爷的船"——龙舟,指代了原本内涵丰富、复杂多变的端午节?

---

[1] 萧放:《北京端午礼俗与城市节日特性》,《华中师范大学学报(人文社会科学版)》2012年第1期。
[2] 葛冰:《奶奶的丝线爷爷的船》,李莉绘,北京:中国少年儿童出版社,2015。

叁 节日

三、标准化与历史的简约化

鸦片战争以来，在各色精英的引领下，时刻感受到阵痛的"老大"中国以西方列强为标杆，或者以明治维新后的近邻日本为楷模，持之以恒地沿着工业化、机械化、技术化的步伐前行。洋务运动、戊戌变法、辛亥革命都是这样一路走来。1949年后，大政方针依旧是效仿苏联，率先发展工业。在这一绵延不绝的机械、工业、科技至上的发展诉求中，与农耕文明相连的知识、生产生活方式和文化成了需要抛弃的负担、需要斩断的脐带，是负面的，有了迷信、愚昧、落后、封建等种种污名化的标签，是要革命的对象。四个现代化、乡村城镇化、乡土中国都市化等大政方针、基本国策都是以"科学技术"为核心。因此，一直到今天"科技是第一生产力"的巨大命题并未有多少人质疑，并导致了文化也要成为生产力、软实力、核心竞争力的次生命题。如憋足了劲儿的在弦之箭，离弦之后的箭——文化，浩浩汤汤地迈向资本化、产业化的伟业、宏图。

二十一世纪新兴起的对传统文化的再审视与重新定位，尤其是非遗的申报与保护运动，貌似是对此前的文化"革命"逻辑的反动，实则在相当意义上延续了文化"革命"的逻辑。因为，只有有"遗产"资格的文化才能申报与保护，在申报之前就必须筛查掉不具有遗产特征的那一部分，要将最能展示中华民族传统美德、勤劳智慧也即高大帅、白富美的那一部分呈现在世人面前，让世人瞻仰、称贺，进而膜拜，最终资本化与产业化。即使说这个筛查和自我审查（阉割）的过程不是一个革命的过程，至少也是一个简约化的过程，也即传统意义上的去粗取精、去伪存真、变俗为雅。

正是在这个简约化过程中，在良莠并存、雅俗比肩的整体性社会事实面前，不同层级非遗申报的具体操作者不约而同地都选择能彰显正价值、正情操、正能量的部分，或者对之进行调试、整编、整改，强行去除地方性的"上不得台面"的符号，嵌入被霸权话语裹挟的有着道德优越感的正面符号。进而，将原本在地化、"世俗功利化"、"个体化"的大小非遗剥离原有的生活场景、传衍人群，使之飞地化、博物馆化、舞台化、视频化。这一携带横暴权力的普化模式也就成为非遗运动的底色与软肋。因为都与伟大的爱国主义诗人屈原或主动或被动地关联在了一起，吃的粽子和划的龙舟也就自然而然地在端午节中凸显了出来。

关于端午节的缘由，有多种说法。如起源于祭祀伍子胥、孝女曹娥等，在北方还有起源于祭祀介之推的说法。今天，流传最为广泛的端午节起源传说是纪念战国时期的伟大诗人屈原。当然，最晚在唐代，就有了端午源于屈原的说法。文秀的《端午》诗云："节分端午自谁言，万古传闻为屈原。堪笑楚江空渺渺，不能洗得直臣冤。"才华横溢的屈原不但怀才不遇、报国无门，反而遭到怀疑、诽谤、放逐，终至自沉于汨罗江。传闻，龙舟竞渡是为了打捞屈原。打捞无果，往水中投粽子是为了让水中鱼类不伤害屈原尸身。这即大江南北端午期间赛龙舟、吃粽子这些节俗的由来。

现代民族国家是以民族主义、爱国主义为双拐的。正是这两个基石导致了在中、日、韩三国各自"一国民俗学"框架体系内，对有着同源的端午实行文化民族主义资源化，并努力使之成为各自国家现代国民文化的重要依托。以民族主义和爱国主义的名，膜拜英雄自然而然。虽然伟大诗人屈原"愚忠"的是楚国和那个明显昏聩的楚王，并因为历代王朝尊儒的关系而成为历史上一个"执拗的低音"[1]，但其身上天然地将现代意义上的民族主义和爱国主义集于一身。于是，此前就有一定声名的屈原这个历史符号在二十世纪初叶"打倒孔家店"的革命性总体语境中，被重新定义、诠释，有了更多的文化正统性、道德感和正义感。只要与他进行了有效的勾连，被粘合的事物就具有了不可置疑的威权。

即使不是作为节令食物，因应冻库、冰箱等冷藏术和当下快捷的交通物流，粽子很容易被产业化、资本化。何况，它确实还有节庆的文化传统与日渐趋同的缅怀忠君的伟大爱国主义诗人的文化起源。所以，作为节庆文化工业化、产业化的成功案例，年产值数亿的"五芳斋"有了夸示的现代意义。在此粽子工业的突飞猛进中，五色丝线虽然还是五色丝线，但其与五毒、恶月、保幼护幼爱幼的文化内蕴、内价值已经没有多少关联了。

因为有竞技、强身健体等再生点，即容易顺势举办规模化、集团化的赛事，龙舟竞渡也就成为重整端午节庆的另一亮点与由头，使端午不但具有了现代意义，还有了可具体操作的实践价值和规模效应。[2]与粽子一样，背后支撑的文化逻辑依然是对忠君的伟大爱国主义诗人屈原的缅怀。但是，在赛事化、表演化、展示化的演进中，原本社区性的洁净禳灾和整合社区、凝固邻里的内价值不是位居末路，就是日渐萎缩，无足轻重，甚至滋生一个地方、一个群体内部因追名逐利而被撕裂的危险。

自从荣登国家级非遗名录以来，湖北黄石西塞神舟会名声日隆，关注研究日多。[3]原本有"厘头会"之称的神舟会，时长

---

[1] 王汎森：《执拗的低音：一些历史思考方式的反思》，北京：生活·读书·新知三联书店，2014。
[2] 高丙中：《民间文化与公民社会：中国现代历程的文化研究》，北京：北京大学出版社，2008，第207—217页。
[3] 吴志坚：《西塞神舟会》，武汉：湖北美术出版社，2011。

达四十天，可清楚地上溯至清朝道光年间。它是以道士洑村为核心，民众自发组织、自愿参加的，通过净化、布施等手段祈福、禳灾、驱瘟、除恶、祛病、求子、联谊的大型民间祭祀活动。

二十世纪八十年代，厢头会改称为"龙舟会"。二十一世纪以来，不但因应申报非遗，这一大型民间祭祀活动有了"神舟会"的官名，原本在神舟正仓的"（送子）娘娘"也主动将正位让给了屈原，而退居神舟后仓。[1]2005年，在入选国家级非遗名录之前，有神舟会会首参与的宣传资料明确宣称：

> 神舟会祈祷丰收、健康，悼念屈原，弘扬爱国主义精神的宗旨，与现在提出的"八荣八耻"中的第一项"以热爱祖国为荣"相符合，有现实意义，我们要办好纪念的神舟会，让这个民俗瑰宝闪烁出新的光芒。

2006年，名列国家级非遗名录之后，西塞区区委宣传部明确表示要在保护民俗文化的同时，建设社会主义先进文化，即，"借神舟会列为非物质文化遗产的契机，进一步挖掘这一民俗文化的内涵，逐步剔除封建迷信色彩，加强西塞龙舟会的管理，做好宣传保护工作，着力打造民俗文化特色品牌。"

顾颉刚对孟姜女故事的研究，是想力证"历史是层累构造"的假说。[2]换言之，顾颉刚通过孟姜女故事传衍的例子要说明，后人不停地对发生在过去的事——简约的历史——的添加、涂抹与虚饰、演绎，形成了当下眼花缭乱、层峦叠嶂的"历史"——复

---

[1] 宋颖：《端午节：国家、传统与文化表述》，第226页。
[2] 顾颉刚编著：《古史辨·第一册》，北京：朴社，1933；顾颉刚：《孟姜女故事研究及其他》，北京：商务印书馆，2014。

杂的历史。端午节正在发生的演进似乎给我们提供了一条历史演进相反的路径：从"复杂的历史"到"简约的历史"。

（原文刊发于《中原文化研究》2016年第2期，亦曾收入拙著《以无形入有间：民俗学跨界行脚》商务印书馆2019年版）

大春节观，年味浓淡的色素分析

近些年来，有鉴于优秀文化遗产快速消逝的事实，风起云涌的非遗的申报、评定等实践操作常常显示出褊狭的民族主义和工具理性所左右的功利主义倾向。虽然如此，作为标志性事件，2011年《中华人民共和国非物质文化遗产法》的颁布、实施仍意味着举国上下文化自觉意识整体性的确立。在此背景下，天经地义被视为非遗范畴的年味儿淡了的春节自然有着非凡的价值与意义。

2010年1月8日，中央文史馆、国务院参事室举办了首届"春节文化论坛"，会后出版了论文集。[1]2011年6月16日，为下半年的第二届春节文化论坛做准备，中央文史研究馆、国务院参事室

---

[1] 中央文史研究馆编：《让中华民族的盛大节日更加丰富多彩——2010北京·春节文化论坛文集》，北京：中华书局，2010。

主办的"春节文化的传承与创新座谈会"在北京全国人大会议中心举行，参加者以能"直通"中央并为之建言献策从而具有话语权的参事、馆员以及各省参事室、文史馆的干部为主体。这系列高层次、高规格、高级别会议的召开本身就说明中央已经将过好春节、年味儿浓淡提升到"国家文化安全"的战略高度，也是政府服务于民这一理念的最好体现。这些都是值得称贺的事情。

与此同时，我们更需要警惕狭隘的文化保守主义与文化精英主义两种倾向。狭隘的文化保守主义以发扬优秀传统文化为名，忽视文化的流动性与感染性，故意树立文化疆界、壁垒，以至于出现带有革命色彩的"保卫春节"口号的提出与宣讲。文化精英主义又混融着文化虚无主义，不但不认可民众拥有文化及其当下生活的文化性，还无视民众的主体性、主动性与创造性，将自己视为"园丁"，将民众视为"瓜果蔬菜"，不顾民众的感受，利用自身的优势地位与话语霸权，主观地将自己视为"文化"的东西强加于民，高高在上地指导老百姓如何过年。要避免这两种倾向，当下的中国，尤其是各类精英，就需要树立自信的、开放的、兼容并蓄的"大春节"观。

基于近些年来的调查，尤其是在全程参与中央文史馆、国务院参事室2011年"春节文化传承与创新"调研组在山东、广东和山西三省考察的基础上[1]，本文从政府作为、社会参与、传统春节核心价值的激活与空巢农村的现状等方面对年味儿浓淡进行分析，并倡导显示文化自信、开放的"大春节观"的树立和"参与型春节"的打造。

---

[1] 在此，感谢老友杨晓波和祝鹏程、张青仁、刘娟等研究生分别就四川广元、浙江绍兴、湖南麻阳与安乡的相关信息提供资料。

一、政府作为

经过三十多年的改革开放，中国的经济市场已经与全球市场融为一体。然而，中国的文化、政治制度与西方迥然有别。鸦片战争以来，在以西方标准为准绳的"现代化"历程中，中国最终形成了"大政府，小社会"的局面，原有的衍生于农耕文明的民间组织基本萎缩。与旨在监控、管理，"我说了才算"的全能型政府不同，服务型政府是以服务于民、甘心为仆为基本理念和行动指南的。尽管服务型政府在中国才处于提倡阶段，但服务于民的理念的逐步推行已经有了可喜的成效，这在过好春节这个问题上也有着相应的体现。

"好客山东贺年会"2011年在山东是第二届，它源于2008年全球金融危机时，山东省旅游局在2009年春节时盘活旅游市场的创意。即，为了拉动内需，快速走出经济危机的阴影，在少了外客的情况下，山东省旅游局首先提出了欢迎在外地的山东人回家过大年的创意。虽然是以驱动旅游经济为本意，但由此衍生的主动服务于民的意识也确实使2009年春节返乡的山东人感受到浓浓的乡情与春节氛围。

随着经济的回暖，也是在充分总结2009年春节活动的经验教训并在专家充分论证的基础上，2010年春节，还是省旅游局牵头，办起了首届以都市、景区、酒店为核心地带，有着浓郁嘉年华色彩的"好客山东贺年会"。首届贺年会充分发掘齐鲁大地的民俗文化，利用元旦、春节、元宵节三大节点的时长，系统推出了贺年礼、贺年宴、贺年乐、贺年游四大产品体系。2011年春节，既有的经济效益和社会效益使第二届"好客山东贺年会"由政府部门行为转变为省政府的行为。提前两个月，省政府就下发红头文件，召开电视动员会议，敦促省旅游局、省委宣传部、文化厅、财政厅、商务厅、农业厅、交通运输厅等十四个部门和山东省十七个市政府共同办好贺年会，在全省同步进行部署、筹备、实施和督察。这样，因为全能型政府服务意识的增强，不但使得齐鲁大地节日期间贴满了贺年会标识的城市景观赏心悦目，也使得人们真正有得看、有得玩、有得吃、有得乐。

与山东的热闹、红火不同，近几年来，在中央倡导"过好我们的节日"的基本方针和"长官"问责制并行不悖的情况下，多数地方政府停留在慰问、维稳、安全等基础性也是形式化且不担当任何风险的工作层面。政府出面组织、引导，实实在在对春节氛围的营造、对群众积极参与的春节活动的规划设计基本上是一片空白。事实上，只要地方政府服务意识增强，有所组织，提供平台，那么在当地，尤其是城市，就会有着相对浓郁的春节氛围，并能有效地推动地方精神文明以及物质文明建设，实现双赢。

2009年春节是广元在5·12地震灾后的首个春节。为了鼓舞灾后重建的士气，市委市政府在春节期间组织的节庆活动就围绕"送温暖""感恩""灾难可战胜，未来更美好"这些主题，如组织文艺工作者深入青川县乔庄镇等受灾群众安置点，开展"送文化下乡"活动，在皇泽寺举办"新年敲钟"活动，在景观廊桥至老鹰嘴大桥河堤举办"广元地震灾区点亮感恩奋进的灯——广元湿地公园2009迎春灯展"，举办2009年"奋进广元"元宵焰火晚会，等等。

2011年春节，广元市委市政府组织的活动在延续上述主题的同时，着力展示灾后重建的成效。元旦前夕，市委市政府举办了"美好新家园"2011年新年音乐会、"颂歌献给党·感恩奋进"百万群众歌咏活动总结汇报演出。在元旦到春节期间，市委市政府举办了"喜看城市新变化"大型摄影图片展等。这些活动回应了一年来人们生活的基本主题，适时激活了传统佳节"感恩""奋进"的意涵，既增强了政府的凝聚力，符合民心，还顺势培育着有责任感、道德感、义务感、爱国爱家乡的新型社会主义公民。

2011年春节，山西省孝义市市委市政府组织得力的第二届"孝·义年俗文化节"举办有广场文艺表演大赛、传统文化庙会、游园灯会、个人才艺表演擂台赛等十四项活动。每个街道、村落的活动都细化到了从大年初一到十五的每一天。文化品位不同、文化需求不同的男女老少都有活动的去处，有展示自己的舞台，城乡群众的主动性被大大激发，参与性极高。位于孝义市郊区的贾家庄、苏家庄的百姓纷纷换上服装，或展示当地婚俗、皮影等非遗，或串演过去老辈人有的春节习俗。每个家庭至少有一个人在场中表演。这样，村子中的每一个人或直接或间接都参与到了节庆活动中，相互熟悉的演者和观者脸上都洋溢着欢乐。在这两个村子的活动现场，春节是"老百姓自己的节日"得到充分体现。

云南屏边、蒙自以及河口等地苗族一年一度的"花山节"正好是在农历正月初二至初七。2007年，由屏边县委县政府组织，各乡党委、政府，县文体局、旅游局、民族事务局和县苗族学会协办的花山节集中在2月20日至22日（农历正月初三至初五）三天。丰富多彩的节庆活动同样是政府在元月就开始发动、组织，春节也就与风情浓厚的民族节日水乳交融，有滋有味。

上述这些来自各地不同的实践和事实说明：为使老百姓过个热闹红火的年，政府不但能够有所为，而且可以大有作为，关键在于有无服务于民、甘心为仆的基本意识。甚至可以进一步说，就当下我们国家的实际情况而言，老百姓春节过得有没有味儿，好不好，关键在于政府的服务意识。在此过程中，春节活动组织得好，群众的参与性高，主体性得到体现，全能型的政府也就部分地实现了向服务型政府的转换。

二、社会参与

"好客山东贺年会"的成功就在于作为主办方的政府理解并顺应了民众红红火火过大年的群体心理。同时，省政府还通过行政等多种手段，充分调动专家、旅游公司、商家、酒店、景区、传媒等社会各界的积极性，在多重意义上实现了官、商、民多方共赢。在5·12地震灾后的四川广元，政府对春节活动的组织完全是紧扣民生、民心与民声，即感恩下的"灾后重建"与"奋发"。这些主旨的拟定自然得到了社会各界的响应，人们纷纷参与到活动中来。

同理，孝义的"孝·义年俗文化节"，得到了"煤老板"等企业家的积极响应和支持。2011年，商界及个人捐款总额达一千多万。不仅捐款，不同的企业、公司、单位还组织节目、制作花灯，参与到节日氛围的营造和节日活动中，与市民、村民一道成为节日现场无处不在的风景。在活动现场，政府由活动发起者、组织者自然过渡到管理者尤其是服务者的角色。春节也就成为公务员最为紧张的"忙月"，官变为了仆。

与孝义类似，同属于吕梁地区的柳林县近些年来因为煤产业，经济飞速发展。数百年以来的元宵节期间，在柳林县城及城郊穆村，人们都有着过盘子会的习俗。以自然村落为单位，人们会纷纷在元宵节前用木头搭建一层或数层的多角小塔，内供神马。在元宵节期间，各个盘子都张灯结彩，香烟缭绕，人们纷纷游走在不同村落的盘子之间，纳福祈祥，互道祝福。虽然柳林县委县政府2008年在元宵节期间组织盘子庙会背后有着申报国家级非遗的旨趣，但正因为政府的组织，社会各界热情地参与了进来。除群众捐款集资，很多街道、村落的盘子都主要是由"煤老板"或其他有钱人出资搭建。搭建盘子的材料也从木头向钢架结构、钢化玻璃等多元化发展，装点盘子的彩灯更是多种多样。不仅如此，依托盘子，政府还在环绕县城的河道组织办起了灯会，彩灯的制作也多是企业主动出资。这样，企业做了广告，有钱人做了善事，也有了口碑和脸面，而同一村落、街道居民的认同感也得以加强。

湖南省常德市安乡县的县城是国家级卫生县城。近些年政府对春节文化活动的安排也结合了这一既有县情。2011年1月，县委、县政府就正式发文要求城区各单位做好卫生大扫除与灯饰亮化美化。这些传统节俗既有的"扫除"活动奠定了安乡县城元宵节美轮美奂的基础。舞龙队、舞狮队的"采青"是安乡县城元宵灯会的重要组成部分。但是，现今采青的舞龙队、舞狮队与政府无关，都是由各个商家请来。商家会把丰厚的红包和"芙蓉王"香烟等挂在高高的招牌或楼顶，由"狮子"和"龙"爬上取下来。虽然这是商家自己求个好彩头和宣传的绝佳手段，但舞龙、舞狮队一出现，立马改变了人流的走向。人群绝大部分都跟在队伍的四周。大小商家的参与，使安乡县的年味儿倍增，商家、居民都乐在其中。

与西北的孝义、柳林二地政府搭台、社会唱戏不同，因为处在改革开放的前沿，广东佛山早已形成富翁比比皆是、安居乐业的局面。改革开放后，寻根认祖的华侨将在内地一度中断的民俗传统带回佛山,激活了生活富足的佛山人的文化记忆。在与因民工潮带来的大量外来人口的交往中,佛山本地人的自我认同感和群体凝聚力被强化。佛山本地的民俗文化成为佛山本地人与外来人交往的基本标志,民间社会在这里表现出活跃的生命力。虽然佛山市委市政府没有发红头文件大规模、成系统地组织老百姓过年,但几乎村村都有醒狮会,几乎每天都有规模大小不一的醒狮活动。大年初一行祖庙,初六游神祈福、万福台演大戏,初九的乐安花灯会,正月十五的官窑生菜会,正月十六的行通济等更是人声鼎沸,摩肩接踵,常是数十万人的规模。政府主要的工作就是交通疏散和安全保卫工作。

同样没有政府组织,在北京西郊的门头沟深山区的庄户、千军台两个小村,每年元宵节两村的人们都会在会头的组织下,热热闹闹地过三天幡会。与中国多数地方习惯一样,在这里,正月十五过了,才算过完年。从正月十四开始,人们擎举着本村的幡旗到另一个村"串门"。这三天,在外的人一定回家与家人团聚,家家开门纳客,外来的人都可以随便进出,吃喝。"这几天比过年都热闹"是当地村民的口头禅。

三、核心价值与参与型春节

虽然与岁时更替的自然转换关联,但作为中华民族最重要传统佳节的春节集中展现了尊老、爱幼、睦邻和仁、义、礼、智、信的儒家文化传统。作为主要衍生于农耕文明的节日,长久以来,春节的衣食住行等外显形式,人们的消费观念、伦理取向和行为实践都与农耕文明的物质相对匮乏关联。与其他传统佳节一样,春节期间的庙市、社区、家庭以及个体都尽力在他者面前表现出其物质的充盈。

但是，在与西洋文明的碰撞、交流的过程中，当下在中国并存的工业文明、科技文明、信息文明从根本上撼动了千百年来农耕文明的基石。都市文明及其生活方式已经成为大多数中国人认同、实践或向往的生活方式，人们的价值观、伦理观、道德观、交往方式都发生了翻天覆地的变化，众相纷呈。在这样整个社会处于巨变，又寻求民族文化认同的大背景下，怎么过春节，如何过好春节显然是关系到国计民生的根本问题，亦关涉到明显有着文化保守主义色彩的"国家文化安全"这一时髦的命题。无视大多数国人"有钱没钱，回家过年"浓厚的春节情结，华而不实、高高在上的官媒精英不但焦躁不安、自鸣得意地高喊"保卫春节"的革命式口号，更将传统春节视为静止的，他们急迫地反哺，教育民众如何过年。在这样良莠并存，喧嚣而杂乱的语境下，传统春节的核心价值如何在当下激活，与时俱进，获得新生，使老、中、少不同年龄段的国民都高高兴兴地参与进来就成为需要认真思考的问题。这首先需要认清中国春节文化的本质，明白它一直是开放的、流变的，从而树立兼容并蓄的"大春节"的节日文化观。

伴随自然时令的转换，人们在这些特定日子从日常忙碌的生产生活中歇息下来，用春联、福字、财神、剪纸、鞭炮、新衣、年猪、饺子、汤圆、年糕、鲜花等符号装饰其生活空间与生活，用祭灶、祭天地表达对大自然的敬畏，用上坟表达对先祖的追思，明白自己的根源，用磕头跪拜表达对长者的尊重，用压岁钱避免邪祟并祝福小孩健康成长，不同日子给牛羊等不同家畜提供美食表达着人与动物的和谐相处。在传统春节的上述活动中，老人被尊重，小孩得到关爱，父亲的能力得到认可，母亲的巧手得以展现，亲友的情谊得以表达，每个人的价值、意义和尊严在与他人面对面的交往互动中得到充分体现。

由此观之，中国的传统春节实际上既是大、小群体的自我强化与认同，是一个群体或社区的通过仪礼，更是一年一度个体感受自己、认识自己、定位自己同时也了解他人、明白社会的通过仪礼。简言之，从腊月延续到正月，时长近一个月的传统春节的核心价值是尊重他人、实现自我、全民参与、社会和谐。而且，当下人们津津乐道，并自以为是前卫的环保、生态、安居等理念同样是传统春节就有并完全可以在今天进一步发扬光大的核心价值。

之所以人们常常留恋儿时的春节，主要就是因为数十年前的儿时的他在过年时被众人关注，从感觉到知觉都得到了极大的满足。在物资相对匮乏的年代，春节期间小孩穿的、吃的、玩的实际上也是相对简陋的。但是，过年时，在与长辈、与他者的交往互动中，从味觉、视觉、听觉、嗅觉、触觉等各个感官层面都让小孩觉得自己处在了中心位置。这是当今所有成人都留恋儿时春节的心理动因，也是北京的老人念念不忘厂甸庙会的大糖葫芦的原因。与其说如今的这些老者念念不忘的是大糖葫芦，还不如说他们感怀的是拥有大糖葫芦那一瞬间的满足感和被众人关注的自豪感。

因此，就是今天的北京厂甸庙会有当年的大糖葫芦，去买了吃的老人也不会太多，而今天味觉自小就改变的都市孩童以及年轻人对大糖葫芦的兴趣也肯定无法与数十年前的小孩相提并论。从这个层面而言，今天说年味儿淡了，不仅仅是因为少了传统色彩和韵味都浓厚的物品、表演，更主要是在物质充盈、格外关注个体、小我的年代，人们的感觉变了。每个人都在凸显自我，较少甚至根本不关注他人，自私自利的个人主义大行其道，转而感觉自己被别人冷落了。同时，春节期间，可置身其中的活动少了，个人的位置感、成就感、群体感、归属感、认同感以及安全感自然也就没有了。

因此，要想在物质生活方面"天天都像过年"的今天，使生活方式与观念已经基本改变的大多数国人的春节有滋有味，就必须在激活传统春节核心价值的同时，因应今天人们的所思所想，融进新的时代内涵，尽可能让每个年龄群体的人都感到这个节日就是自己的。这就对政府的服务意识、组织能力、管理水平提出了极高的要求。能够让百姓积极、主动参与的春节才是政府组织的最终目标。近些年来，很多地方政府对春节活动组织的失败就在于仅仅把花费了巨大人力物力财力的活动设计成"看"的。"旁观型春节"变成"参与型春节"势在必行。

在相当意义上，让市民"看"春节，即旁观型春节仍然是北京春节文化活动的基本特征。近些年，在政府的组织下，延续了曾经一度中断的传统，庙会再度成为北京春节文化活动的主体。虽然近几年庙会越办越多，但却千篇一律，少有创意，市民的主体性无从体现。不仅春节期间吃的、看的与平常无异，商品甚至较日常更为低劣，并无吸引力。这导致春节文化活动市场的供需严重失衡，卖家与买家不相匹配。

如此，在北京这样的大都市，想满足需求多元的异质性群体的文化消费需求，就应该让春节成为中国当下文化、艺术与价值观念的展演平台，应该成为培养社会主义新型公民的寓教于乐的教育场。不但应该全方位地展演诸如京剧、昆曲、秧歌、中幡、老北京叫卖这些表演类、技艺类等各类优秀的非遗，也应该展现当下新兴的文化产业，动漫、卡通、摇滚、街舞等各种在年轻人中有着消费市场的艺术；不但应该让不同需求的人有得看和买，还应该提供更多可以让人直接参与其中的活动，可以让人们面对面地交流、竞技，从而实现自我的价值。

如果能将传统的形式融进与个体生活密切相关的时代内容，新旧显然会双赢。如剪纸这些技艺，传统的福禄寿、喜鹊闹梅、鲤鱼跃龙门等题材应该剪，大量呈现，但现在孩子们喜欢的芭比娃娃、变形金刚、铠甲勇士、喜羊羊、灰太狼，对年轻人有吸引力的明星同样可以剪。泥人、绢人、鬃人、面人肯定要做《红楼梦》《西游记》《水浒传》《三国演义》四大名著等传统的题材，但同样可以拓展能够吸引年轻人的题材。如果能现场让年轻人及其父母有亲手操作和实践的机会，能够举办滑冰、卡拉OK、红歌、传统戏曲、曲艺以及包括机器人、航模在内的手艺制作等不同群体都能参与的竞赛，能够提供父亲抽陀螺抖空竹滚铁环、儿子玩遥控车玩变形金刚玩拼插、母亲剪纸绣花跳绳踢毽子、女儿画画跳肚皮舞跳皮筋转呼啦圈等阖家或男女老少同台玩乐的现场，能够同台并呈饺子、炸酱面、豆汁儿、大糖葫芦和薯条、汉堡、意大利面、可乐、巴西烤肉，等等，北京春节庙会现场应该是另一番景象。

附带提及，在电视尚不普及、网络不发达、个人主义仍被集体主义主导、娱乐相对单一的年代，早期的央视春晚因为服务于民、娱乐大众的"献声"精神，确实在相当意义上丰富了千家万户的年味儿，一度成为春节的标志性符号。可是，随着市场经济的裹挟，服务于民主旨的偏离，民众审美口味的多元与提高，中后期的央视春晚实际上成为有演技无思想没美感的明星、名导恶搞百姓与社会的最大平台。吃年夜饭与看央视春晚一度共生的新年俗已经不再普遍。片面追求声、光、电等视觉效果并自以为能一统天下，"充满欲望的艺术资本主义"和"青少年化"的"群星"春晚，在吸引力递减的同时，也滑向了低俗、媚俗、庸俗的边缘。春晚身不由己的这一转型使得遍布各地的空巢农村年味儿的增强更加艰难。

四、"空巢"农村的艰难

在中西部广袤的农村，因为人口流动，农村的春节活动不但难以组织，而且非常萧条，这使得留守农村的老弱病残这些弱势群体在春节期间被忽视。

这些年，一方面因为经济花费过高，另一方面也因为一票难求，很多来自湖南、四川等中西部省份的青壮年农民工基本都不回家过年。与此同时，因为担心农民工春节返乡后流失，闹工荒，苏浙闽粤一带的企业、公司也想方设法在春节期间留住农民工。在浙江绍兴柯桥镇，一些工厂为了使工人春节期间不回家或是在过完年后再回家，早早就开始统计回家过年的员工名单。对于一定要回家过年的员工，为了能保证买到火车票，工厂以几十元一张的补贴，雇人排队代购车票。对于不回家过年的，有的工厂特地为之置办年货、年夜饭等。不少工厂明确规定，春节期间上班的外地员工，除了法定的工资和加班补贴外，每人每天额外补贴100元。这些举措留下了不少原本打算回家过年的民工。

就是打工者应景回到老家过年，多数也是过完大年初三就再次踏上打工之旅。与众多地方的春节一样，湖南省麻阳县岩门镇传统的春节活动一直要持续到正月十五。二十多年前，这个镇的每个村子都还有舞龙队在正月十五互串耍宝献艺。但是，随着当地由农作物生产向柑橘果林经济的转型，最多到了初五，人们就开始忙活了，以前的闲月事实上成为忙月。摘橘子、包橘子、卖橘子都集中在了腊月以及正月进行。从初三开始，占了人口近一半的人们就陆续拖负着大小行囊，离开家乡外出打工。尚未到初十，打工者早已走了大半。原先有的舞龙、烧龙等节庆活动基本消失殆尽。回家待三五天过年的民工实际上成了家乡的过客。

与麻阳岩门镇完成了向果林经济的转型不同，在地处山区的四川剑阁县石堰村，种地仍然是当地基本的生计来源，青壮年劳力基本都在年迈父母支持下外出打工挣钱。不少家庭仅有一人留守。2011年春节，因为近三分之二的打工者没有回家过年，回家过年的打工者也基本在初三就再次出发，村里往年春节还能看到的打麻将、打长牌的桌子也围不上了。

在世界各国的现代化历程中，农村的荒芜、清冷或者是必然要付出的代价与经历的阶段。[1]如何使农村的春节也能够像前述的众多大小城市一样，多少有些氛围，在村的人多少能参与其中，真正做到万民同乐是政府面临的严峻考验。这就首先要求各级政府真正正视、重视边缘地带与弱势群体，尤其是高度关注经济发展落后的中西部地区农村的下述现状：1.基础设施建设不到位，留守的多是老弱病残且居住分散的农户，难于集中、组织；2.村组文艺骨干基本流失，乡镇文化专干虽然一般每乡一人，但如同文化站一样，形同虚设，素质不高，职能不明；3.区县乡财政收入有限，要依靠中央转移支付保持基本运行，投入农村群众文化活动的资金严重不足；4.受改革开放人口自由流动和城乡文化融合的影响，更受电视等现代传媒的影响，农村老百姓眼界

---

[1] [美]露思·贝哈：《伤心人类学：易受伤的观察者》，黄佩玲、黄恩霖译，台北，群学出版有限公司，2010，第51—55页。

日益开阔,审美标准已经多元,对本地文化活动的兴趣、热情减弱;5.处于转型期的乡镇党委政府对服务型政府的角色尚未适应,对文化重视不够,组织文化活动的自觉性、主动性欠缺,对于自主意识、民主法治意识都在增强的乡民,政府的号召、组织动员力度也相对减弱。

显然,活跃贫困地区农村的年味儿是一项长期而且艰巨的工程,绝对不能仅就春节谈春节,否则永远都只能是无源之水,无本之木。

五、大春节观的树立

无论是历时性观之还是共时性观之,春节本身就是一种外在形式因应时代、地域、人群而不断丰富发展的文化。在都市,圣诞节已经吸引了不少年轻人,且全国大中城市的基督徒也为数不少。在这样一个中西文化密切互动交流的年代,故意忽视甚或敌视外来文化都不是历史悠久、兼容并蓄的中国文化应该有的姿态。如果考虑到当下的元旦节是与西方文明在百余年前的交流碰撞之后的结果,那么今天拥有决策权的政府以及为政府出谋划策的居高位的各类精英也完全应该有气魄和胸襟将圣诞节纳入我们"大春节"文化的体系之中,甚至将圣诞节作为春节文化活动组织安排的序幕。在元旦、春节、元宵节同样可以利用一些基督教、圣诞节的文化符号,开发些具有民族特色、地方特色的文化产品。这不仅会吸引更多的教徒、年轻人参与到我们红火热闹的春节文化活动中,也会丰富我们一直在发展的春节文化本身。这样有引导的吸收,为我所用的大春节观的确立及活动的开展才应该是"国家文化安全战略"的重要举措。

真正强大的共同体也是更加开放透明的。中国的汉代、唐代如此，今天的美国也如此。文化强国亦然。随着中国的崛起，今天的西方世界并未对华侨的春节活动显示出拒斥以及敌意，春节反而在相当程度上被当地文化认可、接受。

2010年5月，英国政府启动"大社会（Big Society）"计划。大社会计划的主旨就是要强化在英国生活的个体与群体，尤其是拥有异文化的少数族群对他们现在所生活的地方、社会的认同，明确意识到这个地方、这个社会就是"他们"自己的。针对少数族裔、异质文化，"大社会"计划推出了一系列的活动。这些活动不但为华人社团的发展提供了契机，也为中国春节在英国都市广场赢得了充分展示的公共空间。[1]2011年的中国春节得到了威斯敏斯特市政厅、市长办公室的支持以及多方的公众赞助。更令人震惊的是，在伦敦市长为这次庆典筹备签署的第73号市长决议中，市长同意从市政预算中拨款10万英镑，用于此次庆典活动。[2]华人商会也得到了活动当天特拉法加广场的免费使用权。节庆期间，伦敦政府官员纷纷发表新春祝辞，感谢华人为英国经济、文化和社会等方面的繁荣做出的贡献。显然，对多元文化的宽容、认同与扶持的"大社会"计划更多地表达出了英国人对本土主流文化的自信。反之，这些异质文化也丰富发展了大不列颠文化，为其注入了新的活力。

如同在英国发生的这样，在相当意义上，当下世界各地华人的春节活动成了当地洋人了解、认知中国文化的窗口。海外是这种态势，在中国本土，尤其是集中展现现代中国的大小城市，更

---

[1] http://gb.chinareviewnews.com/doc/1013/3/9/4/101339421.html?coluid=7&kindid=0&docid=101339421.

[2] 可参阅 http://www.london.gov.uk/sites/default/files/MD73 中的三个附件。

应该有一种开放和兼容并蓄的心态对待西方文化。将春节与圣诞节简单地对峙起来，既有些故步自封、夜郎自大的老大帝国的没落心态，也是对自身文化缺乏自信而生的狭隘的文化保守主义、蔑视众生的文化精英主义和掩耳盗铃式的文化虚无主义共谋作祟的表现。不同文明互动中的文化的安全与安全的文化绝对不是靠壁垒的建立、边界的划分确立的，要做的是如何不迷失方向并主动吸收外来文化中的优秀成分。

当下城市年轻人热衷参与的圣诞节不是洪水猛兽。我们不应该将之视为春节年味儿不浓的敌人，更不应该认为使圣诞节等洋节参与者减少是"过好我们的节日"的前提。相反，我们应该反思的是圣诞节为何吸引人。遗憾的是，官媒精英及其"保卫春节"等快意恩仇的革命式口号的提出与多数谈及过好传统节日的文章都是以对抗圣诞节等洋节为思考前提的。事实上，圣诞节在西方有的宗教内涵已经被中国节庆文化固有的"全民性"与"狂欢"色彩稀释。相较而言，虽然仍主要停留在形式与夸张的表述层面，但主动走出去的"孔子学院"多少还显示出一个文化大国、文化古国的自信。

总之，春节的问题绝不仅仅是春节的问题！它涉及国计民生、内政、外交、城乡一体化、可持续发展、社会和谐、政府职能转型、新型公民教育、优秀文化遗产的传承、外来文化的吸收等多个面向，考量的是有决策权与话语权的各类精英的智慧与能力。这些构成了"大春节"观的基本内涵。加快政府向服务型政府的转型，充分理解并激活传统春节"以人为本，尊重个体、社会和谐"的核心价值，以开放的心态树立兼容古今中外的"大春节"观，充分整合文化界、商界、娱乐界、传媒界和民众等社会力量，切实扶持农村建设，关注弱势群体的感受与心声，实现旁观型春节向参与型春节的转换,年味儿也就会越来越浓。

(原文刊发于《思想战线》2011年第5期,亦曾收入拙著《都市中国的乡土音声:民俗、曲艺与心性》中国人民大学出版社2015年版)

肆 曲艺

言地语人，非遗曲艺之魂

  曲艺绝不仅仅是"表演"和围观。人、地域、语言、演技、渊源流变，始终是曲艺研究的核心关照。七十年来，政治文化、市场经济、技术媒介和非遗运动等都在不同年代的曲艺演进中扮演了关键角色，使曲艺出现纷繁复杂的生态。因应曲艺这些主动或被动的演进，七十年的曲艺研究以史为经，以地为纬，力图织成曲艺发展的新图旧貌，呈现其于文化及日常生活的影响力。言与字是曲艺之髓，俗白雅韵构成其表，人情世故融成其里，此曲艺所以为文化；音声与演绎为曲艺之形，声乐扬抑促缓，艺者颦蹙举动，无不表意，皆通世融情，此曲艺所以为艺术。曲艺为当下和过往留声，场域内外的生活图景与个人生命史在曲艺的传唱中得以延续，在时间的消逝中为生命或日常的一隅留下存在证明。这也应该是"非遗曲艺"的核心价值所在。

一、引言

自先秦俳优、唐代"说话""变文"发展而下，曲艺以其真实趣味、质朴清丽的特质，在各地民间生长、繁衍、传承。吸时代之变、承土地之养的曲艺，在不同民族文化的交融中、在雅俗文化的互动中，不断蕴生着新的魅力与生机。在《礼记·文王世子》中，已经出现"曲艺"一词，云："凡语于郊者，必取贤敛才焉。或以德进，或以事举，或以言扬。曲艺皆誓之，以待又语。三而一有焉，乃进其等，以其序，谓之郊人，远之。"[1]在此，"曲艺"乃"小技巧"之意。在一定意义上，这也预示了在中国传统文化谱系中，"曲艺"及其演者位低而微的境况。直到1949年，曲艺与曲艺演者的社会地位才因政治强力发生了彻底改变，堂堂皇皇地进入艺术、文艺工作者或艺术家行列。

曲艺研究一直是民间文学、民间文艺学、音乐学以及艺术学这些新生的现代学科研究的重心之一。近百年来，尤其是近七十年来，因为"翻身"或者说被"正名"，曲艺研究成果丰硕，路径多元。诸如：曲艺史、曲艺理论以及正在努力的曲艺学学科体系的建构；在侧重厘清故事源流、说唱文本、配曲唱腔、动作身形等曲艺本体的同时，关注曲艺与文学、戏曲、音乐等不同门类之间的关系；因为曲艺勾连审美经验与社会生活，通过对民生百态的映射而呈显出鲜活的样态，滋生、传演曲艺的社会场域和文化空间同样是重要的研究方向，个案研究层出不穷；此外，政治生态的差异影响着曲艺研究的侧重点，台湾、香港的曲艺研究也有声有色。

---

[1] 《十三经注疏·礼记》（清嘉庆刊本），北京：中华书局，2017，第3044—3045页。

二十世纪初，诸多新兴学科滥觞，后来被归类为曲艺的说唱艺术之整理和研究也同步展开。以刘半农、顾颉刚、郑振铎、阿英等为代表的学者，纷纷对说书、鼓词、弹词等曲艺进行收集整理。在其影响下，成果迭出。[1]1938年，郑振铎公允地指出了"曲艺"的基本特点以及源流：

> 说唱文学的组织，是以说白（散文）来讲述故事，而同时又以唱词（韵文）来歌唱之，讲与唱互相间杂，使听众于享受音乐和歌唱之外，又格外的能够明了其故事的经过。这种体裁，原来是从印度输入的。最初流行于庙宇里，为僧侣们说法、传道的工具，后来乃渐渐的出了庙宇而入于"瓦子"（游乐场）里。[2]

将"曲艺"作为艺术门类专称正式全面使用，是在1949年第一次文代会。1953年第二次文代会时，"说、唱、变（戏法）、练（特技）"四项内容被删减为"说、唱"两项，曲艺与杂技分家。自此，曲艺研究的对象和性质有了具体的边界。在"曲艺"的概念逐渐明确之后，中国曲艺的研究日渐兴隆。原本缺失的中国曲艺史、曲艺理论逐步完善，纵向的历史发展得以有效串联。与之同步，地方曲艺史和地方曲艺特质得到整理与总结。这些织经罗纬，共成中国曲艺研究七十年的基底。

曲艺绝非仅仅作为曲艺终端的"舞台"表演和围观。曲艺

---

[1] 如：凌景埏：《弹词研究》，北平：燕京大学研究院国文学系硕士毕业论文，1930；李家瑞编：《北平俗曲略》，北平：国立中央研究院历史语言研究所，1933；陈汝衡：《说书小史》，上海：中华书局，1936；朱炳荪：《岔曲研究》，北平：燕京大学文学院国文学系学士毕业论文，1938；赵景深：《弹词考证》，长沙：商务印书馆，1939。
[2] 郑振铎：《中国俗文学史（上）》，上海：上海书店，1984，第10页。

"演-观"的这一根本并不妨碍它同样可以被书写、传阅和独品。若只注重其表演之终端,终端亦成"末梢"。显然,曲艺不好看、不耐看、少人看,或与舞台现场的表演技巧、社会变迁、生活方式转型及其他娱乐方式的冲击有关,但更可能是非舞台或非演出状态(阶段)下的曲艺及其传演环境、语境、旨趣以及"演-观"的心性出了问题。当下,"曲艺"在多数人的潜意识中已经成为"曲艺表演"的专称。有鉴于此,本研究对曲艺、说唱艺术、说唱文学并不做专门区分,反而混用,以求在一定程度上冲击人们对其"表演性"认知的桎梏与褊狭,回归其复杂性与立体性,还归其本有的深度、广度和高度。此外,诸多少数民族的史诗讲唱是一个专门的领域,七十年来有诸多精深的研究,限于篇幅,本文从略。同时,因为矫枉过正之基点,本文基本从略的还有曲艺表演技巧研究的回顾。

二、知往观今

1949年后,曲艺发展联结着时代的政治要求。在周恩来等国家领导人的关心支持下,中国曲艺的创作进入了一个高峰,创作队伍不断扩大。应和宣传与发展的需要,曲艺工作者致力于"新"曲艺文本的创作与表演。革故鼎新,其创作内容多受政治需求的引导,部分直接成为新意识形态的宣传载体。就相声而言,"原本以讽刺、调侃、滑稽、逗乐、取笑为主要特征的相声向以'歌颂'为主导的相声转型"。[1]面对"歌颂"的规训,人们也更为关注"何为曲艺""如何做好曲艺""如何创作曲艺"等

---

[1] 岳永逸:《都市中国的乡土音声:民俗、曲艺与心性》,第38页。

基本论题。老舍《大众文艺怎样写》《关于业余曲艺创作的几个问题》及赵景深《北方曲艺形式的革新》《谈曲艺创作》《我是怎样研究曲艺的》等文章[1],皆着力于探究曲艺形式与现实发展需要的结合。

同时,承接二十世纪前半叶民俗学、民间文学研究,部分学者继续对曲艺史、敦煌说唱文学、曲艺文学做深入探究。傅惜华的《曲艺论丛》汇集了多篇讨论地方俗曲、明清时期的时调小曲、子弟书的文章。[2]初版于1953年的叶德均的《宋元明讲唱文学》,根据文学体裁,将宋元明清的说唱文学分为乐曲系、诗赞系两类。[3]在《说书小史》的基础上,陈汝衡写成的《说书史话》[4]回应了前期遗留的问题,如南宋说话四家所指为何、《水浒》民间说唱与小说的渊源关系等。关德栋的《曲艺论集》则针对古代曲艺源流、曲艺文学及其版本、抄本进行讨论。[5]这批学者古文功底深厚,熟悉晚清、民国曲艺环境,在梳理古代曲艺史、分析古代曲艺文本时更聚焦文学、艺术性,挖掘其精神意涵。然而,在当时的环境下,这些相对独立的研究以时代、曲种作为研究框架,尚未形成缜密而一统天下的宏大体系。

二十世纪八十年代,曲艺逐渐具备了相对自由的发展空间。深受过去时代影响的曲艺研究存留着既有余韵,以意识形态评判不同阶段的曲艺特征与内容的好坏仍是基本特征。[6]与此同时,学

---

[1] 分别参见老舍:《老舍曲艺文选》,北京:中国曲艺出版社,1982;赵景深:《曲艺丛谈》,北京:中国曲艺出版社,1982。
[2] 傅惜华:《曲艺论丛》,上海:上海文艺联合出版社,1954。
[3] 叶德均:《宋元明讲唱文学》,北京:商务印书馆,2015。
[4] 陈汝衡:《说书史话》,北京:作家出版社,1958。
[5] 关德栋:《曲艺论集》,北京:中华书局,1958。
[6] 如:侯宝林、汪景寿、薛宝琨等:《曲艺概论》,北京:北京大学出版社,1980。

者们也尝试在各类概述及通论中对"曲艺"进一步界定。因而曲艺史、曲艺理论成为1980至2000年这一阶段研究的重点之一，涌现了大量专著。这些著述一方面希冀从"史"的角度厘清中国曲艺错杂的纵向发展、总结中国曲艺理论，另一方面则试图以此为基础，逐步建立起真正独立和完整的"曲艺学"。

较早且较系统完整地对中国曲艺史做纵向爬梳的是中国艺术研究院组织编写的《说唱艺术简史》。[1]倪钟之的《中国曲艺史》则将曲艺作为独立的"表演门类"，大致以朝代为序，说明不同阶段曲艺的演进和特征。[2]蔡源莉与吴文科合著的《中国曲艺史》虽然也以朝代为序，但各章有了对少数民族曲艺的介绍。[3]姜昆与倪钟之主编的《中国曲艺通史》同样以历史为线索，整理说唱艺术，指出古代曲艺向现代曲艺的转化发生在明代。[4]罗扬主编的《当代中国曲艺》聚焦五四之后的曲艺新发展，以评书评话、鼓曲唱曲、快书快板、相声滑稽、少数民族说唱艺术来归纳当代中国曲艺，并以"曲艺队伍的建设"为切入点，讨论1949年后的曲艺发展。[5]吴文科的《中国曲艺艺术论》对曲艺的艺术构成、本体特征进行了系统阐述，强调"曲艺是以口头语言进行说唱的表演艺术"。[6]姜昆与戴宏森主编的《中国曲艺概论》偏重对各种曲艺形式的概括性介绍。[7]值得注意的是，侯宝林、姜昆等曲艺表演艺

---

[1]　中国艺术研究院曲艺研究所编：《说唱艺术简史》，北京：文化艺术出版社，1988。
[2]　倪钟之：《中国曲艺史》，沈阳：春风文艺出版社，1991。
[3]　蔡源莉、吴文科：《中国曲艺史》，北京：文化艺术出版社，1998。
[4]　姜昆、倪钟之主编：《中国曲艺通史》，北京：人民文学出版社，2005。值得注意的是，在其独著的《中国曲艺史》中，倪钟之认为清代乃古代曲艺向现代曲艺的转变期。
[5]　罗扬主编：《当代中国曲艺》，北京：当代中国出版社，1998。
[6]　吴文科：《中国曲艺艺术论》，太原：山西教育出版社，2000。
[7]　姜昆、戴宏森主编：《中国曲艺概论》，北京：人民文学出版社，2005。

术家的加盟与倾心投入，使得这些理论著述有了表演经验的强力支撑。

自古及今，说唱艺术常随着官方、受众的需求，以及演者自身对其生计–职业的理解而发生变化。在回顾七十年来曲艺研究的发展中，我们可侧面感受到特定时代的政治背景、文化环境在人们身上的映射，同时也能在曲艺作品及研究成果中找到烙印。由今观之，"十七年时期"的曲艺创作、研究发展确是政治环境下多数人心理状态、情绪选择的呈现。曲艺内容尽管已由贴近大众生活的描述整体转型为形塑意识形态正确下的理想社会，但于此的曲艺未尝不是时代的写照。何况，不时在小范围内还有老旧曲艺的"回潮"。与此同时，部分瞩目曲艺本体的探讨，则为后来的研究提供了不少宝贵的资料。改革开放后，透过对曲艺史的回溯以及曲艺理论的建设，将曲艺作为一门独立艺术的创作自由，以及作为一门学科的独立研究既是大势所趋，其前景也日渐明朗。

三、倚地论艺

毫无例外，任何曲种都是"在某个地方的语言及其他环境之中产生出来的'地方曲种'"。[1]说唱艺术生发之际便与地方历史文化、方言唱曲、生产方式、生计形态、风俗习惯紧密相关。植根民间、源于生活的曲艺汲取着其所在区域的文化营养，并与邻近地域的文化交流互动。因而，在总结曲艺通史及概论的同时，回到地方的曲艺资料搜集、曲艺发展史的书写，尤显重要与必要。

---

[1] ［日］井口淳子：《中国北方农村的口传文化：说唱的书、文本、表演》，林琦译，厦门：厦门大学出版社，2003，第10页。

自1987年起，文化部、民族事务委员会和中国曲艺家协会等共同发起、编撰不同省份地市的《中国曲艺志》，历时三十年，方才告罄。在此宏大工程的推动下，研究者也持续进行着地方曲艺资料的整理及历史梳理，诸如：张军、郭学东合著的《山东曲艺史》（1997），马紫晨的《河南曲艺史论文集》（1996），张凌怡、刘景亮、李广宇合著的《河南曲艺史》（2007），蒋守文编写的《四川曲艺史话》（2009），耿瑛编著的《辽宁曲艺史》（2009）等。同时，学界也对各地有代表性的曲艺进行探究，在地方曲艺史的概述之上聚焦地方特色，对之全面分析。1982年出版的高元钧的《山东快书艺术浅论》开山东快书理论研究之先河。之后，刘司昌、汪景寿的《山东快书概论》（1989）进一步对其根源、发展及流派、表演进行介绍。如同书名所指，刘洪滨的《山东快书表演概论》（2001）重在对山东快书的表演进行总结。不仅是山东快书，陕北说书的渊源与形成过程、分类、艺术特点、音乐及相关流派、组织、书目、派别及唱腔和艺人生活等同样得到总结。[1]还有学者借用口头程式理论，对陕北说书进行诗学研究，包括仿效《弹词叙录》撰写"听书笔记"。[2]

与谭达先对中国评书广泛的收录和探讨[3]不同，崔蕴华的说唱研究更倚重地域。在对北京子弟书、江南弹词和岭南木鱼书这三个地域的说唱文学比较研究[4]之后，她将目光收回到北京。以明清至民国时期的唱本为中心，崔蕴华研究了包括子弟书在内的北

---

[1] 曹伯植：《陕北说书概论》，西安：陕西人民出版社，2005。
[2] 孙鸿亮：《陕北说书研究》，天津：天津人民出版社，2011。
[3] 谭达先：《中国评书（评话）研究》，香港：商务印书馆（香港）有限公司，1982。
[4] 崔蕴华：《消逝的民谣：中国三大流域说唱文学研究》，北京：中国政法大学出版社，2011。

京民间说唱的种类、渊源及其地方文化特点,注意到皇室对有清一代北京说唱艺术繁荣的关键作用和市井传唱、口传心授的说唱艺术与坊间刻本、抄本之间的联动性。[1]因此,与偏重辑录文本的《北平俗曲略》不同,说唱、唱本和票房成为崔蕴华研究北京说唱艺术三个互现的关键词。此外,对河南马街书会、山东胡集书会这些历史悠久、涉及地域广、影响大且活态的说唱庆典,立足马街和胡集的研究也纷纷出炉。[2]

因地域以及历史演进的差异,两岸暨港澳在曲艺发展和曲艺研究上略有不同。在有着百年殖民历史的香港,粤剧与木鱼书仍然有着广泛的流传。总体而言,香港的曲艺研究大致以香港大学收藏的木鱼书为主要研究材料[3],研究议题则涉及木鱼书与金兰会、自梳女等地方习俗之间的关系[4]。

台湾少数民族代代相传的部族史诗,同早期随先民进入的闽南"唸歌子"[5]、"讲古",客家人的"传仔""走板歌"等,一起成为台湾地区说唱艺术的底色。1949年,"外省人"大量迁

---

[1] 崔蕴华:《说唱、唱本与票房:北京民间说唱研究》,北京:商务印书馆,2017。

[2] 如:王诗愉:《说唱与敬神:对马街书会说唱艺人及"还愿戏"表演的田野考察》,北京:北京师范大学硕士学位论文,2007;马志飞:《马街书会民间曲艺活动的社会机制研究》,郑州:郑州大学出版社,2015;王加华主编:《中国节日志·胡集书会》,北京:光明日报出版社,2014。

[3] 梁培炽:《香港大学所藏木鱼书叙录与研究》,香港:香港大学亚洲研究中心,1978;吴瑞卿:《广府话说唱本木鱼书的研究》,香港:香港中文大学博士学位论文,1989。

[4] 如:[日]稻叶明子、金文京、渡边浩司编:《木鱼书目录:广东说唱文学研究》,东京:好文出版株式会社,1995;[日]金文京:《广东木鱼书与金兰会》,《岭南学报》1999年新第一期,第473—480页;Janice E. Stockard, *Daughters of the Canton Delta: Marriage Patterns and Economic Strategies in South China 1860–1930*, Stanford: Stanford University Press, 1989.

[5] 唸歌为台湾民间传统说唱艺术之一,由一人或多人,配合月琴、萧、笛、锣鼓等乐器伴奏进行故事、歌谣的演唱,一般使用歌仔调。

入台湾。大陆不同地域的说唱艺术在台湾衍生出新样态。七十年来，随着台湾曲艺的发展，在郑骞、台静农、娄子匡等学者的倡导下，台湾的曲艺研究在二十世纪七十年代后成果倍增。以曾永义、曾子良、陈锦钊、陈益源为代表的中文系出身的学者，以说唱文学文本为基，关注俗文学的发展。曾永义的《说俗文学》[1]收录了其说唱文学相关论文，如《关于变文的题名、结构和渊源》《"中研院"所藏俗文学资料的分类和编目》。陈锦钊不但对子弟书的题词来源、名称等问题做了全面的探讨[2]，其1982年初版的《快书研究》，亦开台湾快书研究之先河[3]。研究"歌仔"的曾子良，聚焦说唱文学的发展及"歌仔"的演进，并以史语所所藏闽歌为主要依据，细致介绍了歌仔的基本信息及收藏情况。[4]

另一批立足戏曲、音乐专业的学者，将实际表演与创作经验带入曲艺研究。1981年，邱坤良邀台湾学者共同编撰《中国传统戏曲音乐》，把清代以后包括弹词、大鼓、连珠快书、岔曲、莲花落、河南坠子等说唱表演资料纳入"说唱音乐"的讨论中。[5]1984至1985年间，田士林、李殿魁以《中国民间传统技艺论文集》的出版及公共电视节目的宣传，将"说唱艺术"更广泛地传播开来，并使之成为这类表演在台湾地区的专称。1986年，王友兰等人以"保存及传承北方曲艺，说唱艺术，结合传统与创新，创说唱剧及演出，与大陆曲剧精神相符"为宗旨创立了"大汉玉集剧艺团"，兼有表演创作坊，相声瓦舍的成立则掀起"相

---

[1] 曾永义：《说俗文学》，台北：联经出版事业公司，1980。
[2] 陈锦钊：《子弟书之题材来源及其综合研究》，台北：台湾政治大学博士学位论文，1977。
[3] 陈锦钊：《快书研究（增订本）》，台北：博扬文化事业有限公司，2017。
[4] 曾子良：《台湾闽南语说唱文学"歌仔"之研究及闽台歌仔叙录与存目》，台北：东吴大学博士学位论文，1989。
[5] 邱坤良主编：《中国传统戏曲音乐》，台北：远流出版事业股份有限公司，1981。

声剧"的热潮。在亲身投入曲艺活动的组织、表演活动的同时，王友兰笔耕不辍，专门著书介绍台北市的二十五种说唱艺术。[1]

在以时间、地域为轴的曲艺史及理论研究之外，学者们也常以某一类曲艺为焦点，纵横爬梳，探讨其历史发展、表演特征，介绍其代表艺人及地方特色。《相声溯源》分别以"说、学、逗、唱"为章，爬梳各自的历史发展与艺术特点。[2]中日学者合著的《相声艺术论》，首先阐述相声的历史源流、艺术特征、表现形式及艺术手段、语言风貌等，其次梳理了相关的艺术流派、相声名家、作家及相声作品，最后将视野投向相声的海外发展。[3]无论是独著还是合著，相声史的书写虽然各有侧重，但大抵是以年代为序，在注重艺术技巧延续性的同时，分别对每个时期相声的演变、活动、艺术家、代表作以及重要事件进行论述。[4]此外，以鼓曲与快书为主线，蒋慧明对二者之下的各类曲艺的性质及分类、发展历史、代表人物与表演音乐做了介绍。[5]关于中国各地都有的宝卷说唱与民间宗教、信仰、俗文学之间的复杂关联，车锡伦有着充分的梳理。[6]

跨越语言文化、审美习惯的疏离，不少外国学者对中国曲艺进行了热切的"旁"观。丹麦学者易德波（Vibeke Bordahl）借助

---

[1] 王友兰、王友梅：《弦鼓唱千秋 舌间画人生：台北市说唱艺术发展史》，台北：台北市政府文化局，2012。
[2] 侯宝林、薛宝琨、汪景寿、李万鹏：《相声溯源》，北京：人民文学出版社，1982。
[3] 汪景寿、[日]藤田香：《相声艺术论》，北京：北京大学出版社，1992。
[4] 分别参阅王决、汪景寿、[日]藤田香：《中国相声史》，天津：百花文艺出版社，2012；倪钟之：《中国相声史》，武汉：武汉大学出版社，2015。
[5] 蒋慧明：《鼓曲与快书》，北京：中国文联出版社，2009。
[6] 车锡伦：《中国宝卷文献的几个问题（代前言）》，载《中国宝卷总目》，台北："中研院"中国文哲研究所，1998，第 i 页；《中国宝卷研究》，桂林：广西师范大学出版社，2009。

自身对扬州方言语音系统的研究，进一步强调扬州评话的口述特征，从语音、语法、叙述等角度展开探讨，思考本地方言与口传文学所用的语言之间的关联，并把扬州评话和荷马史诗的口传叙事进行对比。[1]日本学者井口淳子讨论了乐亭大鼓的生存状态、历史，将之放置在文学史、曲艺史中观察，进而将焦点对准曲艺文本，以《青云剑》为例讨论说唱文本的"口头性"特征，最终落脚于阐明农村口传文化"共通的文化特性"。[2]此外，井口淳子还与深尾叶子、栗原伸治一道，以"杨家沟村"为田野地，分别从声音、空间、社会三个侧面观看陕北。[3]基于"他文化"的背景，外国学者将中外对比的视野融入研究之中，这也为本土学者审视中国曲艺打开了思路，及至出现了中国学者走出去的跨国别的东亚曲艺研究。[4]

四、动静之状

作为以"舞台"为核心的表演艺术，曲艺所具有的音乐性、身体性与表演性，使研究者不能简单倚靠文学文本进行考察；而其突出的文学性及叙事特质又将它与其他表演艺术区隔开来。这一特质使得曲艺在言与字、音与声、故事与器乐、身与心、形与意、内与外、演与观的充分交融中，获得了更多表达与演绎的可能性。当研究者面对曲艺这一多元综合的特质时，便需要跨越不

---

[1] [丹麦]易德波：《扬州评话探讨》，北京：人民文学出版社，2006。
[2] [日]井口淳子：《中国北方农村的口传文化：说唱的书、文本、表演》，林琦译，厦门：厦门大学出版社，2003。
[3] [日]深尾叶子、井口淳子、栗原伸治：《黄土高原的村庄：声音·空间·社会》，林琦译，北京：民族出版社，2007。
[4] 姜昆、董耀鹏主编：《东北亚说唱艺术散论》，北京：中国文联出版社，2018。

同艺术形式、学科门类的边界,从文学、音乐、表演等视角进行多方位的考察。

1. 言与字

在中华文明的演进史中,所谓"大传统"与"小传统"始终相互渗透、交织影响。说唱艺术的创作过程与传播途径相对自由,故而在汲取叙述材料、演绎方式的同时,也为文学创作、戏曲艺术提供着丰富的素材。

说唱艺术与文学书写之间的界限明确又游移,具体到某一曲艺形式又有不同的界定与区隔。部分学者尝试对这一区别进行更为深入的辨析,以此明确规定曲艺的范畴和边界。其中,如同早年江湖社会说书艺人书目的"墨刻"与"道活儿"之分[1],亦如戏剧中的"路头戏"和"剧本戏"之分[2]一样,弹词与弹词小说之间的划分有着代表性。宋秀雯将弹词小说与弹词演出严格区分,将仅供阅读、不备演出的弹词作品定义为"韵文小说",并强调它与演出用的弹词应该划分为两种不同的文类。她认为:"唱词"确是演唱家演出的底本,但演唱者会利用现成的故事加以改编。[3]鲍震培也注意到,"案头"弹词小说与"书场"弹词讲唱长久以来多有分别,这才能从文学研究和曲艺研究两个视角进入。[4]在曲艺的文学研究中,学者们或追溯其历史、文学源头,或探究说唱与书写之间内容、技巧的差异,并进一步回看说唱艺术对文学、戏曲发展的促进作用。

---

[1] 岳永逸:《空间、自我与社会:天桥街头艺人的生成与系谱》,第164页。
[2] 傅谨:《生活在别处:一个保守主义者的戏剧观》,北京:生活·读书·新知三联书店,2019,第10—24页。
[3] Marina H. Sung, "T'an-tz'u and T'an-tz'u Narratives", *T'ong Pao*, Second serious, Vol. 79 (1993), pp.1-22.
[4] 鲍震培:《清代女作家弹词研究》,天津:南开大学出版社,2008。

说唱艺术中的许多故事、文本多来自历史演义、文学书写，从溯源研究可见曲艺内容的形成与变化过程。王仙瀛追溯了从唐传奇《莺莺传》至弹词《西厢记》的演变过程，探究弹词西厢的文学、艺术价值。[1]刘岱旼则对与包公题材说唱文学相关的作品目录和题材进行了线性考述。[2]同样，对于《红楼梦》而言，子弟书等说唱才是其艺术生命的延续。在此意义上，《红楼梦》实乃"民间叙事诗与文人叙事诗的完美结合"。[3]自然而然，"书斋"和"书坊"成为解读清代子弟书的两端。[4]

　　曲艺文学的研究路径又常常有着民俗学、民间文艺学以及文学人类学的不同视角，诸如比较说唱艺术、口传叙事与文学书写之间差异，思考书写侧重点与说唱技巧运用的差别等。中外学者都不约而同地注意到曲艺与作家文学之间最根本的差别：在实际演绎过程中，说唱者根据时代背景、地域文化以及禁忌、秉持的世界观、奉行的伦理道德、自己的经历、擅长的剧目与角色、现场观者的构成，会进行不同方式的即兴演绎与诠释。也正因为此，为了留住观众、取悦观众，插科打诨的"现挂"[5]不但是相声等曲艺基本的表演技巧，也是一个撂地卖艺而不得不"眼观六路耳听八方"的江湖艺人才艺高下的标志。

　　俄罗斯汉学家李福清（Riftin, Boris Lyovich）长期致力于中国口传故事与书写文学之间的关系分析。在《三国演义》与民间文

---

[1]　王仙瀛：《苏州弹词〈西厢记〉文学探源》，苏州：苏州大学博士学位论文，2002。

[2]　刘岱旼：《包公题材说唱文学研究》，北京：北京大学博士学位论文，2002。

[3]　崔蕴华：《〈红楼梦〉子弟书：经典的诗化重构》，《北京师范大学学报（社会科学版）》2003年第3期。

[4]　崔蕴华：《书斋与书坊之间：清代子弟书研究》，北京：北京大学出版社，2005。

[5]　张立林：《相声名家张寿臣传》，北京：文化艺术出版社，2005，第102—110页。

学传统的研究中,他谈到口头传统之于民间文学的关系,口头让纸本上的文字能与声音,甚至是动作、表演相结合,更丰富其形式与内容的深度。聚焦三国故事,李福清通过与《三国志》的对比,在细读《三国志平话》中剖析人物描述模式及其呈现的审美原则。在将《三国演义》与晚期评话文本进行对照后,他发现:其口说故事语言自然,与小说《三国演义》的语言差别很大,这可能是因为说书人需要关注台下观众的接受度,将书中人物的文言话语改为说书人的表白重述一遍,进而增加口头语言的生动性,使人易懂且容易融入角色情绪之中。此外,运用形象生动的方言俗语也是说书的一大艺术特点,方言俚语的运用使观众更有亲近之感。[1]同时,李福清也在研究中尝试跨越体裁的区隔:在中国年画中寻找曲艺、探讨故事的内容与年画的关系。通过以木版画作为印证材料,他发现东蒙古史诗中较少受到关注的"薛海"的说唱故事,而这些故事又与唐朝历史故事紧密联结。[2]同样,围绕小说、戏曲、说唱中的"武松打虎",易德波试图厘清口头传统与书面文化之间的互文关系。[3]对此,本土学者也持同样的观点,周纯一指出:"唱本不能代表完整的'歌仔'艺术,当艺人在使用唱本时,往往按自己的意思修改,成为新的作品。"[4]

当说唱艺术已拥有稳定的受众而成为相对独立的表演活动时,听众不仅仅满足于听闻故事、感受情绪,更希望透过说唱表演抒发自身的生活与情感。沉浸于弹词故事中的清代女性,逐渐

---

[1] [俄]李福清:《〈三国演义〉与民间文学传统》,尹锡康、田大畏译,上海:上海古籍出版社,1997。
[2] [俄]李福清:《神话与民间文学——李福清汉学论集》,北京:北京大学出版社,2017,第232页。
[3] Vibeke Bordahl, *Wu Song Fights the Tiger: The Interaction of Oral and Written Tradition of the Chinese Novel, Drama and Storytelling*, Copenhagen: NIAS Press, 2013.
[4] 周纯一:《"台湾歌仔"的说唱形式应用》,《民俗曲艺》1991年第71期。

开始借助创作弹词小说、出演弹词来呈显其日常生活和情感。通过作品的表演与传阅,她们局部地突破封建禁锢,在男权社会获得了更多交流的可能性。[1]由此可见,曲艺表演、阅读不但在一定程度上促进了某一文学形式、艺术形式的形成和完善,还改变特定受众群体的心性、日常生活,进而形塑社会。

瓦舍勾栏中的说话、杂剧等口头叙事技艺极大影响了中国古代小说、戏曲等通俗叙事文学作品的产生。[2]宋元瓦舍中的"说话"、北曲杂剧等口头叙事技艺转化为文本,便成为早期的宋元话本、元杂剧等通俗文学作品。与后来的作家写作不同,他们都是运用一定的程式口头编创。通俗叙事技艺的文本化,是以口语白话写作能力的提高、"演-撰"互动的通俗作者群的出现等为前提条件。明初以后作家的自觉写作,使"口头文体"转化为"书面文体",出现了纷繁多样的书面叙事艺术。

曲艺中所讲、所唱的故事、人物多来自历史、文学创作之中。最初,大量的民间文学、曲艺文学,都因一节一节且不连贯的历史轶事而起。在代代传演的过程中,碎片化、片段的历史、故事或传说,经过"职业说话"的加工,串联成了较为稳固的传述系统,而成为对中国民众影响更为深远的"另类历史"抑或说"神话-史诗"。在将史官书写、文人创作及说唱册子进行比较研究时,我们也可以看到不同艺术形态的丰富生机与独特魅力,以及历史中的互动和影响。

2. 音声与演绎

曲艺不仅强调形式的说唱性、内容的叙事性,表演中唱腔

---

[1] 胡晓真:《阅读反应与弹词小说的创作——清代女性叙事文学传统建立之一隅》,《中国文哲研究集刊》1996年第8期。
[2] 宋常立:《瓦舍文化与通俗叙事文体的生成》,北京:人民出版社,2017。

与音乐的配合也是影响其表达效果的关键。1949年后，曲艺音乐继续演进向前。学者们一方面从社会学的角度对曲艺音乐进行分析，另一方面从形态学角度对曲艺的曲式结构、音阶、调式等进行论述。近二十年来，曲艺音乐的研究则致力于从民族音乐学、跨文化、传播学等角度进行考察，侧重探究不同曲种音乐产生的社会条件、社会功能、社会价值，强调不同阶层对曲艺音乐的需求及其对曲艺音乐的影响。

尽管戏曲与曲艺之间的界限早已明晰，但无论是作为行政用语还是学术话语，对多数人而言，二者依旧混融。确实，这种含混并非完全出于懵懂，而是确实有着两类艺术发展历程中交相影响的事实基础。除了前文所提内容的交互，在曲调、唱腔之上，戏曲与说唱也存在着互相吸收的情况。王友兰专门阐述"说唱"与"戏曲"唱腔音乐的互动现象，借助说唱与戏曲演唱者的实地表演，探究二者互动的历史背景与因素，分析两者差异以及在发展过程中的交会情况。[1]她谈到，清初说唱子弟书曲调便是吸收当时流传的"南昆"与"北弋"形成。而清末皮黄腔的流行使得北方说唱吸收了大量的皮黄腔，同时南方弹词也在吸取京剧声腔的营养，而各地民间小戏的唱腔也会为当地的说唱注入新的血液。反之，说唱音乐也会被戏曲借用。在宋代，诸宫调、合生、莲花落等说唱曲调，被戏曲自然借用，并发展成为固定曲牌。在台湾，张炫文指出：唸歌的音乐性不是依赖乐谱而成，只靠"口传"。[2]

《曲艺音乐改革纵横谈》一书收录了二十篇论文。[3]其中，

---

[1] 王友兰：《论析近代"说唱"与"戏曲"唱腔音乐之互动现象》，《戏曲学报》2018年第19期。
[2] 张炫文：《歌仔调之美》，台北：汉光文化事业公司，1998。
[3] 罗扬等：《曲艺音乐改革纵横谈》，北京：中国曲艺出版社，1987。

涵括对曲艺音乐改革创新的基本理论、现状及发展趋势的讨论。这本书是较早对曲艺音乐综合研究的一次尝试，乃对当时曲艺音乐所面临问题的思考总结。在整理曲艺的历史渊源、介绍其曲种分类的基础之上，于林青对曲艺音乐的艺术特征进行分析，结合不同曲本、曲剧的实例，解释曲艺唱腔的结构形式、结构原则，深入音调、音乐的内部结构。[1]同为曲艺音乐概论，于会泳则是按照京韵大鼓、梅花大鼓、西河大鼓、胶东大鼓、北京琴书、山东琴书、河南坠子、岔曲、单弦牌子曲、四川清音、弹词等不同曲种分门别类地进行。[2]在故事与唱本之外，曲艺唱腔的创作与传承也十分关键。在勾勒曲艺的宏观概况之外，栾桂娟探讨了曲艺音乐的基本特征、唱腔类型及结构形式。[3]也有学者专门研究弹词音乐，用五线谱的方式，记录了薛筱卿《哭塔》、周玉泉《智贞描容》等十几阕弹词唱段。[4]陈钧分析了子弟书、京韵大鼓的音乐与其唱词句式、语言特征。[5]将八角鼓曲种视为一个系统，王宇琪基于音乐学的曲种的音乐特征及其成因的探讨，反而在纵横比较中涉及岔曲、单弦牌子曲、兰州鼓子、南阳大调曲子等曲种所处的文化环境、发展历史。[6]北方汉族不同曲种的音乐伴奏研究也已出炉。[7]

此外，值得一提的是，大型丛书《中国曲艺音乐集成》涵盖

---

[1] 于林青：《曲艺音乐概论》，北京：人民音乐出版社，1993。
[2] 于会泳：《曲艺音乐概论》，北京：中央音乐学院出版社，2012。
[3] 栾桂娟：《中国曲艺与曲艺音乐》，北京：人民音乐出版社，1998。
[4] Pen-yeh Tsao, *The Music of Su-chou T'an-tz'u: Elements of the Chinese Southern Singing Narrative*, Hong Kong: The Chinese University Press, 1988.
[5] 陈钧：《京韵大鼓：音乐·历史》，北京：中国戏剧出版社，2013。
[6] 王宇琪：《"八角鼓曲种系统"音乐研究》，北京：人民音乐出版社，2011。
[7] 江山：《北方汉族若干曲种伴奏研究》，上海：上海音乐学院博士学位论文，2016。

了我国绝大多数省市的曲艺音乐。它将曲艺音响、曲谱、文字、图片进行有机的编纂，展现了曲艺与社会生活的紧密联结，文化传统的继承革新，为曲艺音乐的进一步研究提供了宝贵的资料库。

说唱艺术音乐与戏曲不同，其所具有的即兴性、灵活性、传承性与变异性，使得该门类研究需要有别于传统的戏曲音乐研究框架。因应说唱内容的不同需要配合不同的音乐与音调特色，表演的内容也随着演绎状况发生变动。同时，说唱音乐的表演也较少受外界条件的限制，演出简便灵活，不需要太大的场地和过多人力。一个乐师可以代替一个乐队。也正是因为曲艺相对戏曲的轻便简洁，能轻装上阵、说走就走、说演就演的这些根性，在1949年后曲艺成为文艺界的"轻骑兵"也就有了内在的必然性。在表演过程中，说话（相声、讲古、说书等）中所需要把握的节奏、停顿、动作、神情都需要讲唱者反复琢磨、推敲和演练，直至内化为身体的自觉。从日常口语的说白到旋律性很强的唱腔，各种不同的说与唱形成整体的说唱艺术表演。在以叙事为主的表演艺术中，器乐、唱腔、动作、表情等的配合更需要不疾不徐、一丝不苟地服务于观众的视听享受。学者通过将曲艺音乐与传统音乐、戏曲音乐进行比较，一方面表现出表演艺术之间的差别，另一方面也凸显了曲艺艺术中说与唱、故事与音乐的恰当交融。

五、人地之景

在文学、音乐、表演研究视角之外，学者们也纷纷透过大众喜爱的曲艺活动、说唱文本来探讨城市市民、乡村百姓的生活、心态与娱乐，即以说唱艺术的文本、表演行为及活动场域作为考察对象，从社会历史、空间的视角进行探讨。曲艺，倚地而成，因人而兴，应时也因世而变，必然成为观看历史、社会和理解当下的一道窗口。流动的说唱者经历着时代，感受着变迁，寒来暑往地讲述着人间的兴衰沉浮、悲欢离合。当研究焦点放置在具体场域、真实场景，或是关注活生生的个体时，曲艺发生的复杂样态步步显现，人、地与曲艺之间的关系、与社会发展联结的脉络，也逐渐显山露水。

1. 场域内外

正如研究北京说唱艺术绕不开规模大小不一、历时或长或短的"票房"[1]一样，长久以来，说唱艺术几乎都处于城乡一角，甚或说"边缘"。当然，这些不起眼的空间是多点的，此起彼伏的，犹如满天星。除了少部分受到精英阶层垂怜之外，大部分曲艺艺人迫于生计，只能经常变换表演场所。携带道具的说唱艺人，穿梭在不同的茶楼祠堂、书场晒场、路口街巷、礼堂剧场、庙殿厅堂，奔波于城乡之间。随着社会变迁、城乡流转，说唱表演的内容、形式、场所与媒介，都在不断因应时代需求和娱乐审美而发生改变。

在《江湖丛谈》中，作为江湖中人的连阔如（云游客）真切地观察记述了曲艺所在的场域。通过对江湖行话、行当、内幕的展示，对艺人生平、生活的叙述，连阔如描绘出了北平天桥、天津三不管等"杂吧地儿"的"穷相"。[2]因为其局内人身份，连阔如的记述为后来的曲艺研究提供了不可多得的一手材料，相当一部分内容还是空前绝后的孤本。同样成书于二十世纪三十年代但

---

[1] 关于近四十年来北京城区八角鼓票房的基本情形，可参阅刘禹：《北京城区八角鼓票房考：1976—2016》，北京：中国艺术研究院硕士学位论文，2017。

[2] 云游客：《江湖丛谈》，北平：时言报社，1936。改革开放后，当代中国出版社、中华书局等多家出版社出版了该书不同的版本。

晚至二十世纪五十年代初才出版的《人民首都的天桥》，在梳理元明以降的北京天桥变迁基础之上，展开对此场域的立体书写。该书细致介绍了天桥的曲艺场、杂技场及摊贩，全景式地呈现了天桥的游乐场景与曲艺发展。[1]因此，与《江湖丛谈》一样，该书也成为研究北京曲艺、中国曲艺必备的参考书。

借助说唱艺人所倚赖的表演场域，学者对曲艺与人、曲艺与社会进行观察，尝试将曲艺放置在更广阔、更复杂、更深远的历史环境中考察，而不仅仅是描述和记录。在晚近的研究中，连阔如、张次溪笔下的北京老天桥成为具有认知价值和学理意义的"杂吧地儿"。[2]作为世界都市的共生文化现象，杂吧地儿不再仅仅是一块地方、一个空间，而是中国都市民俗学抑或都市研究的一种方法论，甚或说认知论。[3]与此同时，在杂吧地儿这样场域演进的相声，不再仅仅是一种说唱艺术，而是一种流变的社会生态与形态。[4]在一定意义上，同样是将延安的说书作为一种动态的社会生态，胡嘉明关于延安说书艺人历时性的描述和共时性的观察分析，将"革命圣地"延安这个小时空放置在了更大的历史场域中，从而反向赋予了"延安"这个小场域本身以血脉和理性。[5]

秦燕春分析了晚清上海评弹业的行业地位，包括女弹词的

---

[1] 张次溪：《人民首都的天桥》，北京：修缦堂书店，1951。除1988年中国曲艺出版社重印外，在易名为《天桥丛谈》后，该书分别于2006和2016年被中国人民大学出版社和中央编译出版社出版。
[2] 岳永逸：《城市生理学与杂吧地的"下体"特征：以近代北京天桥为例》，《民俗曲艺》2006年第154期。
[3] 岳永逸：《杂吧地儿：中国都市民俗学的一种方法》，《民俗研究》2019年第3期。
[4] 岳永逸：《老北京杂吧地：天桥的记忆与诠释（修订版）》，北京：生活·读书·新知三联书店，2019，第454—515页。
[5] 胡嘉明：《延安寻真：晚期社会主义的文化政治》，第119—161页。

兴起、弹词演出市场的组成等，进而说明晚清时期的发展奠定了二十世纪评弹在上海兴盛的基础。[1]同时，她站在通俗文学的立场上看待评弹，以文本为主要研究对象，探索回到弹词表演现场研究的可能性。[2]简言之，她尝试回答：在书场中，听客如何进入曲艺表演，曲艺者又是如何更好地贴近、迎合"口头"与"表演"。杨旭东以当代北京评书书场为研究对象，聚焦后海康龄轩茶馆，通过对评书艺人、观众的观察与访谈，展示现代语境下的评书表演。[3]吴琛瑜则以评弹的表演空间——苏州书场——为主要切入对象，来观察苏州评弹与苏州社会的互动关系，力求以此再现苏州的"大社会"。[4]

宋代城市繁荣滋生的许多瓦舍，极大推动了说唱艺术的发展。如今，面临急骤的都市化，曲艺也在发生转变。在历史学的分析框架下，申浩借助"中心地"的概念，思考评弹、评弹"中心市场"与社会变迁三者之间的互动关系。[5]进而，他系统考察了在近代发展鼎盛时期评弹与上海历史的因缘。[6]与之稍异，基于都市民俗学的视角，潘倩菲关注的是二十世纪三十年代前后在都市化过程中上海民俗戏曲的发展情况，如何革新、转型从而进入新的都市空间，成为都市民俗生活的一部分。[7]王红箫讨论了二人

---

[1] 秦燕春：《"十里洋场"的"民间娱乐"——近世上海的评弹演出及其后续发展》，《民族艺术研究》2006年第6期。
[2] 秦燕春：《晚清以来弹词研究的误区与盲点——"书场"缺失及与"案头"的百年分流》，《苏州大学学报（哲学社会科学版）》2004年第1期。
[3] 杨旭东：《当代北京评书书场研究》，北京：民族出版社，2013。
[4] 吴琛瑜：《书台上下：晚清以来评弹书场与苏州社会》，北京：商务印书馆，2015。
[5] 申浩：《从边缘到中心：晚清以来上海评弹研究》，上海：上海师范大学博士学位论文，2012。
[6] 申浩：《雅韵留痕：评弹与都市》，北京：商务印书馆，2014。
[7] 潘倩菲：《都市民俗生态和民俗戏曲——都市民俗学视野下的上海民俗戏曲研究》，上海：华东师范大学博士学位论文，2010。

转的传统与其在新时代下的转型:在深入东北、华北的二人转剧场、舞台的田野调查中,观看新型剧场下二人转的变异以及背后的时代内涵,同时思考二人转的传承与非遗的保护。[1]

故事、音声、动作,组成一段段表演。街巷、茶馆、舞台,或一间厅堂、一座戏台,形成开放敞阔又相对隔离的娱乐现场、宣教场所,甚或仪式场景。[2]当曲艺者与听众进入演艺场,他们自然转型为此场域应有的身份与心态,沉浸在故事的叙述与乐器的声响交织的情感世界和艺术审美中,愉悦而满足。显然,演艺场域之外的社会无时不在撞击着场域之内的音声,或使之高亢或使之低迷,或兴或亡。

2. 个人生命史

表演者作为曲艺活动的核心,深谙曲艺的历史、技艺、行规以及诸多禁忌。研究者接触艺人的生活真实,感触生命与曲艺的交融,能更深入地体察曲艺的内在价值和意义。王铭铭指出:"假如被研究人物还健在,那么就为人生史提供了一个更为有趣的研究机会。我们可以不断地在与被研究的人物进行口头交流中,穷尽他的人生历程,并理解他对这个历程的看法。"[3]曲艺传承人的生命史一点点勾勒出曲艺演绎的纹理,他们的经历与生活生发出不同的口传故事及叙述特色,大众熟悉的曲艺表演的背面和陌生的曲艺生态也随之浮出水面。多年来,生命史、生活史取向的研究也是曲艺研究的一种基本路径。

---

[1] 王红箫:《中国社会转型期二人转的变异与传承》,长春:东北师范大学博士学位论文,2014。

[2] 至今,在延安,说书的过程亦包含酬谢神明、满足村民祈愿求福的活动,如说书人作为通灵者(倾听者)为听众(民众)看手相、举行"包锁"仪式等。参阅胡嘉明:《延安寻真:晚期社会主义的文化政治》,第129—133页。

[3] 王铭铭:《口述史·口承传统·人生史》,《西南民族大学学报》2008年第2期,第27页。

在扬州评话的系列研究中，易德波收集艺人的自传，介绍他们的生活和学艺经历，其研究目的在于呈现扬州说书艺人的艺术和生活，以文字和图片的方式描述扬州说书的专门场合、基本处境，说书人的家庭环境、教育、职业，表演的规则与习惯，等等。[1]同样，老艺人、老街坊的口述史和生命史，成为重现"杂吧地儿"天桥昔日景象与盛况的基本材料。[2]以性别史的相关理论、方法为基础，周巍从表演艺术的角度考察江南弹词艺人在历史上的变迁，侧重对晚清以来评弹艺术中的女性弹词群体进行专论，考察女弹词的历史演变过程、社会生活、女弹词形象的多元建构、女弹词与江南市民生活的关系。[3]大致遵循关于苦难和幸福的"神话"特有的"向后看"的诗学[4]，与侯宝林、孙书筠、王少堂等说唱艺人的（口述）自传[5]相类，"清门儿"后人陈涌泉的口述自传讲述的是清门相声的历史，其拜师学艺，编演、编创化妆相声和相声剧等亲身经历[6]。在台湾，研究者同样重视对说唱艺人的艺术经历、生活经验的深入考察。[7]

---

[1]　Vibeke Bordahl, Jette Ross, *Chinese Storytellers: Life and Art in the Yangzhou Tradition*, Boston: Cheng & Tsui Company, 2002; Vibeke Bordahl, Fei Li, Huang Ying, *Four Masters of Chinese Storytellers：Full-length Repertoires of Yangzhou Storytelling on Video*, Copenhagen: NIAS Press, 2004.
[2]　岳永逸：《空间、自我与社会：天桥街头艺人的生成与系谱》，《老北京杂吧地：天桥的记忆与诠释（修订版）》。
[3]　周巍：《技艺与性别：晚清以来江南女弹词研究》，上海：上海人民出版社，2000。
[4]　岳永逸：《空间、自我与社会：天桥街头艺人的生成与系谱》，第263—269页。
[5]　侯宝林：《侯宝林自传》，哈尔滨：黑龙江人民出版社，1982；孙书筠口述：《艺海沉浮》，包澄絜整理，北京：中国曲艺出版社，1986；李真、徐德明：《王少堂传》，南京：江苏文艺出版社，1996。
[6]　陈涌泉口述：《清门后人：相声名家陈涌泉艺术自传》，蒋慧明整理，北京：文物出版社，2011。
[7]　诸如：许常惠：《追寻民族音乐的根》，台北：时报文化出版事业有限公司，1979；吴姝嫱：《闽台唸歌研究》，台北：中国文化大学博士学位论文，2011；陈益源：《金门林火才先生说唱作品的采访与记录》，《人文与社会研究学报》2012年第1期。

当下，影像不仅仅是一种资料，作为一种已经普及的与工业革命、电子革命相伴的技术与方法，曲艺艺人的生命史呈现出电视访谈、录制视频等全新的形态，更不用说"纸上纪录片"[1]这种图像志。电子媒介的霸临、网络写作的流行、智能手机的普及，都使得曲艺在虚拟空间无处不在。图像、音频、视频、文字，或自说自话，娓娓道来；或自吹自擂，牛气冲天；或隔岸观火，幸灾乐祸；或无风起浪，刀光剑影……虚虚实实，真真假假，鱼龙混杂，不一而足。

听众是曲艺演出事件的另一极。他们一道与艺人（以及创编者）、文本构成了曲艺生生不息的稳定的三角。在曲艺演出事件中：一方面，艺人针对不同时空的不同听者进行一定的再创作；另一方面，听者则尝试在曲艺中完成应有的礼与俗，找寻生命趣味、情感依托，或纯粹因无所事事而消闲耗时。然而，或出于现实无奈，或源自个人愿望，听者也有可能跨越"听"与"观"的界限，向说唱者身份转换。当斗转星移、物是人非，原本自娱自乐、在八旗子弟中传衍的子弟书，也就成为其娱乐他者的生计。[2]在相当意义上，正是旗人命运整体性的衰变，从北京内城府邸的全堂八角鼓，衍生出了杂吧地儿天桥的撂地相声。[3]同样，清代女性弹词的兴起，与藏于闺阁之中女子的阅读、书写和自我心灵世界中的私密欲望多少有着渊源。[4]大相径庭的是，在当下，因为艺术而非生计的基本定位，曲艺完全可能是一个人扬名立万的晋

---

[1] 黄新力：《陕北盲说书人》，上海：上海锦绣文章出版社，2009。
[2] 郭晓婷：《子弟书与清代旗人社会研究》，北京：中国社会科学出版社，2013。
[3] 岳永逸：《老北京杂吧地：天桥的记忆与诠释（修订版）》，第458—463页。
[4] 胡晓真：《才女彻夜未眠：近代中国女性叙事文学的兴起》，北京：北京大学出版社，2008。

身之阶，诸如散打评书之于李伯清、二人转之于赵本山、相声之于郭德纲和岳云鹏、上海清口之于周立波，等等。当然，因"偶然"的机缘，这种"晋升""红火"完全可能反转，而人艺两分，消失了踪影。

六、新旧之变

由古至今，曲艺随时代和地域发展出不同的形式，形成有别的艺术特征，给人们带来多元的娱乐、审美。曲艺中部分不合乎常规者，或许暂时看来处境尴尬，却具备孕育崭新艺术形式的潜力。新的时代使命抑或说政治需求、娱乐习惯、审美品位、技术更替和媒介鼎革，使得相对传统的曲艺表演需要回应时代需求而扬弃创新。这自然极大地影响曲艺的表演形式与内容。七十年来，相声和二人转之所以先后风靡全国，除与普通话共属北方方言区的音声优势之外，还都有政治、媒介的助力以及难得的机缘。

在二十世纪三十年代，因应从茶馆面对面听评弹到以收音机为媒介听评弹的变化，弹词节目及内容发生了变化，并对新生活运动、市民娱乐生活产生影响。[1]显然，当下网络等新生媒介对曲艺的影响更加强劲有力。伴随新兴事物的快速革新、多元的娱乐选择，曲艺也步入更为尴尬的境地。首先，在表演场所与传播媒介上，电视、互联网更是大面积取代了收音机、广播，空间、场域、舞台在虚实之间自由变换，人们拥有了更为丰富多元的愉悦

---

[1] Carlton Benson, *From Teahouse to Radio: Storytelling and the Commercialization of Culture in 1930s Shanghai*, Berkeley: University of California, 1996.

路径；其次，因应个人主义的泛滥和快节奏的日常生活，人们逐渐对历史故事与时代事迹褪去兴趣，更为关注时尚、潮流和"小我"的喜乐。2017年，在相声《虎口脱险》成为经典后的三十年，相声界的"常青树"姜昆推出的《新虎口脱险》，在相当意义上就是为了紧贴新的生活浪潮而有时效。

对曲艺而言，技术、科技器具与媒介的力量是强大的。在相当意义上，话匣子（广播）的出现与普及，使相声、评书等曲艺从"观"演进为"听"，而电视与网络的普及，在一定意义上又使之局部向"观"回归，以至于产生了"春晚相声"[1]、"电视评书"这些特殊的文类。被央视包装、力挺从而风靡全国数十年的二人转，不但是社会戏剧，更是媒介景观，"媒介二人转"也成为当代二人转最有力的枝丫。[2]同样，因应改革开放以来温州特有的经济形态、生计方式，温州鼓词这一口头传统表现出了对广播、录音机、摄像机、电视、网络极强的适应性，随着温州人的足迹而传遍世界。[3]

时事、政治会深刻影响曲艺的演进、形态与生态，不同的政治背景也会促生"新"的曲艺。正是在此意义上，陕北边区时期的说书艺人韩起祥对于不同时代、不同文化背景的研究者始终有着魅力，更有着不同的意义。[4]对"改造说书人"的研究，甚至可以视为七十年来曲艺研究史的缩影，不同的立场、观念、方

---

[1] 岳永逸：《忧郁的民俗学》，杭州：浙江大学出版社，2014，第156—158页；《都市中国的乡土音声：民俗、曲艺与心性》，第69页。
[2] 王杰文：《媒介景观与社会戏剧》，北京：中国传媒大学出版社，2008。
[3] 包媛媛：《口头传统的电子媒介化：以温州鼓词的三种媒介形式为个案》，北京：北京师范大学博士学位论文，2015。
[4] 洪长泰：《新文化史与中国政治》，台北：一方出版有限公司，2003，第151—183页；孙晓忠：《改造说书人——1944年延安乡村文化的当代意义》，《文学评论》2008年第3期。

法你方唱罢我登场，始终在此角力格斗。新近关于相声史的著述，也试图厘清作为艺术的相声与形形色色的政治之间或浅或深的关联，以至于有了"谁在舞台中央"这样不乏严厉的泛政治学之诘问。[1]

  正如已经提及的，不同艺术门类相互之间的影响同样是曲艺变化的核心动力之一。在中国艺术史的长河中，两门相对接近的艺术彼此跨越，屡见不鲜。如诸宫调、弹词、滩簧等说唱逐渐由说唱向戏曲转变，部分或仍以说唱为主，属于曲艺品种，亦有部分在演变过程中形成新的门类。[2]为了优化形式，而将铺陈繁琐的说唱改为直接"重现"的戏剧，由叙述体转变为"代言体"。在二人转中，也明显有着莲花落、东北大秧歌等多种基因。这也正是曲艺、戏曲艺术在发展过程中，从业者的主动抉择与改革。1950年，老舍就注意到如下事实：

  旧戏的形式比说书唱曲复杂多了，可是，要细一看哪，它也完全没有能脱掉说书式的叙述。……旧戏往往按照说书的方法往前发展，而缺乏戏剧性。可是，不管多么"温"的戏，其中总会利用言语的简劲与美好，硬教言语产生戏剧的效果。[3]

  这可说是曲艺或者说艺术发展特质之一：在持续学习、不断

---

[1] Marja Kaikkonen, *Laughable Propaganda: Modern Xiangsheng as Didactic Entertainment*, Stockholm: Institute of Oriental Languages of Stockholm University, 1990; 祝鹏程：《文体的社会建构：以"十七年"的相声为考察对象》，北京：中国社会科学出版社，2018；孟庆延：《谁在舞台中央：相声中的民情与政治》，《社会》2019年第4期。
[2] 李家瑞：《由说书变成戏剧的痕迹》，《国立中央研究院历史语言研究所集刊》1937年第七本第三分。
[3] 老舍：《大众文艺怎样写》，载《老舍曲艺文选》，第41页。

跨界中形成新的艺术形式。近七十年来，因应受众新的艺术欣赏取向，相声结合戏剧创作出"化妆相声"[1]、"小品"、"相声剧"等多种形式。早在二十世纪五十年代，曲艺"剧化"就已经成为曲艺发展的一个方向，而当以叙述作为基本调性的曲艺与以"代言体"为主要特征的戏剧相互冲击时，便很难保有曲艺"本色"。对于曲艺剧，尽管部分相声演员和研究者表示了反对和不满，但它仍"不失为曲艺团打破生存困境的一条生路"。[2]

在台湾，相声的创新较早由职业团体"汉霖说唱"开始。相声剧"鼻祖"——《那一夜，我们说相声》，也在1985年登台亮相。"相声剧"是以"相声"为手段的"剧"。这些尝试除向相声致敬之外，更多是增加亮点、吸引观众。同样，王友兰带领的"大汉玉集"从传统曲艺出发，借鉴年轻观众更容易接受的戏剧形式，创作了相声剧《闹公堂》。

毫无疑问，已经持续十余年且热烈的非遗运动，大有后来居上之势，在事实层面成为当代曲艺演进的"第四种力"。现今，全国各地的"活态"曲艺大抵都位列不同级别的非遗名目。关于曲艺类非遗的传习所、书籍文章、进校园等传承、展演活动，均纷纷呈现在世人面前。毫无疑问，正是非遗运动的助力，尤其是在2006年名列国家级首批非遗名目，满族说部研究被全面激活。尽管参与其中的民间文学、民俗学学者居多，但还是出现了概论、文本分析、传承保护和传承人研究等多种路径。诸如：杨春风、苏静《满族说部与东北历史文化》（2013），江帆、隋丽《满族说部研究：叙事类型的文化透视》（2016），张丽红《满

---

[1] 祝鹏程：《文体的社会建构：以"十七年"的相声为考察对象》，第350—369页。
[2] 吴文科：《2017年度中国曲艺发展研究报告》，《文化艺术研究》2018年第1期。

族说部的萨满女神神话研究》（2016），邵丽坤《满族说部的当代传承研究》（2018）。十多年来，随着研究的深入，一直研究满族说部的高荷红，借当代的满族说部这个案例，指出了说唱艺术在"口述"与"书写"之间复杂的动态关系。[1]有意味的是，随着不少研究者的关注和进入，新的满族说部被继续生产。

必须警醒的是，与民间习俗、日常生活紧密关联的传统说唱艺术，"当被提纯为体制化、规范化的'曲艺'时，它就从市井的生活日用中被剥离出来，从谋生的交流实践，转变为客体化、对象化的舞台艺术。其表现形式遭遇了多重规约，功利性的作用被发挥到最大"。[2]如同此前政治征召下的工具化、市场化冲击下的功利化，"非遗化"同样在相当意义上改变了衍生于农耕文明的曲艺原有的价值体系。参与其中的行动主体，尤其是决策者、组织者，也整体性地从地方精英以及民众变形为外在的官员、媒体人、研究者以及"认定"的传承人——新生的离乡或不离乡的"城市精英"。然而，这些"正确""先进"且具有鲜明的启蒙、帮扶观念与"主人翁"意识的城市精英，"愈试图通过民间文化创造一种新的社会主义艺术形式，就愈抽离于民间文化的脉络、形式和内容"。[3]迥异的观念世界之间的冲突，使得当下的"非遗曲艺"在扎根土地的民俗与高雅的殿堂艺术两端之间游弋、踟蹰。不容否认，一定程度上，在改变曲艺"野蛮生长"的同时，非遗运动也确实短期内改变了个别曲艺的消亡轨迹，甚至使之出现了重返生活世界的有效趋势。

---

[1] 高荷红：《满族说部传承研究》，北京：中国社会科学出版社，2011；《口述与书写：满族说部传承研究》，广州：暨南大学出版社，2017。
[2] 祝鹏程：《曲艺》，《民间文化论坛》2019年第2期，第127页。
[3] 胡嘉明：《延安寻真：晚期社会主义的文化政治》，第55页。

在思考曲艺表演如何革新的同时，人们也在同步推进优秀"传统"曲艺，或者说作为非遗文化的曲艺——非遗曲艺——的教育、普及活动。在大陆，中国曲艺家协会全力推动的高校曲艺教材，已相继出版，诸如：《中国曲艺发展简史》《中华曲艺书目内容概览》《中华曲艺图书资料名录》《中国曲艺艺术概论》《相声表演艺术》《评书表演艺术》等。曲艺进校园更是有序推进多年。在台湾，学者也在搜集、整理歌仔册的过程中，努力推进曲艺传播与审美教育，诸如进校园、建网站，力求进行社会和学术的双向传承。[1]

1949年后，曲艺这个"轻骑兵"在最大程度上成为宣传新社会、塑造社会主义新人的工具。改革开放初，精神需求、文化建设使得曲艺的"内价值"[2]受到一定的关注和挖掘。旋即，曲艺又面临金钱万能的市场经济、新生娱乐休闲方式和日新月异的技术世界的冲击，场域的变革和观众的流失使曲艺不可避免地陷入低谷。所幸，自上而下的非遗运动似乎为曲艺的延续提供了另一种可能，尽管这或许要付出其内价值土崩瓦解的代价。七十年来，曲艺及其研究始终在尝试找寻新语境下的生存路径：依循政治需要、回到艺术审美、适应市场需求、立足文化本位、直面技术革新、反思社会演化以及现代性，等等。同样，在多条发展路径下的曲艺研究，是研究者的努力与困惑，也是七十年来曲艺演进、社会更迭回旋的镜像。

---

[1] 陈雪华、洪淑苓等：《典藏台湾说唱艺术：台湾大学图书馆藏歌仔册数位典藏工作纪实》，《大学图书馆》2014年第18卷。

[2] 刘铁梁：《民俗文化的内价值与外价值》，《民俗研究》2011年第4期。

七、结语

曲艺扎根于民众生活。在时代、政治、技术的影响下,曲艺仍以其柔软而坚韧的姿态,努力表现人们对过往的理解,展演大众生活的样态,记录时代的强音,也记录、演绎愿望与期待。泥于前尘并非曲艺自然发展的选择,曲艺者亦在不断创新、尝试转型。文化遗产的打造不一定非得必然体现对保守过去的回顾与刻意将之浪漫化、审美化,而应重现乡土历史,立足于"常民"过去、现在与将来的日常生活。同样,非遗运动不应该是对曲艺标本式的密封保护,禁锢于过去艺术的表演和内容,而应在一个相对友善的环境中给予其自由发展的空间和可能,以使曲艺精神得到发扬,承衍新的社会语境下的乡土历史、常民生活。其实,曲艺并非直接服务于庙堂、娱乐精英的艺术,它来自庶民生活,最终也须回归芸芸众生和普通日常。

在电影《红鳉鱼》中,对日本落语的思考是借助落语家立川谈志之口表达的:"虽然努力了,却依然不能出人头地。这种人,才会来看落语,他们才是落语的主角。落语,是对人类坏习惯的肯定。"落语讲的不是义士、不是英雄,而是看到那些和我们相近的真实的人们。因此,作为少数群体中的一员,落语家桂歌助对落语有着这样铿锵的断语:"它肯定会经历很多的风雨曲折,但是如果它消失了,日本也就不会再存在了。"[1]这同样是中国曲艺传承演进、起承转合经历的社会事实。也因为如此,在政治强力的规训下,在市场经济的诱拐下,在电影电视、网络等新生媒介和娱乐方式的叠合冲击下,乡野曲艺依然能像水银泻地般

---

[1] 岳永逸:《日本落语的传承与文化自觉》,《民族艺术》2006年第1期,第29页。

无孔不入，真正地被妇孺老少所喜爱。或喜或悲的故事，或成或败的经历，人情义理在说唱表演中铺陈展开，无论是故事主角、曲艺表演者，还是来来往往的观众以及研究者，都是有这样或那样缺点的不完美者。不完美的才真实，可爱！这才是曲艺定位于民间、植根于普罗大众的意义所在。

回到对人与曲艺、社会与曲艺的观察，始终以其"因地而唱，为人而言"内价值为核心，才会或多或少地使曲艺研究及曲艺本身焕发些人性的光泽。如后文所言：

> 曲艺不仅是需要自上而下保护的非遗，不仅是职业、饭碗与名利，曲艺本身是神圣的，是都市中国厚重、久远的乡土音声，也是这个技术世界的精卫。对曲艺本身敬畏，不妄自菲薄，对观者敬畏，不妄自尊大，可能是曲艺从业者、管理者、经营者的双拐！有敬畏之心，技术世界曲艺的蜕化也就有了可能。

总之，在走过七十年的历程之后，当下的曲艺志业出现了三种面相：

其一，曲艺从业者俨然有了鲜明的文化传承意识。然而，尽管整体而言，曲艺演员不少，明星也很多，但有独立思想、艺术追求和艺术风格并能影响他者、他界的艺术家并不多。尽管本文一定程度上淡化了七十年来曲艺表演研究史的梳理，但不可否认的是，作为已经在都市空间上演多年而在一定意义上脱离了市井、乡野生活的"舞台"艺术[1]，心中有观众并敬畏观众与日常生活的

---

[1] 岳永逸：《都市中国的乡土音声：民俗、曲艺与心性》，第78—89页。

演者的独立自主性、艺术创造力与表现力，即演者的重要性远大于一字不能改的脚本、威权的导演、骄奢的舞台，以及乱七八糟又花枝招展的声、光、色、电等。这正如在梅兰芳和齐如山的关系中，梅兰芳永远是能动者和主角[1]一样。

其二，曲艺研究不再满足于记录、描述、梳理某种曲艺，而出现了从曲艺演进透视中国近现代化历程、社会现状的思想史路径。对这种取径的研究而言，曲艺已经不再仅仅是一种所谓的民间艺术、表演艺术，曲艺本身就是一种"思想""方法"，就是"文化""中国"，就是异质多元的"中国人"的画像或自拍照。

其三，诸如中国曲艺家协会这样，相关职能部门在竭力将曲艺融入高校教育体系，使之初心不忘、使命牢记，为适应现代都市文明、讲好故事、实现中国梦而变脸、翻身，及至吐气扬眉。

（此文与林旻雯合作完成，原发于《民间文化论坛》2019年第6期）

---

[1] 傅谨：《生活在别处：一个保守主义者的戏剧观》，第178—195、200—204页。

技术世界曲艺的可能

一、技术世界与技术的艺术

十九世纪前半叶呱呱坠地的民俗学（Folklore），关注的是民众日常生活及其演进的文化。其生发则是下述因素合力的结果：在哲学领域，有机论对机械论的取代；进化论的出现；生产生活方式由农耕文明向工业机械文明的整体转型；与现代民族国家生成同步的浪漫主义、民族主义，等等。[1]自此，当人类社会前行轨迹被机械裹挟，并与科学、技术相依为命时，敏锐者总是能迅速地捕捉到人类思维方式、日常生活可能有的变迁。

---

[1] Robert A. Georges & Michael. O. Jones, *Folkloristics: An Introduction*, Bloomington and Indianapolis: Indiana University Press, 1995, pp.31-57.

当照相术、默片对大多数人而言还是天外来客时，与拍手称快和跺脚诅咒截然相反的两种取态不同，本雅明清楚地辨析出了可机械复制的艺术与此前"在问世地点的独一无二性"的艺术的本质不同。对他而言，"即时即地"的原真性（Echtheit）是机械与技术无法复制的。因为存在于巫术、宗教、世俗对美的崇拜等仪礼的原创艺术具有膜拜价值，其原真性（也即光晕，Aura）涵括了自其问世起"可继承的所有东西，包括它实际存在时间的长短以及它曾经存在过的历史证据"。不仅如此，机械复制艺术摆脱了原创艺术对仪礼的依附，它建立在政治之上，目的在于展示，而非膜拜。[1]

简言之，原创艺术是凝神专注式的，散发着挥之不去的光晕，具有膜拜价值，是美的艺术，机械复制艺术是消遣式的、仅具展示价值的后审美艺术。与此同时，本雅明也充分看到了机械复制艺术的巨大能量及正功能。他指出，机械复制艺术将原作从传统领域中解脱了出来，能使不同的受众在其各自的环境中欣赏，从而赋予原作以现实活力。正如照相摄影和电影扮演的角色那样，对原真性艺术"荡涤"与"赋予"的双重进程，不但改变了艺术和大众的关系，还导致了作为人性的现代危机和革新对立面的传统，并与群众运动密切关联。[2]

在经典的《讲故事的人》中，本雅明也关注到了在此转型过程中，口头传统与书面写作之间复杂的动态关系。[3]因为物质

---

[1] [德]瓦尔特·本雅明：《机械复制时代的艺术作品》，王才勇译，北京：中国城市出版社，2002，尤其是第7—22、86、91—94页。
[2] [德]瓦尔特·本雅明：《机械复制时代的艺术作品》，尤其是第114—116页。
[3] [德]瓦尔特·本雅明：《讲故事的人——论尼古拉·列斯科夫》，载汉娜·阿伦特编《启迪：本雅明文选》，张旭东、王斑译，北京：生活·读书·新知三联书店，2012，第95—118页。

世界图景和精神世界图景在一夜之间发生了"我们从来以为不可能的变化",前工业社会人最放心的财产,交流经验的能力——经验(Erfahrung),在机械复制时代的工业社会贬值、衰减为经历(Erleben)。这一衰减导致讲故事的"好人"、讲述方式、听者等讲故事参与诸方都不可避免地发生转型。目的在于交流智慧,讲者与听者相互"编织在实际生活中的忠告"的前工业社会的讲故事与工业技术格格不入,仅仅是形同陌路的"手艺"——手工技艺。同样,本雅明看到了这一必然发生的质变对于新兴印刷技术支撑下的小说、新闻等文体兴起的影响,以及迥然有别的故事听者与小说读者。而一个对故事、史诗、童话烂熟于胸的小说家——孤独者,其自然更有可能成为娓娓道来的讲故事式的"好"小说家。

电子化时代是更为明显的长辈向晚辈学习的"后喻文化"[1]时代。迥异于中国古典文明的"成年人文化","弑父"至少说"去父"的"青少年文化"是当代中国文化,尤其是大众文化、流行文化的基本特征。今天大行其道的"技术的艺术"明显有别于"观念的艺术"。观念的艺术是与心灵相关的文艺,技术仅仅是呈现与强化艺术效果的手段。严格而言,技术的艺术并非文艺,仅仅是传媒。它是因为文化工业的兴起,现代传媒技术对重观念的传统文艺改造和重构的结果。不仅如此,突出技术制作精良,形式大于内容的技术的艺术还力图控制大众。[2]

通过对日常生活的全面渗透,技术全面推进了生产生活势不

---

[1] [美]玛格丽特·米德:《文化与承诺:一项有关代沟问题的研究》,周晓虹、周怡译,石家庄:河北人民出版社,1987,第76—101页。
[2] 蒋原伦:《观念的艺术与技术的艺术》,北京:新星出版社,2014,尤其是第72—76页。

可挡的转型。这同样引发了民俗学家的密切关注。村落不仅仅是民俗传承整体性的社会单元空间，它还是一个开放的、动态的、具有包容性和自我再生能力的空间。现代博物馆技术、口述史技艺都被乡民信手拈来，为我所用。借助现代技术，村庄的发展和传统文化的再生产被有着文化自觉的村民付诸实践。[1]当然，对技术的倚重也导致了民俗的"变脸"，由共享的、交流的变成交际的。

赫尔曼·鲍辛格曾精辟地指出：一旦祛除"魔力"，具有了不言而喻的"自然性"，新的技术就成为回归的诱因，从空间、时间和社会不同层面全面拓展"民间社会"的视域与生态，进而呈现出统一在当地的"本土异域风情"、动态平衡的"历史因素的去历史化"和模仿、戏仿、反讽、曲解的"统一文化"。因此，鲍辛格更简明地将日常的民间世界定义为"作为'自然'生活世界的技术世界"。[2]今天，急于也急速都市化、城镇化的中国正是以技术世界为底色，以推土机、搅拌机、起重机、抽水马桶、沐浴喷头、复印机、扫描仪、摄像机、电视机、电脑和智能手机等为表征。

在这个作为"自然"的生活世界的技术世界，在试图留住"乡愁"进而也到处是"城愁"的都市化中国，似乎在衰减的、原本有着光晕和观念、与节庆式生活关联紧密并会讲故事的"土"曲艺该何去何从？有着哪些可能？是否必然会递减为复制的艺术、技术的艺术、卑从的艺术，终至沦为金玉其外、败絮其中的"空壳"？

---

[1] 刘铁梁：《村庄记忆——民俗学参与文化发展的一种学术路径》，《温州大学学报（社会科学版）》2013年第5期。
[2] [德]赫尔曼·鲍辛格：《技术世界中的民间文化》，第25—79页。

二、汉字节庆与数字节日

在技术世界化的都市中国，中国人的时空观发生了巨大转型。老死不相往来的世外桃源、足不出户的"家天下"空间观全面遭遇了实实在在的"坐地日行八万里"的全球观。四季更替、生死轮回、"三十年后又是一条好汉"的循环往复的时间观被单线进化发展的钟表时间观强力嵌入，基督纪年和天干地支纪年同行，阴历与阳历并重。在这样的整体背景下，中国人的节日也就出现了多个不同且相互影响的序列。

第一个序列是以汉字命名的基于农耕文明、历史传统、乡土生活、文化社会生态的周期性庆典，可以简称为"汉字节庆"。它又包括四个亚序列：一是至今还深远影响农耕生产的春分、秋分、夏至、冬至等二十四节气。二是火把节、泼水节、那达慕等民族节日。三是清明、端午、七夕、中秋、春节、元宵等传统佳节。四是地方色彩浓厚，当地老百姓常常认为"比过年都热闹"的庙会庆典，声名大些的如北京妙峰山庙会、上海龙华庙会、河南太昊陵庙会，声名小些的如河北苍岩山庙会、山西洪洞羊獬历山的接姑姑送娘娘庙会，等等。

第二个序列是以数字命名或者说数字在前的与现代民族国家对公民身份建构并强化的节日，可以简称为"数字节日"，如一月一日元旦节、三八妇女节、五一劳动节、五四青年节、六一儿童节、七一建党节、八一建军节、十一国庆节，等等。对越晚近出生的人，数字节日有着更强的影响力，以至于年轻人群起新造节日。有着四个数字"1"的11月11日被形象地比附成"光棍节"。在快速席卷全国大学校园后，昂首阔步地跃过校园围墙的光棍节给（网络）商家带来了无尽的商机，很快演化成购物的狂欢节、剁手节。

另外，不容忽视的还有圣诞节、复活节、愚人节、万圣节等这些源自基督世界的宗教节日对年轻人的吸引力。当然，对于绝大多数并不信教的年轻人以及对于逐利的商家而言，这些洋节已经蜕化掉了其宗教色彩，更多是年轻人交往、交际以及表明自己从众而时尚的平台。

数字节日常常伴随有法定假期和不同层级的政府组织、张罗的重大庆典、游行、晚会、汇演。正是通过在这些特殊日子对不同群体价值与意义的强调，作为一个年度周期的新生节点，经过大半个世纪的传衍教化，数字节日已经熔铸到今天所有健在年龄群体的国民意识及其时空感之中。与之不同，在当下的官方语言中、在学者的经验研究领域内，汉字节庆与依依惜别又难以割舍的传统中国相连。它们是过去的、垂危的、乡土的，却有着丰富的文化内涵，潜存着或浓或淡的乡愁、暖意，有着"众里寻他千百度"而"蓦然回首"的美感，也有着"过尽千帆皆不是"而频频回首、垂首的伤感，温馨、幽怨而哀怜。

在二十一世纪初叶，因为顺应了民心、国情，这一以官媒精英为主体的回望心态，使得绝大多数的汉字节庆成为需要关注、保护并号召广大国民主动传承的不同级别的非遗。不但文化部下属的职能部门在紧锣密鼓地为汉字节庆编纂大型丛书"中国节日志"，与春节一样，端午、清明、中秋也成为国家法定的节假日。树碑立传和以法律形式对汉字节庆的保护，使其恢复了些感人的光晕，也有了与数字节日并驾齐驱的感官感觉。而且，以科学技术，尤其是电子技术、数码技术为支撑，以大数据、流媒体、自媒体等为表征的视频化时代的全面来临，使得汉字节庆和数字节日在表达形式上有了共通性，二者的同质性日渐增强。这又更加鲜明地体现在改革开放以来持续发酵，主要通过荧屏观看的形形色色大大小小的春节联欢晚会、各类电视台按部就班播放的种种节庆汇演之中，体现在旅游旺季在传统圣山和红色圣地由大导演操刀的地方财政大投入、大制作的大型实景演出之中，体现在官媒精英基于自我中心主义、虚无主义与保守主义的文化反哺之中。对于这些有不同程度约束力的新、旧传统而言，其"空间的和社会的本质"与"时间-历史的本质"都是根本性的。[1]

三、舞台化的双刃剑

作为乡土中国口传文化的一个枝蔓，曲艺是方言的艺术、地方的艺术和声音的艺术，更是有着自律的戴着镣铐跳舞的尤瑟夫·皮珀（Josef Pieper）所称道的"自由的艺术"（Artes Liberales）。[2]它有着一整套自觉遵循的、"即时即地"的演观规则，始终游刃有余地在雅俗之间游弋。但是，曲艺又不仅仅是艺术，它同时也将宗教、历史、政治、经济、文化，尤其是地方风情、人情冷暖以及艺人生计、生命融为一体，有着家国情怀、伦理教化，有着浓浓的乡音、乡情和乡韵，艺术感召力、感染力极强。

对于特定地域而言，老少耳熟能详的曲艺没有任何接受的障碍。在农耕文明为主导的岁月，游动在城乡的曲艺如同一条条虚线、实线，有着巨大的串联功用，是历时性文化社会生态的共时性总体呈现。[3]在相当意义上，除至关重要的书同文的汉字之外，与其他口传文艺一道，曲艺教化、愉悦着千百年来绝大多数目不

---

[1] [德]赫尔曼·鲍辛格：《技术世界中的民间文化》，第142页。
[2] [德]尤瑟夫·皮珀：《闲暇：文化的基础》，刘森尧译，台北：立绪文化事业有限公司，2003，第55—56、77—79、110—114页。
[3] 岳永逸：《都市中国的乡土音声：民俗、曲艺与心性》，第3—90页。

识丁的芸芸众生，连接、凝聚着人心、人情与人性，将呈方言板块状的一个个地方整合、凝固成了一个多元一体的伟大中国。

对于在乡土中国举足轻重的曲艺，尽管早期基本止步于资料的收集整理，但中国现代学科意义上的民间文学、民俗学对曲艺的研究由来已久。北大《歌谣周刊》时期收集的不少歌谣都与曲艺有关。二十世纪二十年代晚期，有人关注到了民歌中的三句半[1]，也有人编写过湖南省众多唱本的提要[2]。1936年，延续北大歌谣研究的传统，复刊后的《歌谣》刊载有北平街头巷尾的喜歌，也有了对数来宝溜口辙的专门研究。[3]1944年，主要利用已经出版的《定县秧歌选》[4]，辅仁大学的赵卫邦在进行"乡村戏"的研究时，指明定县秧歌戏之类的乡村戏与俗曲之间的紧密关系：乡村戏或是由某一种俗曲演化而来，或是在秧歌的基础上，由多种俗曲共同演化而来。[5]

抗战期间，沦陷区学者对曲艺等民间文艺的关注也暗合了同期国统区和边区对民间文艺的倚重之风。在国统区和边区，人们已经突破了北大《歌谣周刊》初创时试图进行"专门的研究"和发现民族"新的诗"的初衷[6]，而是充分发挥曲艺等民间文艺"接地气""有人气"，为老百姓喜闻乐见的形式特征和寓教于乐的社会功效，服务于关涉民族生死存亡的抗战动员与宣传。在抗战动员、宣传中，多种曲艺与新兴的漫画、话剧等一道成为暖人

---

[1] 放人：《民间的三句半歌》，《民间文艺》1927年12月第7期。
[2] 姚逸之：《湖南唱本提要》，广州：国立中山大学语言历史学研究所，1929。
[3] 徐芳：《北平的喜歌》，《歌谣》1936年9月二卷十七期；《"数来宝"里的"溜口辙"》，《歌谣》1937年4月三卷一期。
[4] 李景汉、张世文编：《定县秧歌选》，中华平民教育促进会，1933。
[5] Chao Wei-pang, "Yang-Ko(秧歌). The Rural Theatre in Ting-Hsien, Hopei", *Folklore Studies*, Vol.3, No.1 (1944), pp.17-38.
[6] 周作人：《发刊词》，《歌谣》1922年12月第1号。

心、鼓士气的战争利器，形成了独具一格并值得深度阐释的抗战时期的"大众文艺"。[1]这一波澜壮阔的大众文艺运动，实则奠定了具有民族风和中国味的当代中国通俗文化、大众文化以及影视文化的基石。在相当意义上，近些年来颇受欢迎的央视"星光大道"就深得抗战大众文艺，尤其是边区文艺的真传。

抗战初期，老舍就积极地献身曲艺伟业之中。他既有对"大鼓书词时时近乎诗，而牌子曲简直就是诗了"的礼赞，也有因创作不出为大众喜欢且战斗力强的通俗曲艺而"有时真想自杀"的切肤之痛。[2]不仅老舍个人如此，曲艺也是中华全国文艺界抗敌协会一项重要的事业。虽然有着艰难的蜕变历程[3]，但是以劳苦大众为根本的中国共产党始终都重视曲艺等民间文艺对穷苦百姓的教育、宣传、动员、组织等社会功效，并在抗战期间因势利导地将文艺的重心从都市转向乡村。文章不但要"入伍"，还要"下乡"。"到街头去"也很快演化成"到内地去""到农村去"。

赵树理、韩起祥等在二十世纪四十年代的陕甘宁边区冉冉升起，秧歌风风火火地从乡下进城并获得好评及至影响戴爱莲这样舞者的艺术人生，抗战胜利后《民间艺术与艺人》的快速出版等[4]，都是党一贯奉行的服务于政治（革命）和劳苦大众（人民）的文艺政策的必然硕果。这延续到二十世纪五六十年代的表现就

---

[1] Chang-tai Hung（洪长泰），*War and Popular: Resistance in Modern China*, 1937-1945, Berkeley; London: University of California Press, 1994；《新文化史与中国政治》，第1—259页。
[2] 老舍：《谈通俗文艺》，《自由中国》1938年5月第二号；《制作通俗文艺的苦痛》，《抗战文艺》1938年10月第二卷第六期。
[3] 关于其中的曲折变化，可参阅 David Holm, *Art and Ideology in Revolutionary China*, Oxford: Clarendon Press, 1991, pp.15-112.
[4] 周扬、萧三、艾青编：《民间艺术与艺人》，张家口：新华书店，1946。

是：在对"旧"艺人教育、改造和感化[1]的基础之上，成立了各种类型的曲艺社/团、剧团、文艺宣传队，包括毛泽东思想盲人宣传队，以及后来一统天下的样板戏的"发明"。

自然而然，在1949年以来交错并存的不同节目序列中，在审时度势地进行适当的他律与自律后，包括盲艺人在内，曲艺依旧扮演了教化的重要角色，成为建设新中国重要的一员。[2]当然，这也被部分西方学者打入了"政治文化"、技艺–非文艺黑白分明的分类学范畴与冷宫。[3]作为文艺战线的"轻骑兵"，短、快、简、乐的曲艺因时应景地频频在大小舞台亮相，举足轻重、举重若轻，春风化雨般地培养、形塑了举国上下集体欢腾的节庆期待。在视频化时代，如何使曲艺继续拥有这种"期待"而红火也就成为一个需要深思的问题。

但是，被定格为"文艺轻骑兵"的曲艺，其舞台化历程是把双刃剑。一方面，它借政治春风的助力，使不少偏居一隅的曲种走出了犄角旮旯、走出了地方，有了更多在异地大小舞台上排演的机会。这锤炼了演技，培养了演员，打造了一系列的优秀节目，有了或大或小的声名。另一方面，试图走出地方、走向全国的舞台化追求，也使得原本属于地方的曲种出现了主动抛离方言、方音、乡情的倾向与苗头。这种"普通话"（也可称之为"普通化"）、"雅化"以及"正确化"的内发性潜在诉求，和

---

[1] 张炼红：《从"戏子"到"文艺工作者"：艺人改造的国家体制化》，《中国学术》2002年第4辑；岳永逸：《空间、自我与社会：天桥街头艺人的生成与系谱》，第227—269页。

[2] 对此，在黄新力《陕北盲说书人》对陕北黄土地仍在艰难行走的盲说书人的图像叙事中，有着清晰的呈现。

[3] Hung Chang-tai（洪长泰），*Mao's New World: Political Culture in the Early People's Republic*, Ithaca, N.Y.: Cornell University Press, 2011；《新文化史与中国政治》，第261—329页。

主动向依赖声、光、色、电等外在装饰而强化视觉效果的"舞台化"的皈依,反向促生了原本根植于田间地头、街头巷尾也是灵活多变的曲艺有了舞台化艺术形式大于内容、技巧大于内涵和因命题作文而生的主题先行的形式主义通病。[1]不少地方曲剧团的成立,就是典型的要曲艺向戏剧转型从而"提高"的尝试之一。

不同于戏剧,与乡土中国日常生活水乳交融的曲艺对演出场地——舞台——原本并无过高的要求。有着游牧遗风的"天为幕、地为台"的撂地,是曲艺表演的常态。这些简陋的演练空间,孕育并成就了曲艺成为一种穿越时空和心灵的"声音的艺术"。正是通过围聚的聆听,相声、评书、莲花落、苏州评弹、温州鼓词、四川竹琴、山东快书等,成为养育人的一方水土。不需要过多的道具、装饰,仅仅依靠演者对日常言语和声音伸缩自如的把控、呈现,一个如痴如醉、物我两忘的聆听和默观世界迅疾在观—演者之间生成。与传统中国的戏剧,尤其是地方戏一道,主要以声音为再现手段的曲艺形塑了绝大多数中国人的听觉、世界观、道德观与价值观,在事实层面扮演了千百年来中国民众的"史诗"。

然而,舞台化的曲艺不仅只有普通化、戏剧化的欲求。随着改革开放后流行音乐的盛行和卡拉OK的风靡,舞台化的曲艺也身不由己被裹挟前行,唱的重要性胜过了说,高分贝的伴奏带取替了现场伴奏,人的真声不再重要。进而,原本说唱并重还承载审美、历史、道德和人情冷暖的曲艺又出现了流行歌曲化、卡拉OK

---

[1] 二十世纪中期对相声、戏曲的改造,都鲜明地体现了曲艺舞台化的双刃剑功效。参阅祝鹏程:《相声的改进:以建国"十七年"(1949—1966)为考察对象》,北京:北京师范大学博士学位论文,2013,第104—232页;张炼红:《历炼精魂:新中国戏曲改造考论》,上海:上海人民出版社,2013,第1—345页。

化的势头。台上红火、台下冷清，浮躁而喧嚣，空洞却热闹。这里面一直潜存着要作为方言艺术的曲艺"普通话"的悖谬，和要曲艺这种地方艺术走出地方，从而让更多人听懂的浪漫发展观支配下的焦灼。

四、视频化时代的挑战

随着电子技术的日新月异，二十一世纪以来的中国快速进入了视频化时代。笔记本、平板电脑、智能手机等已经全面浸入人们的日常生活。低头观看或大或小的荧屏成为绝大多数在大小城镇生活的人的基本身姿、体态。

其实，以无孔不入的Wi-Fi和4G网络为支撑，无限度时空挪移的视频化时代是一个"后舞台"时代，是将舞台从身边隔离进而虚拟化、数码化的时代，可观但不可触。通过荧屏在眼前随时呈现的逼真时空、华丽舞台要消减的正是现实世界中的真实时空，尤其是剥离舞台的真实。对于绝大多数观者而言，身临其境的感觉代替了身临其境。无论是大投入的大制作，还是小投入的小制作，远胜于舞台化时代对形式的倚重，视频化时代不但让机械复制艺术、技术的艺术所向披靡，还不遗余力地肢解舞台艺术本身，悄无声息地消减着人们感官敏锐的本能与直觉。

在大而无当却繁华耀眼的"虚假"影视一统天下的视频化时代，避免曲艺的影视化，远离大导演、大手笔、大投入与大制作，逆流而动、坚守本色或者才是曲艺突围的可取路径。如果说接地气的曲艺是小众的，那么已经在中国传衍了近百年的源自西方的话剧、歌剧、舞剧等所谓的高雅艺术更是小小众的。不要想让普天下的人都喜欢原本属于方言、方音与地方的曲艺，要让曲艺回归自我、回归"小众"！

这并非说要曲艺远离"高雅"。相反，曲艺应该自信地回归它原本有的"史诗"本色，有着义不容辞的担当豪气和舍我其谁的自信底气。一方面，如同《东京梦华录》《梦粱录》和《武林旧事》诸书记述的宋代勾栏瓦肆早就有的"讲/演史""小说""说三分"等那样，把大历史曲艺化、通俗化、市井化、琐碎化、亲情化，直面天灾人祸、战争风云等深远影响众生的历史事件，说唱天下。另一方面，凝视生老病死、家长里短、时事新潮等日常生活，紧贴乡亲、街坊的喜怒哀乐，用土得掉渣的乡音、乡情、乡韵拨动人的心灵世界、触碰观者的神经末梢。如此，无论哪类题材，无论在什么样的舞台，面对什么样的观者，曲艺必能直击人心，营造出一个可以聆听、默观并陶醉其中的艺术世界。

正是因为如此，反映伟大抗战的四川谐剧《川军张三娃》、潞安大鼓《一个都不许死》、南昌清音《傲雪红梅》，讥讽贪腐的数来宝《局长的茶杯》、谐剧《电话铃响过之后》，反映当下市井生活的谐剧《麻将人生》、相声《出租司机》和《我的房子呢》等这些已经上演的曲艺节目才让观者为之动容，拍案叫好。当巧妙地触及人类普遍的情感时，小众的曲艺就成了大众的，还有了不可取代的独一无二性、即时即地性，自然散发出本雅明称许的光晕。

当然，要曲艺逆流而动、坚守本色，并非说要曲艺故步自封、画地为牢，自绝于技术世界，对快捷传播的技术手段视而不见，而是说要有意识地抛却被好莱坞风格规训下的大投入大制作影视之千篇一律、徒有其表的空壳本质。无论是从传播学的角度而言，还是从资料档案学的角度而言，有料、经典的曲艺视频化，即后续传承传播，是其艺术生命完成的一个必不可少的阶段。

如此，在视频化时代精英们欲扶持和发扬光大的传统佳节，曲艺首先可以以自己的方式，艺术化地呈现这些节庆之于一个国家、一个民族、一个地方、一个个体的价值与意义之所在。节庆之于人类的意义不仅仅是闲暇、娱乐、狂欢以及温暖，它还有反思自己，敬畏天地人神的神圣本色——宗教性。春节时送财神说的吉利话等原本在旮旮角角生存、鲜活的曲艺是传统佳节的一个重要组成部分，绝非与个体节庆生活关联不大的点缀。对于与土地为伍、与大地相依为命的众生而言，热闹又安静的曲艺实则是外显的传统佳节本身。

不论是相声还是二人转，无论哪种曲艺，上不上央视、上不上春晚、能不能走出国门都无足轻重，有没有"巨星"、现不现身大小的文艺汇演庆典节目也不足挂齿。包括节庆在内，日常生活世界中的曲艺是面对每个个体、直面人生的。我们要做的是：真切认识曲艺的乡土本色，并在节庆期间激活其本色，赋予其之于地方、民众，尤其是小我的意义。

五、都市中国的乡土音声

今天的中国是一个电子技术大行其道、都市生活方式无孔不入的技术世界。现代社会奉行的文明，或者说都市文明的基本准则是以西方为标杆的。在最简单的意义上，抽水马桶安装到哪里，沐浴喷头安装到哪里，就意味着（西方/都市）文明——洋气——到了哪里。但是，这个抽水马桶和沐浴喷头遍布的"都市中国"又是无法剪断传统脐带的历史悠久的伟大中国。非遗保护运动正是在急剧、快速都市文明化–西方化的中国聊以充实和自救，从而可持续发展的强心术、还魂针，是要全民树立文化，尤其是传统文化和民族民间文化的观念、意识，从而主动、自觉地传习、发扬，终至使得在技术层面与世界趋同的都市中国同时是色彩鲜明的文化中国。

虽然向本土传统的回归还基本是一种自上而下的呼召与号召，滞留在形式化层面，但在这个多少有些文化自觉、自救与振兴的大业中，凝聚、浓缩乡土音声的曲艺显然大有可为。在技术世界，无论是政治的原因、市场的原因还是娱乐多元化的原因，明显有着"守旧"色彩，坚守方言、地方和声音的曲艺面临着两种路径：退化和蜕化。

退化是不知不觉地无视甚或舍弃曲艺的乡土本色，唯技术马首是瞻，亦步亦趋地跟着话剧、戏剧、流行音乐、电影电视走，跟着明星大腕、大导演、大制作走。这就出现了诸多乱象：声光色电等舞台布景形式比表演的内容和艺术性重要；话筒、喇叭、卡拉OK伴奏带比演员的嗓门重要；唱歌比说话重要；旁观比聆听重要；故事的艺术化呈现比故事本身重要；能否上央视、能否得领导喜欢、能否获奖比是否真正受观众欢迎重要，等等。这样，因为舍本逐末，形式上进步而时尚并确实有着曲艺元素的"新曲艺"一本正经地退化了，乃至于不少费钱费力的曲艺严肃地加入了"空壳艺术"[1]行列，成为仅仅悦上、媚俗、庸俗的景观艺术，一种可机械复制的浮华的技术的艺术。

要摒弃退化，将之变为凤凰涅槃、蟒蛇蜕皮般的蜕化、再生，既需要将曲艺还归于民、重归乡土本色，更需要从业者对土得掉渣的曲艺要有敬畏之心、感恩之心。

---

[1] 岳永逸，《忧郁的民俗学》，第147—181页。

在相当意义上，宗教与文艺都是"情感的产物"[1]，都有着让人忘我的神圣性。不论哪种曲艺，无论是当下西南中国乡野偶尔还有的春节期间的说傩傩（戴着面具前往各家各户说吉祥喜庆话，从而讨些钱物），还是已经高富帅并长期雄踞电视广播的说书，都有着或多或少的宗教渊源，至少可以追溯出宗教性的起源。这种宗教性使得乡土中国的演者-江湖艺人不仅是戏剧理论通常所谓的入戏、移情的演员，更是与所表演的曲目融为一体、物我两忘，并始终敬畏祖师爷-行业神的子民。在眼观六路耳听八方、见多识广的江湖历练中，一个左右逢源、八面玲珑、随机应变的艺人在祖师爷的庇护、恩宠下，能够不露痕迹地使表演的内容、情节、说唱的言语如同山泉，潺潺地从心底流出，涌向观者。[2]

2010年4月18日，农历三月初五，正值河北井陉县苍岩山庙会。当天，在玉皇顶院内，朝山进香的陆香头即兴表演了"老母叫街"以娱神。这出历时十多分钟的即兴演出，香客又俗称之为"念老母叫街"，表演的是无生老母拖儿带女沿街乞讨的苦难情景。通常在表演时，演者左、右有男、女小孩随行。但是，当天该朝山会并无儿童，因此场中只有陆香头独演。

在玉皇顶院内这个天幕地席的露天舞台，在焚香叩首后，陆香头坦然将白色毛巾包裹在头上，右手拄着拐棍，左手拿着残破的口袋，跌跌撞撞，绕圈徐行。左近的香客迅速合围了上来，八九平方米的剧场——彼得·布鲁克称道的"空的空间"[3]——瞬

---

[1] 周作人：《周作人散文全集·第二卷》，桂林：广西师范大学出版社，2009，第331—335页。
[2] 岳永逸：《空间、自我与社会：天桥街头艺人的生成与系谱》，第51—90、96—106、214—225页。
[3] Peter Brook, *The Empty Space*, Harmondsworth: Penguin, 1972.

间形成。在这个"没有间隔、没有任何障碍的完整场地"[1]，从第一声鼓响开始，"乐师、演员和观众就开始分享同一世界"[2]。

徐行的陆香头声音沙哑地吟唱——念佛（"佛"实则是民间流传的宝卷），宛如年轻女子低吟哭泣。同行香客铛、鼓的低沉伴奏，增添了几分凝重。如同华北乡野庙会常见的情形，同行香客不时上前给陆香头喂水。三圈下来，陆香头眼中泛着泪花。更让人惊奇的是，不少观者也潸然落泪，纷纷掏出大小钱币，放进陆香头手中的口袋里。表演结束时，大汗淋漓的陆香头朝殿内磕头跪拜后，才在香客的搀扶下离去。

就这出以念佛为主色的演出，我们当然完全可以说它本身就是宗教的。但毫无疑问，它也是一场道具简陋、角色缺失的即兴表演。更为关键的是，这场即兴表演有着让人震惊的艺术感染力。显然，这种艺术感染力首先源自祛除了所有伪装的演者-香头和观者-香客 "感性的、直接的、活生生的交流关系"[3]。这种交流关系又是以观演双方共享的经验为基础，即对神灵的敬畏和对普遍意义上个体原初苦难的凝视。香头即兴演出的目的不是索取，而是全身心投入的奉献，是为神明"当差"。他演绎神（当然也是"人"）原初的苦难，直击人心，让观者在瞬间回到世界的起点，猛触观者的神经末梢和泪点。

表演完毕时，在体力透支的情形下，香头还不忘跪拜磕头，给神明谢恩示意。熟悉近百年中国剧场史的人都知道，直到二十世纪四十年代，艺人在演出前拜祭后台的祖师爷是绝对不可少的

---

[1] [法]翁托南·阿铎：《剧场及其复象：阿铎戏剧文集》，刘俐译，台北：联经出版事业公司，2003，第104页。

[2] [英]彼得·布鲁克：《敞开的门：谈表演和戏剧》，于东田译，北京：新星出版社，2007，第48页。

[3] J. Grotowski, *Towards a Poor Theatre*, London: Methuen & Co. Ltd., 1968, p.9.

仪式化行为。在后台化好妆的"关公"本身就是一种禁忌,任何人都不得与之交谈。同样,在连阔如、新凤霞、关学曾等人笔下回忆性、自传性的文字中,这些仪式化的敬拜仪礼屡见不鲜,是艺人日常生活的常态。如今,我们当然可以说这些祭拜行为是愚昧的、落后的、迷信的,但我们完全无法否认这个对祖师爷敬拜仪式凝神静气、抱元守———净心——的正面功能:演者剔除杂念,直面舞台,让自己与自己的角色、要念唱的言语、故事完全合体,从而感染观者、愉悦观者,引领观者一道入戏,与观者融为一体。

在科技昌明的当下,我们显然不能提倡回归当初以乡土和农耕文明为底色的演艺行当普遍存在的神明敬拜,但我们完全可以提倡对曲艺这种艺术形式本身的敬畏,演者有甘为自己所从事的曲艺献身,甚至甘心为仆、厮守终生的心态。对于从业者而言,曲艺确实关涉生计,但它更应该是从业者的心之所在,甚或生命。实际上,"端正心态、摆正位置,有良好的职业道德和操守""德艺双馨"等主流话语都蕴含有这层意思。

其次,蜕化还是演者对观者的敬畏。即,上下始终念叨的文艺究竟服务于谁、怎么服务的老话题。不容置疑,原本融于地方日常生活的曲艺服务于街坊邻里、乡里乡亲,从业者心里必须时时刻刻、真真切切地装着可能有的观者,为他们服务,急他们之所急,想他们之所想,而非高高在上、不可一世地自绝于观者,认为自己是"送文化下乡"的反哺施恩者,是个"非常人"。因此,远近哪家有生辰寿诞、红白喜事,哪村有庙庆、赛社、市集,昔日走街串乡的艺人个个都门儿清。

2007年4月19日,正值山西洪洞县羊獬历山三月三接姑姑送娘娘的庙会。当天,历山娥皇女英殿西侧南北向空地,是来自霍县的盲艺人郭国元卖艺的场子。在以他一人为中心的这个露天的"质朴剧场",幌子正中写着"无君子不养艺人,心善者必富贵",上款是"无依无靠卖唱为生",下款是"四海为家老艺人郭国元"。因为是庙会,他在此处的演唱更多的是替香客许愿还愿,即是有着还愿戏性质的"说神书"。因此,这个形制简陋的质朴剧场也是个观、演双方共享的神圣剧场。

至今,郭国元都让我记忆犹新。不仅因为多年从事田野调查的我首次在田野现场遇到了说神书的情形,更因为对于老观者-老主顾,赶庙会流动卖艺的他能够听音识人,能脱口而出这些发声与之对话交流的观者的名字、曾经是因啥事在啥地方许愿还愿。在庙会这个原本流动性很强的江湖社会,利用自己目不能视的纯净与博闻强识,郭国元建构了一个"心中有你"的温馨暖人的熟人社会。这种情意浓浓的关系网的建立和走到哪里都是好生意的"火穴",是以演者对观者的敬畏并兢兢业业服务于观者为前提的。

这与今天以华丽舞台为场地,以上央视春晚、出国为理想,以获奖成名赚钱为梦想,动辄称大师、明星而高高在上、唯我独尊实则卑从的演者大相径庭。其实,这些成名成家获利的个人追求并无可厚非。但是,这些依靠霓虹灯、话筒和伴奏带表演的演者熟悉的名字很少是观者的,而多是专家、评委、领导以及经纪人的。

在这个已经被视为自然也是理所当然的技术世界,对他者而言完全可能是佶屈聱牙、呕哑嘈杂的曲艺的生命力究竟在哪里?曲艺不仅是需要自上而下保护的非遗,不仅是职业、饭碗与名利,曲艺本身是神圣的,是都市中国厚重、久远的乡土音声,也是这个技术世界的精卫。对曲艺本身敬畏,不妄自菲薄,对观者敬畏,不妄自尊大,可能是曲艺从业者、管理者、经营者的双拐!有敬畏之心,技术世界曲艺的蜕化也就有了可能。

(原文刊发于《华东师范大学学报(哲学社会科学版)》2016年第4期,亦曾收入拙著《以无形入有间:民俗学跨界行脚》商务印书馆2019年版)

伍 庙庆

层累金顶，非遗化皇会

在中国诸多名山中，很多名山的山顶都俗称"金顶"，诸如武当山金顶、峨眉山金顶、贵州梵净山金顶，等等。在北京，有两座山的山顶都竞相称为"金顶"，那就是如今隶属于门头沟区的妙峰山和平谷区的丫髻山。两座山的主祀神灵都是碧霞元君，民众俗称其为"老娘娘"。就近一百多年的情形而言，妙峰山金顶的盛名压过了丫髻山金顶，以至于人们经常也会倒过来说"金顶妙峰山"。对于相当一部分人而言，"金顶"也就成为"妙峰山"的等义词，"朝山进香"也常说成"朝顶进香"，或者直接简称为"朝山""朝顶"。

无论单称还是并称，金顶妙峰山的盛名倚仗高居其上的老娘娘和数百年来人们对她的顶礼膜拜而名扬四方。清末以来的妙峰山庙会以农历四月初一至十五的春香——春季庙会——为甚，四月初八为正日子。虽然抗战爆发到改革开放初期妙峰山庙会曾经中断了约半个世纪，但在庙会得以如常进行的年月，数百档香会、数以万计的香客纷纷或短或长地离开日常生活的市井街头抑或村落，前往金顶"为老娘娘当差"，朝山进香、行香走会，许愿还愿，虔诚膜拜。当然，过去也有不少前往踏青赏春以及凑热闹的"闲人"，而当下更是增加了不少旅游观光客以及徒步健身者。

由于地处京郊，学界很早就关注、记述、研究妙峰山庙会。百年来，海内外关于妙峰山庙会的著述出版不断。这样，妙峰山香火的兴衰起伏不仅与社会变迁有着明显的关联，不同时期精英阶层或直接或间接的参与也多多少少影响到妙峰山庙会的生态与形态，它也被叠加进了多重意涵。反过来，被人们持续层累的妙峰山也就成为社会演进的一面棱镜。

一、占山的娘娘

距离北京城阜成门约40公里的妙峰山，在京城西北部，也称妙高峰或阳台山，海拔1291米，是西山分支仰山的主峰。妙峰山山峻而秀，层峦叠嶂，奇石林立，秀松争彩，既有北方山峰的苍劲，亦有南方山峰的秀美。不仅如此，妙峰山还是北京重要的玫瑰生产地，有着悠久的栽培历史。如今，种植玫瑰花及生产相关产品是附近乡民的一大经济收入来源。每年五六月间，漫山遍野的玫瑰花使妙峰山成为花的海洋，红色胀眼，芳香袭人。

妙峰山老娘娘的香火确切的起源于何时尚未可知。根据现存的康熙二年（1663）的海淀新庄保福寺三村所立的引善老会题名碑、清朝宛平人张献在康熙二十八年（1689）撰写的《妙峰山香

伍 庙庆　185

会序》[1]以及康熙十二年（1673）创始的万寿善缘缝绽会茶棚启帖可知，妙峰山香会"最迟到清初康熙年间已正式见于碑刻"[2]。换言之，至少自康熙初年以来，妙峰山便因老娘娘而享有盛名。在信众的宗教实践中，金顶妙峰山同样滋生出了中国绝大多数圣山都有的娘娘与某一位男性神祇争山的"娘娘占山"型传说：

> 有一个老佛爷，西边大云寺，知道吗？大云寺西边有个大石头，大石头坐落在那儿整像一个大佛爷。这个妙峰山盖起来之后呀，佛爷占上了，佛爷占上就把地毯铺到地下，铺完拿金钵到外面找水去了。他找水的功夫老娘娘来了，来了，到这儿一瞧，哎呦，妙峰山有人占了，说这个地方太好了，老娘娘就把金簪拔下来，把地毯掀起来就给扔底下了。老佛爷托着水回来了，找来一看，老娘娘在院子里坐着呢，说："这地方我占下了。"老娘娘说："你占下了，我先占的呀。"老佛爷说："我有地毯为证呀。""那你有地毯为证，我有金簪为证，你看看底下有东西呗。"老佛爷一掀开一看，嚄，可不是吗，那里头有金簪。这老佛爷也知道女人有点"矫情"，是不是？卷起这个什么就走了……[3]

---

[1] 这些碑铭连同明清两朝更多的妙峰山碑铭，可参阅东岳庙北京民俗博物馆编：《北京东岳庙与北京泰山信仰碑刻辑录》，北京：中国书店，2004，第267—304页。
[2] 郑永华：《〈妙峰山香会序〉碑刻之年代订误——兼及妙峰山香会的初始时间》，《民俗研究》2009年第2期。
[3] 受访者：孙德权，涧沟村金顶文场秧歌圣会会首，涧沟村食品厂经理；访谈者：张成福；访谈时间：2004年5月26日；访谈地点：妙峰山。关于妙峰山娘娘占山等传说的更详尽研究，可参阅王晓莉：《碧霞元君信仰与妙峰山香客村落活动的研究——以北京地区与涧沟村的香客活动为个案》，北京：北京师范大学博士学位论文，2002，第19—20、97—98页；张成福：《庙会重建中的文化生产：以妙峰山传说为分析个案》，《民俗研究》2005年第3期。

关于老娘娘碧霞元君的来历与身份属性，罗香林曾经根据文献记载，梳理出四种说法：其一，东岳大帝的女儿，即泰山的女儿，亦称泰山玉女；其二，华山玉女；其三，黄帝七女之一；其四，汉代民间凡女得仙。[1]无论何种说法，从更普遍的意义而言，碧霞元君信仰源自中国古已有之的女神崇拜。在很大程度上，民众对碧霞元君的信仰就是因为其作为生殖女神的意义。

公元1008年，宋真宗东封泰山。因此，长期流传一则关于泰山玉女池中一尊女性石雕像在宋真宗面前真身显圣的传说。[2]宋代在泰山建的奉祀玉女的昭真祠，金代易名为昭真观，明洪武年间重修，"号碧霞元君。成、弘、嘉靖间拓建，额曰：'碧霞灵佑宫'"。[3]由此，人们多将碧霞元君与泰山神女联系一处。[4]在朝廷的参与和诱导下，民间对碧霞元君的信仰日渐兴盛。

最晚在明代，碧霞元君受到了北京民众的祭祀，并立庙供奉。老北京人所说的"三山五顶"就是因为供奉碧霞元君而影响较大的几个地方。"三山"指妙峰山、丫髻山和隶属于石景山区的天台山。明代，北京地区祭祀碧霞元君的东西南北中"五顶"之势已经形成。[5]当然，北京还有"六顶""八顶"之说。[6]中顶在右安门外，草桥北，明代在唐代万福寺遗址上兴建。东顶，

---

[1] 罗香林：《碧霞元君》，《民俗·妙峰山进香调查专号》1929年7月第69—70期合刊。
[2] [明]刘侗、于奕正：《帝京景物略》，北京：北京古籍出版社，1983，第132—133页。
[3] [清]聂剑光：《泰山道里记》，岱林等点校，济南：山东友谊出版社，1987，第17页。
[4] 关于碧霞元君乃泰山玉女的详细考证，参阅叶涛：《泰山香社研究》，上海：上海古籍出版社，2009，第78—83页。
[5] [明]刘侗、于奕正：《帝京景物略》，第132页。
[6] 赵世瑜：《狂欢与日常：明清以来的庙会与民间社会》，北京：生活·读书·新知三联书店，2002，第355—378页。

伍 庙庆

在东直门外。西顶在西直门外蓝靛厂，麦庄桥北，明代万历年间初建，康熙五十一年（1712）重修并改名为"广仁宫"。南顶在左安门外东南弘仁桥或马驹桥，始建于明成化年间（1465—1487），又称"大南顶"。与之相对的"小南顶"，指永定门外南苑大红门的碧霞元君庙，始建于明正德年间（1506—1521）。北顶在安定门外，北极寺之东，即朝阳区大屯乡北顶村。

如今，北顶村已经是鸟巢、水立方等奥运场馆的所在地。民间传闻，在规划设计奥运场馆时，著名历史地理学家侯仁之（1911—2013）等人建议：北顶是神灵的居所，凡人占用不得。政府听从了这一建议，而在北顶旧址上重修了这座见证北京悠久历史的小庙。虽然这座建筑并未恢复为民众敬拜老娘娘的场所，但无论怎样，水立方与鸟巢却因这座一度被视为"封建迷信"的小庙往北挪移了数百米。

有学者认为，东西南北中"五顶"的设置表达了中国古代惯有的四方和中央的结构观念，构架起了北京地区碧霞元君信仰"城郭之间，五顶环列"的神圣空间秩序。这不但让紫禁城成为市井小民的，金顶妙峰山也成为民间自己有意营造的"象征的紫禁城"。[1]如果说这一后续阐释值得商榷，那么五顶说明了明代北京的人们对老娘娘的信仰已经兴盛则不容置疑。到明末，北京地区共有二十多座碧霞元君庙[2]，并以通州、涿州以及西顶的娘娘庙为盛[3]。此时，妙峰山上可能也修建了碧霞元君庙。

---

[1] 吴效群：《妙峰山：北京民间社会的历史变迁》，北京：人民出版社，2006，第36—39页、前言第5页。
[2] Susan Naquin, "The Peking Pilgrimage to Miao-feng Shan: Religious Organization and Sacred Site", in Naquin, S. & Chün-fang Yü (eds.),*Pilgrims and Sacred Sites in China*, Berkeley: University of California Press, 1992, p.337, 368.
[3] [明]刘若愚：《长安客话·酌中志》，北京：北京古籍出版社，1994，第180、218页。

清代，宗教信仰多元并存。清政府也选择性地有意放任、扶植一些汉族民众的神灵，碧霞元君当属此列。当然，这种放任与扶植或者也与在满族中盛行的女神崇拜不无关联。在清代，除了五顶香火依旧之外，另有两处娘娘庙会香火日盛，即丫髻山和妙峰山，并呈现出此消彼长的态势。

清初，皇室贵胄前往承德避暑途中，经常到丫髻山娘娘庙奉祀。丫髻山的香火也因此日渐兴旺起来。2000年4月，当我与玄昌柱一同前往调查时，丫髻山脚下的北吉山村民仍然确切地指点着当年皇帝行宫在村子的位置。不过，皇室的参与也使丫髻山的香火逐渐有了"富香"的别称，使得大多数穷苦信众的敬拜渐渐向后起的妙峰山倾斜。晚清时期，内忧外患连绵不断，清廷皇室无暇也无力前往承德避暑，丫髻山碧霞元君庙也连带着渐渐失势。

二十世纪四十年代，丫髻山被坐实为在京城内外民众普遍信奉的狐狸、黄鼠狼、刺猬、蛇四种仙家，即俗称的胡黄白柳"四大门"信仰的圣地，丫髻山的王奶奶、老娘娘也被视为这些仙家的上级神灵。[1]当然，稍早些的妙峰山的王三奶奶同样被信众视为四大门的上级神灵。1929年，周振鹤记述的妙峰山王三奶奶殿中，在王三奶奶塑像前就有高尺许的"南无三界救急普度真君柳修因之仙位"（柳仙）和"南无引乐圣母驾下胡二爷仙长之神位"（胡仙）这两座神位。[2]

妙峰山碧霞元君庙的香火与丫髻山的形势正好相反。与丫髻山相较，清初妙峰山的香火并不旺盛。但是，因其香火以"穷香""苦香"为特点，并且远离京师政治中心，相对的高远反而

---

[1] 李慰祖：《四大门》，北平：燕京大学法学院社会学系学士毕业论文，1941，第102—108页。

[2] 周振鹤：《王三奶奶》，《民俗·妙峰山进香调查专号》1929年7月第69—70期合刊。

增强了其神性，故而笼络了大批普通信众。清末，无力西去避暑的皇室避远就近而直接参与其中。

当然，富香和穷香的分别只是相对的。从现存的关于妙峰山香会最早的确切记载，即康熙二年的"引善老会碑"碑文可知，当年海淀新庄保福寺三村的这个老会有钱粮都管[1]、陈设都管、房都管、办事都管、请驾都管、中军吵子都管、拉面都管、司房都管、车上都管、号上都管、饭把都管、行都管、揆子都管、净面清茶都管等各色人众。而且，这个因"年例诚起"的老会就是"二顶走香"。[2]虽然"二顶"中的另一顶是否就指丫髻山有待进一步考证，但不少香会和香客多顶走香则是事实。雍正十一年（1733）七月初七在西直门内诚起的"二顶兴隆圣会"同样强调自己是除上金顶妙峰山之外，还朝拜另一个"顶"的。[3]

清末民初，妙峰山香火达到鼎盛，远远超过了"五顶"和丫髻山，夺走了其他各处的香火，成为华北地区众所周知的圣山。对于大多数朝顶进香，行香走会的香会和信众而言，人们更习惯于亲情化的"老娘娘"，以至于时常忘记道士、文人熟悉的碧霞元君是谁。

二、庙会的时空布局

最晚在十七世纪晚期，妙峰山碧霞元君祠进香的时间就确定在了农历四月初一到十五，初八是庙会的正日子。清中叶，亦曾

---

[1] "都管"后人也写作"督管"。
[2] 东岳庙北京民俗博物馆编：《北京东岳庙与北京泰山信仰碑刻辑录》，第269—270页。
[3] 东岳庙北京民俗博物馆编：《北京东岳庙与北京泰山信仰碑刻辑录》，第273—274页。

出现过农历七、八月的秋季进香,但并未盛行开来。[1]四月进香,民间惯称"春香",七八月进香则称"秋香"。

妙峰山庙会春香的红火,多少与碧霞元君作为生殖女神的属性有关。对于诸多人类早期文明而言,春季是万物复苏的季节,农作物的生长、动物的繁殖及人类的生育繁衍会相互促进与影响。"仲春之月,令会男女"的中国古俗也标明春季作为繁衍季节的文化意义。因此,妙峰山的春香远较秋香热闹。顾颉刚曾经记述九十多年前,妙峰山春香的盛况:

> 每年阴历四月中,从初一到十五,朝山进香的人非常踊跃,尤其是初六、七、八三天,每天去的有好几万人。这些人的地域,除京兆之外,天津及保定方面也很多,旅京的南方女子亦不少。[2]

妙峰山庙会的空间不仅仅只是金顶,而是由香客所在的村落、街区,香道及其沿途的茶棚、金顶殿宇以及广场等不同的空间及其配置组成。过去,前往妙峰山进香的香道主要有五条,依次为:南道(经三家店)、中道(经大觉寺)、北道(经聂各庄)、中北道(经北安河)、中南道(经建阳洞)。其中,中南道自清末便已废弃。对于主要是靠双腿出行的年代,这些香道不但路途遥远,而且陡峭艰险。因此,沿途也就布满了以为老娘娘当差的名义,广施善行,并作为老娘娘"行宫"的茶棚——一座座固定也流动的"庙宇"。

---

[1] Susan Naquin, "The Peking Pilgrimage to Miao-feng Shan: Religious Organization and Sacred Site", p.342, 389.
[2] 顾颉刚编著:《妙峰山》,广州:国立中山大学语言历史学研究所,1928,第1页。

尽管如此，昔日的个别香客还采取了有些"痛苦"甚至"残虐"的进香方式。诸如："爬香"，即背鞍，背系马鞍，项戴元宝锞串，匍匐跪地爬山，表示"自变犬马，已赎己罪"；"滚砖"，即跪香，三步一拜，五步、七步一磕，朝拜者手拿一砖，每翻转一面砖便要磕一个头；镯镣，香客穿着红色的"罪裙"，自戴镣铐朝山；悬灯，用绳子把灯笼穿在胳膊的皮肉里，举着灯笼上山进香；挂炉，把两个铁质的小香炉用绳子穿在自己的皮肉里挂着燃着盘香的香炉上山朝顶。[1]

茶棚遇到这样的进香者会赶忙上前、想方设法地搀扶，救助。这些劳其筋骨、饿其体肤、空乏其身的身体实践虽然不乏残虐，却在相当意义上增强了进香的神圣性。茶棚自身的活动及其与香客和香会组织间的互动也在昭示着老娘娘的"灵力"，凸显老娘娘信仰的神圣性。换言之，香道并不仅仅是达至金顶娘娘庙的道路，在一定意义上，它们是民众一步步接近心目中至善至美也可亲可近的至高神灵的过程，是身心都在感受老娘娘神性与灵力的过程。由此，平日少有人问津的香道实际上也是妙峰山庙会神圣空间重要的组成部分。

根据奉宽[2]和顾颉刚的描述，大概可以窥见清末民初妙峰山的殿宇群落布局。从1937年日本全面侵华开始，妙峰山的庙宇建筑连年遭到破坏。直到二十世纪八十年代，老娘娘信仰始终处于一种潜伏状态。金顶之上的残垣断壁被满山遍野的火红玫瑰印染得萧瑟、凄凉。1985年，人们才开始修复妙峰山的庙宇和其他一些

---

[1] 金禅雨：《妙峰山指南》，北京：名胜导游社，1936，第15—16页。民国年间，这些因许大愿而有的苦香的具体情形，全国可见。在江南的迎神赛会中，苦香是赛会仪仗必有的单元，参阅郁喆隽：《神明与市民：民国时期上海地区迎神赛会研究》，上海：上海三联书店，2014，第102、179—181页。

[2] 奉宽：《妙峰山琐记》，广州：国立中山大学语言历史学研究所，1929。

基础设施。

如今，除了娘娘殿、王三奶奶殿、财神殿在旧址基础上重建以外，民国时期的华佗殿的位置变成了药王殿，供奉的神灵由华佗变成了神医扁鹊。原广生殿的位置成了观音殿，原三教堂的位置成了喜神殿。原观音殿、喜神殿的位置均在灵感宫东北方。五圣宝殿的位置成了月老殿，白衣大士殿成了遇仙长廊。同时，回香阁一带，原来有东岳庙，供奉的是东岳大帝，两配殿为速报司和现报司，速报司供奉的是岳飞。如今，回香阁一带的东岳殿、武圣殿、文昌殿分别供奉的是东岳大帝、岳飞、文昌帝君，不变的是东岳大帝。

过去，山上没有玉皇顶。现在，人们在回香阁之上专门修建了玉皇顶。2005年年底，有关部门进一步加大多项旅游设施投资力度，对涧沟村的灵官殿、傻哥哥殿和三仙姑殿等遗址进行了修葺。于是，妙峰山又有相对完备的庙宇群，既作为祭拜场所也作为镶嵌在山顶的景观，满足着香客、游客等不同群体的需求。

这些殿宇之间的空地或殿门外的广场是娱神表演进行的场所。诸如舞狮、高跷、中幡、石锁等这些民间色彩浓厚的表演，既体现民众敬神、娱神、祈福的心态，也塑造着人神沟通交流的神圣氛围。如今因应发展旅游的需要，也满足游客的娱乐需求，在结合传统庙会的一些因素基础之上，这些空地也有了照相、打金钱眼等新的活动项目。

在传统的基础上，有着文化精英、旅游公司、基层政府以及普通民众共同参与建构的妙峰山当下的空间布局，在一定程度上反映了当下民众的诉求。沿袭以往，在所供奉的神灵中，依然以主生育的老娘娘为主。虽然今天的重建或修建，有不少专家学者参与其中，并有着旅游景观打造的考虑，但妙峰山空间的布局还是在一定程度上与当下生活紧张、竞争激烈，从而规避风险、寻求安全的心态紧密相关。

三、香会与香客

在参与妙峰山进香的人群中，根据有无组织，有着香会和一般香客的分别。所谓一般香客，也即非香会成员的香客。

在妙峰山进香活动中，香会是有组织的香客群体。从流变角度而言，香会可能是古代"社会"的变体。[1]《旧都文物略》详述了京畿一带乡社子弟结队前往妙峰山上香的情形：

> 中顶、西顶、南顶皆有祀神之会，而四月妙峰山之娘娘顶，则香火之盛闻于远迩。环畿三百里间，奔走络绎，方轨迭迹，日夜不止。……乡社子弟，又结队扮演灯火杂剧，籍娱神为名，歌舞于途，谓之赶会。会期之前，近畿各乡城镇，皆有香会之集团首事者，制本会之旗，绣某社名称。旗后则金漆彩绘之笼檐以数人担之而行，笼上缀彩旗鸾铃，导以鼓锣。担者扎黄巾，衣黄色褂，喧染过市。……凡赛事毕。先后散于庙内，外肆摊购绒绫花朵，插帽而归，谓之戴福。遥望人群，则炫烂缤纷，招颭于青峰翠柏间，其风物真堪入画也。[2]

妙峰山的香会，有文会和武会两类，文会又可以分为行香会与坐棚。

---

[1] 顾颉刚编著：《妙峰山》，第12页。
[2] 汤用彤等编著：《旧都文物略》，北京：书目文献出版社，1986，第270—271页。

行香会，指以贡献给碧霞元君庙及各茶棚物品，或为朝顶进香的香客提供服务的各种香会组织。行香会以流动性和临时性为特点，在进香当年临时组织，在整个进香途中为其他香客、香会提供服务，没有固定的服务场所。在进香活动结束之后，行香会即解散，待下次进香再重新组织。清末民初，行香会种类繁多，如修筑进香道路的、装修路灯的、义务修鞋的、修补瓷器及铜器锡器的、呈献庙中茶棚中用具的、呈献神用物品及供具的、施献茶盐膏药等生活用品的、专门以搜集焚化字纸为任务的香会、沿途施舍粥茶的茶棚会，还有组织起来代别人前去进香的香会，等等。

这些行香会几乎囊括了京津地区的各种行业。在妙峰山庙会中，他们以为老娘娘当差的虔敬之心，竭尽所能地为香客服务，肯定自身及行业的社会价值，也使这些行业纳入老娘娘信仰体系之中，成为体现老娘娘神圣与灵验的一部分。

坐棚，因其固定不动而得名，指拥有固定场所为香客服务并在其中施舍粥茶的香会。无论是拥有固定地点的坐棚，还是茶棚会每年进香时节临时搭建的棚，都称为茶棚。茶棚主要功能是施舍粥茶，有条件的还施舍馒头等，并提供香客食宿。最初，茶棚的建置比较简易，是用苇席搭建的，后来人们慢慢地在这些固定的地点修建了小庙形式的建筑，有些财力丰足的茶棚还修建成大型院落，可供多人食宿。茶棚被香客视为老娘娘的"行宫"，其摆设和布局均具有一定的象征意义。

一般的香客在茶棚中会参驾及喝粥茶等。《民社北平指南》曾载："施粥茶者身穿黄衣，并呼口号，如'先参驾来，然后再喝粥来，哎哎！'香客入棚参驾后，即随意取粥取茶食用，作临时休息，夜间并可住宿。"[1]遇到以特殊方式烧"苦香"者，茶棚得信必派人提上茶壶于百步之外迎接。行香会在路上遇到茶棚，必须拜帖、献供、烧香，双方的言行都有一定的陈规讲究，如进香回来的武会路遇茶棚，则必须在茶棚前呈现技艺。

改革开放后，虽然妙峰山庙会逐步恢复了，但文会却越来越呈衰减之势。交通条件的质变、生活方式的变迁和观念的变化等多种原因，使得这些过去在沿途为香客提供各种服务的行香会、茶棚几乎荡然无存。就是如今在金顶的几个茶棚也渐有被妙峰山景区管理处接管的趋势，尽管当下金顶的茶棚中还有人要求香客要到娘娘殿进完香之后才能喝粥或者吃馒头。

武会，又名走会，是指在庙会活动中表演诸如舞狮子、走高跷等百戏、杂耍的进香群体。《民社北平指南》有载：

> 走会又名武会，为民间最热闹之杂戏，亦即民间有统系之艺术，各种歌舞技艺，五花八门，均有活泼之精神，而不染盈利之思想。会中人员，具有坚实勇敢之精神，表演各种艺术，均极精彩，于民间艺术中，占有雄厚之势力，每逢山坛庙集开会时，或一村一处有典礼庆贺时，皆举行走会，而城外各村亦有历年行之者。其为民间调剂艺术者，以妙峰山及左安门外十里河地方为最盛。[2]

因为表演形式多样，民国之前妙峰山有十三档武会，俗称"鼓幡齐动十三档"，具体是：开路会、五虎棍会、侠客木（高

---

[1] 转引自李家瑞编：《北平风俗类征》，第61页。
[2] 转引自李家瑞编：《北平风俗类征》，第456—457页。

跷会）、中幡（大执事）、狮子会、双石会、掷子（石锁）、杠子会、花坛（小执事）、吵子会（献音圣会）、杠箱会、天平会、神胆大鼓会。民国之后，又增加了自行车会（踏车会）、小车会、旱船三档，成为十六档。要成为能够前往妙峰山向老娘娘进香的武会，有着约定俗成的条件，即所表演的内容必须与老娘娘有一定联系，如小车会当年加入进来，声称自己是为老娘娘运送钱粮的。所以，纵然民间有丰富多彩的表演，也有很多是无法在妙峰山庙会中立足的。传统的十三档武会如果按一定形式组合起来，则成为一幅极具象征意义的"庙宇"布局图，其表演的神圣意义更进一层。

　　武会成员平日里的艰苦训练，为的是向老娘娘表达自己的虔诚。与讨生计的撂地卖艺[1]不同，虽然同属于表演，前往妙峰山"献艺"的武会表演具有娱神的神圣性，不是为了挣钱，而是"耗财买脸，抢洋斗胜"，以此表达这个群体以及背后所指涉地方、行业的个性与认同。这样，各个武会的着装、行头等有着相对统一的形制。

　　在当下的口传记忆以及实践中，人们又在强调过去这些名目众多的香会有着老会、圣会以及皇会之别。老会是指朝山历史在百年以上的会，否则只能以圣会相称。皇会则指在晚清被皇帝或者慈禧观看过的香会。皇会不但在称谓前加上了"万寿无疆"的头衔，在朝山进香时也要求其他香会自动避让，这自然就打乱了原有的老会与圣会之间的阶序关系。如今，一个香会过去是否是皇会也就成了人们当下津津乐道的记忆。

　　各香会内部有明确的分工及严密的管理系统，如顾颉刚所说："他们的组织是何等的精密！他们在财政，礼仪，警察，交

---

[1] 岳永逸：《空间、自我与社会：天桥街头艺人的生成与系谱》，第92—137页。

通、饷糈……各方面都有专员管理，又有领袖人物指挥一切，实在有了国家的雏形了！"[1]而诸如"让道""盘道"等香会之间的规矩讲究，则存在着在老娘娘名义下"抢洋斗胜"一比高下的竞争心态。各香会的服务都是免费的，不以营利为目的。通过这些花费和服务，香会也就有了"脸面"。

与文会的衰减之势不同，武会的表演成为现今妙峰山庙会最主要也是最重要的景观，而且还有增多和再生的趋势。现在城乡不少社区的表演队也纷纷上山表演。原本门头沟区基本是没有武会上山的，但为了将庙会办得红火，发展旅游、增加税收，门头沟区政府一度还要求各村都成立秧歌会之类的花会组织并在庙会期间上山表演。顺此潮流，妙峰山景区管理处专门成立了"花会联谊会"之类的半官方组织，协调安排每年上山的会档的日期。管理处、联谊会的负责人也与有影响的花会会首之间往来密切，甚或主动"下山"参加倪振山等会首的葬礼，从而让这些花会积极主动地朝山。

考虑到管理处、联谊会有着居上位的（半）官家人的身份，而且长居山上并直接负责于金顶妙峰山的老娘娘，这些人低姿态的主动下山也就标志着传统朝山进香的显著变化：为了维持、彰显老娘娘的灵验和庙会的传统性、民俗味，单向度的"上山"与四面八方的"朝聚"，变成了上山与下山的逆向互动；原本基于为老娘娘当差的"人凭神，神依人"的人神互惠关系，增多了人与人之间的礼尚往来的色彩。[2]

出于多种原因，武会"井"字里与"井"字外之别的强调也

---

[1] 顾颉刚编著：《妙峰山》，第26页。
[2] 岳永逸主编：《中国节日志·妙峰山庙会》，北京：光明日报出版社，2014，第304—306页；张青仁：《行香走会：北京香会的谱系与生态》，第198—203页。

表明现今朝顶进香的武会的庞杂和变异。包括"贺会"[1]等讲究在内，武会过去的规矩只有越来越少的人在强调、遵守与坚持，各个会档的技艺也日益严重地面临着失传的危险，"以会养会"到处表演挣钱成为多数会档无奈也是必然的生存传衍规则。甚至出现了以盈利为基本目的的公司化运营的会档，而朝山进香仅是业务的一个部分。[2]然而，武会讲究的着装习惯却一如既往。

因为香会有着严密的组织结构、明确的服务目标和统一的价值取向，所以香会中的香客在进香活动中的实践是以香会的实践为归依的。从香会的活动中看到的是香会集体的诉求和表达，而香会成员个体的差异性并不突出。以香会为组织的香客积极投入香会为香客服务的活动中，以为老娘娘当差的主人翁姿态，体现并不断强化着他们对老娘娘的虔诚与敬畏。"为娘娘办事"成为香客日常生活及庙会中的精神寄托。这使得庞杂的妙峰山庙会异彩纷呈的同时也井然有序。

除了有组织的香客外，妙峰山庙会中的大量信众都是零散的个体香客。来妙峰山朝顶进香的这些零散香客，心愿各不相同，有求姻缘的、求子的、求平安的、求祛病的、求断狱的、为结社的（如戏社结拜）等，也有因为娘娘保佑实现了心愿而来还愿的。[3]香客带着"生活的失衡"[4]，怀着对老娘娘的虔诚，纷纷在进香时节踏上这朝山之旅。

相当长的时期，尤其是在清末民初，多数香客以徒步攀爬的

---

[1] 岳永逸主编：《中国节日志·妙峰山庙会》，第103—107页；张青仁：《行香走会：北京香会的谱系与生态》，第164—168页。
[2] 张青仁：《行香走会：北京香会的谱系与生态》，第86—94、123—127页。
[3] 这在百余年来并无明显的变化。就二十世纪三十年代，人们向金顶老娘娘的求祈事象，可参阅佩弦：《"妙峰山圣母灵签"的分析》，《民俗·妙峰山进香调查专号》1929年7月第69—70期合刊。
[4] 岳永逸：《行好：乡土的逻辑与庙会》，第134—146、326—327页。

伍 庙庆

方式到达妙峰山，也有一些香客选择诸如背鞍、滚砖、挂炉等苦香方式朝山进香。这些香客往往是为了非常重要或急迫的心愿，如为父母重病许大愿或还大愿的，急切地希望老娘娘能实现他们最迫切的心愿或感谢娘娘保佑自己渡过难关。这些旨趣各异的香客丰富了妙峰山老娘娘信仰的内涵，使妙峰山庙会呈现出多样性的特点，也反映了在特定历史时期民众的日常生活状态和精神需求，并成为当下多少已经闲暇化与世俗化的妙峰山庙会潜在的"内核"。

如果按地域划分，则可发现妙峰山庙会的香客既有来自北京东城、西城等老城区的居民，也有来自门头沟、石景山、昌平、丰台、朝阳、海淀等郊区的农民，还有专程从天津、保定、廊坊、张家口等地赶来进香的香客。这样的群体构成，一方面反映了老娘娘信仰的广泛性，另一方面也突出了妙峰山在京津乃至整个华北地区碧霞元君信仰中的重要地位。

总体而言，妙峰山庙会之所以持久传衍、丰富多彩，靠的正是这些来自不同地域的有组织或无组织的香客及其活动。在妙峰山庙会现场，能够听到前去进香的人们互道"虔诚"，能够看到香客"带（戴）福还家"。从这一声声特殊的招呼方式，透出的是香客祈愿的真心、还愿的感激和彼此的恭敬。在这一声声招呼和摇曳的身影中，妙峰山庙会洋溢着神圣的温馨，且不乏欢快的生活气息。

作为一出"社会戏剧"，妙峰山庙会的深刻意义在于：它是民众日常生活的调节机制，并在相当程度上使民众的日常生活得以平顺地展开，也表达着民众对那些在日常生活中不能达到的秩序和精神状态的追求。庙会不仅是民众日常生活的动力和精神寄托，同时也是民众继续生活前行必不可少的心理基础与准备，是一个与自然更替一道的个人与群体的通过仪礼，并整合规训着群体性的生活与地域性的生活。[1]

换言之，妙峰山庙会不仅在每年进香时节通过各种活动"显性"地存在着，也"隐性"地存在于民众的日常生活之流之中。这从《百本张钞本》中的俗曲"妙峰山""大过会"等二十世纪前半叶在京城民众中对往妙峰山朝山进香的浅吟低唱可见一斑。[2]也即，妙峰山朝顶进香这一宗教实践已经演化为市井的说唱、嬉戏——日常的回味、娱乐与赏玩，成为民众尤其是旗人艺术化生活的一部分。因为种种原因，当年或数年没有能前往朝顶的信众，也可以通过亲自的唱诵或摇头晃脑地聆听他者的吟唱而重温进香的盛况。

四、旗人与皇室

1. 耗财买脸的旗人

妙峰山庙会虽辐射面广，但北京地区则是最为基本与核心的部分。在发展过程中，妙峰山庙会与京城民众尤其是旗人的生活有着紧密的联系。

在清末民初的妙峰山香会组织中，北京城厢内外的旗人占了相当大的比重。早在明末，关外一带满人的城池中就已建有碧霞元君庙，碧霞元君信仰对之并不陌生。[3]清初，朝廷虽排斥某些汉族神祇，对碧霞元君信仰则采取了扶植的态度。最早一批到妙峰

---

[1] 岳永逸：《对生活空间的规束与重整：常信水祠娘娘庙会》，《民俗曲艺》2004年第143期。
[2] 岳永逸主编：《中国节日志·妙峰山庙会》，第123—134页。
[3] Susan Naquin, "The Peking Pilgrimage to Miao-feng Shan: Religious Organization and Sacred Site", p.371.

山进香的信众中有很多都是旗人。在清末民初的众多香会，尤其是"井"字里的武会中，旗人同样是主体。这些情况的出现，与旗人在清代的生活状态紧密相关。

在清朝，八旗的组织方式把旗人按户编制，兵民合一。这有利于在战时迅速组织起强大的兵力。与此同时，旗人皆可按月领取朝廷发放的钱粮。与汉人相较，旗人还拥有更多的特权。起初，"八旗"制度为满人开疆拓土、立朝立国发挥了巨大的作用，旗人扮演了骁勇善战的决定性角色。可是，随着国家承平日久，当年的尚武精神逐渐颓痠，取而代之的是在朝廷俸禄的供养下，讲究吃、喝、玩、乐的生活习性的形成。整体而言，在清代，旗人成为生活明显优越于汉人以及其他民族的有闲阶层，讲究生活的品味与情趣，如斗蛐蛐、遛鸟、听戏、唱曲、品茗等成为多数旗人生活的风尚。在此背景下，组织各种抢洋斗胜、耗财买脸的香会到妙峰山朝顶进香，成为这个闲暇阶层生活中的"爱好"之一，也是妙峰山香会传衍的整体文化氛围。《燕京岁时记》有载：

> 过会者，乃京师游手扮作开路、中幡、杠箱官儿、五虎棍、跨花鼓钹、高跷秧歌、什不闲、耍坛子、耍狮子之类。如遇城隍出巡，及各庙会等，随地演唱，观者如堵，最易生事，如遇金吾之贤者，则出示禁之。[1]

《旧京风俗志》（稿本）记载得更加详尽明白：

---

[1] 转引自李家瑞编：《北平风俗类征》，第455页。

所谓会者，京俗又名高乡会，即南方社火之意也。太平无事，生计充裕，一班社会青年，八旗子弟，职务上相当工作已了，饱食终日，无所用心，于是互相集聚，而为排会之游戏，如中幡会、狮子会、五虎棍、开路、少林棍、双石头、杠子、跨鼓、十不闲、杠箱，均于是日进香。各会常因细故，而演成凶殴，按此等娱乐，虽无关生计，然若辈视之，直同生命，譬如今日之会，共为数十档，某档在某档之前，某档在某档之后，秩序均须大费斟酌，尤以同样之会最费踌躇，倘或安排不当，即发生冲突，好勇斗狠，牺牲生命，往往有之。[1]

《春明采风志》亦载：

过会：京乡游手，排演各档，行香走会，耗财买脸，匪豪民不能为此。虽系游戏，中有武功甚深者，强于博弈，不必甚禁之，亦与民同乐也。自妙峰山始，凡各庙宇，请则至。有中幡，花钹，跨鼓，杠箱，狮子，杠子，花砖，花坛，开路，五虎棍，少林棍，双石锁，高脚秧歌，什不闲之类，杂耍馆中亦请，谓之打中台。[2]

同时，当旗人已经习惯于这种闲暇生活的时候，清帝国却江河日下。随着西方列强的侵入，清朝覆亡之后军阀割据，社会动荡，对此感受最深的京城旗人也日益笼罩在大势已去、回天乏力的悲凉之中。可以想见，在这种绝望的心态下，参与香会组织，

---

[1] 孙景琛、刘恩伯：《北京传统节令风俗和歌舞》，北京：文化艺术出版社，1986，第51页。
[2] 转引自李家瑞编：《北平风俗类征》，第455页。

到妙峰山朝顶进香，投身到妙峰山庙会活动中，浸淫在老娘娘的神力之下，未尝不是一种逃避现实的可取方式。换言之，在特殊的生活境况及心理状态下，参与妙峰山庙会在旗人生活中扮演了重要的角色，也形成了对妙峰山庙会深厚、难以言说的感情。无论是盛世时身份地位的炫耀，还是末世时逃避现实的绝望，这种类似"生命皈依"般的情感，经过祖祖辈辈得以传递。在社会急剧发展变化引起庙会变迁的情况下，每每谈及老娘娘以及传统妙峰山庙会时，诸如隋少甫（1920—2005）这样的老会首、老香客在言谈之间都常情不自禁地流露出浓浓深情。[1]

2. 清廷的参与

妙峰山庙会在清末达到极盛的另一个非常重要的原因是清廷的主动参与。如前文所述，由于满族人本来就崇信女神的关系，清初朝廷并没有压制碧霞元君这一信仰，而是在一定程度上听任百姓从事这一信仰活动。到康乾时期，国家日渐强大，人民生活亦日趋稳定，民众大规模的敬拜活动也发展起来。组织严密庞大的香会队伍，成群结队地前往圣地进香成为事实。对于民间自发的"集结"，统治者始终有着先天的恐惧症。顺治皇帝就曾说过："京师辇毂重地，借口进香，张帜鸣锣，男女杂还，喧填衢巷，公然肆行无忌，若不立法严禁，必为治道大蠹。"[2]

到了清末，以慈禧太后为代表的清廷皇室却一反此前的抵制态度，表现出对妙峰山庙会的兴趣和支持，并参与其中。在内忧外患的境况下，清廷对老娘娘信仰态度的急剧转变自然而然。与对义和团的利用相仿，皇室对妙峰山庙会乃至整个碧霞元君信

---

[1] 吴效群：《走进象征的紫禁城——北京妙峰山民间文化考察》，南宁：广西人民出版社，2007，第118—134页。
[2] 《清实录·第3册》，北京：中华书局，1985，第8—9页。

仰的支持实质上也是出于对民间力量的笼络。这也使得有"老佛爷"之称的慈禧在北京市井百姓的口头叙事中成为一个地地道道的民间玩意儿的倡导者与保护者，俨然一个有品位的民间艺术鉴赏家和非遗保护的先驱。[1]

以慈禧太后为代表的清廷皇室对妙峰山庙会的支持，首先表现在他们对妙峰山进香活动的亲身参与。金勋《妙峰山志》记载，慈禧于光绪二十五年（1899）上过妙峰山，据说还赠与妙峰山碧霞元君庙几口大钟及精美匾额。在亲身参与进香活动时，皇室自然享有特权，垄断了烧"头香"的权力。至今，人们也在说，那个时期妙峰山庙会的进香活动必须在皇室烧过头香之后才正式开始，普通信众才能进香。皇室的参与使得民众深受鼓舞，以致一时间，妙峰山庙会进香的场面繁盛无比。

其次，皇室的参与更突出地表现在他们对于香会，尤其是武会的重视。不但太监、皇妃等与皇室关联紧密的特殊群体直接捐赠甚至组建文会，慈禧太后更是热衷观看武会的表演。对于一些技艺超群的武会，慈禧还传召进宫表演。据《妙峰山志》记载："光绪二十二、二十三、二十四年，慈禧太后传看各种皇会十二项，表演团体七十余堂，会众近三千人。"[2]于是，被皇帝或太后看过的香会可以称为"皇会"并能够在自己的会名前缀上"万寿无疆"之类的称号，还在笼子上插龙旗。

逾越原本的会规会礼，皇会凌驾于其他香会之上。同时，一些原本出身不好但由于技艺出众受到慈禧太后垂青而一朝成名的香会成员也成为当时人们崇拜追捧的对象。与原本香会活动的初

---

[1] 岳永逸：《空间、自我与社会：天桥街头艺人的生成与系谱》，第221—224页。
[2] 金勋：《妙峰山志》，北京：中国科学院藏书（年代不详），第2页。

衷是为老娘娘当差，耗财买脸不同，自从以慈禧为代表的清廷参与后，香会的追求也多了邀取皇宠的意味。据说当年，慈禧太后在每年妙峰山庙会期间，在进香结束以后都要在颐和园等着看香会的表演，所以各武会在进香结束后，无论来时选择哪条香道上山，下山时都要绕道颐和园，以图得到慈禧太后的观看与恩宠，以获得成为皇会的机会与可能。

朝廷支持，民众主动迎合。正是在这种双向互构中，清末的妙峰山庙会达到了举城皆狂的地步。如今，一个香会曾经是否是"皇会"已经成为申办各种级别的非遗的一个重要筹码。

五、皇会与非遗

妙峰山庙会从兴起直至民国时期，较大的变迁发生在清末皇室的主动参与时期。"皇会"的出现，表现出朝廷的俯就和民间的奉迎。原本为老娘娘当差同时也追求声望、脸面的各香会转而以各种方式邀取皇宠，主动向皇室靠拢，多了世俗的味道。可以说在一定程度上，原本由民间自发组织，有自我追求的民间文化传统被统治者巧妙地规训了。应该说，这是妙峰山庙会发展史上一次比较大的嬗变。

辛亥革命后，数量上不再有增长的"皇会"虽日渐萎缩，却成为人们表达自己所认同的"过去"的一种符号和思维工具。在传说之中，有着"皇会"封号的会，会一而再再而三地强调其昔日的荣耀。时运不济而没赶上老佛爷赏玩的香会则要强调自己历史的长久，有的甚至想象性地创造出"皇会"传统，演绎着自己会档昔日与宫廷的关联。虽然已经过去百余年，"皇会"这个情结仍久久萦绕在有着不同诉求的香客、香会之中。尤其是在当今主流意识形态赋予传统、民俗更多的积极意义——正价值/能量——的社会语境下，也即其可能转型为一种能增产创收的文化资本的语境下，很多香会成员仍然以自己所在的会曾经受过皇封而骄傲，并在非遗运动的语境下大肆张扬，以求获得不同级别的非遗封号及相应的利益。"传统"的皇会也就在似乎自然的情境中转化为"现代"的皇会，一如既往地享受着种种特权，并进一步铸造着新的阶序。

自1937年始，由于战乱，妙峰山的庙宇建筑连年遭到破坏，民不聊生，妙峰山庙会逐渐衰落。随后的政治强力不仅使朝顶进香的敬拜活动被禁止，就连"香会"这个术语也成为一个与封建迷信相连而指涉黑暗、反动、落后、愚昧的贬义词，并被强制性地用强调民间表演、民间艺术的"花会"一词所取代。这也是二十世纪九十年代初妙峰山庙会恢复时，前往朝顶进香的武会远甚于文会的原因之一。

1983年以来，所谓北京"香会复兴"实际上更主要是武会的复兴。当然，民众也充分利用摆脱了宗教意义的"花会"这个称谓，同样包含着求神拜佛的会，以眼花缭乱的表演小心翼翼地拓展着生存空间。1989年开始，基层政府出于旅游的需要逐步恢复妙峰山的庙宇建设。1990年，"万里云城踏车老会"的会头隋少甫怀着对老娘娘的虔信与对过往妙峰山庙会的留恋之情，带着十档花会稍有不安地进行了一次行香走会活动。此前，他曾两度上山，但都被有关部门认为开展封建迷信活动而遭遇了"麻烦"。令他意外的是，这一次的活动被政府认可，并称之为民间文化，而且是有利于旅游产业发展并应该有计划恢复和发展的民间文化。于是，在政府的支持与牵头下，妙峰山庙会正式走上了复兴之路，也开始了在现代旅游文化背景下的重生与变迁。

与清末妙峰山庙会的变迁相比，这次变迁更为剧烈深刻。妙峰山庙会的整体定位发生了改变，对妙峰山庙会的恢复重塑是以"文化搭台，经济唱戏"为归依的，政府以旅游文化产业链的方式对妙峰山的景观和庙会传统进行了有条不紊的恢复和改良：

> 妙峰山乡政府认识到，妙峰山作为北京传统上的宗教信仰中心，若将其传统恢复，并能再现往日辉煌的话，那么经济上的收益将是巨大的。为此，他们从软硬两个方面加大了对妙峰山工作的力度，希望妙峰山能够成为当地经济发展的支撑点。他们由党委一把手负责妙峰山的事务，不断追加对于妙峰山旅游开发的投入。全乡上下对妙峰山传统民俗文化所能带来的经济效益寄予厚望。[1]

确实，依赖传统文化来发展旅游经济的导向给老百姓自己喜欢的生活留存了相当的空间，使得昔日的香会，尤其是武会，也即通常所谓的花会，得到生存的机会与可能。因为一年一度众多会档[2]的上山，妙峰山庙会也显得红红火火，有着传统味、民俗味，并具有观赏性。

然而，朝顶妙峰山会档的复兴不仅仅是为了延续传统，因为时代的变迁，它还不得不多了对名利的追求。在一定意义上，这些重整或新起的会档既不同于昔日以敬拜为核心，为老娘娘当差而"大爷高乐、耗财买脸"的香会，也不同于1949年后的"十七年时期"完全去神化而舞台化的花会。这些会档在部分延续昔日

---

[1] 吴效群：《妙峰山：北京民间社会的历史变迁》，第235页。
[2] 二十、二十一世纪之交朝山会档的名目，可参阅岳永逸主编：《中国节日志·妙峰山庙会》，第249—256、275—277页。

香会朝山进香的敬拜特性时,也出现在国庆、奥运等重大与民族国家脸面相关的庆典现场,还在喜庆堂会、公司开业等场合频频亮相,以牟取基本的维持运转的可能以及费用。当非遗运动蓬勃展开时,这些与妙峰山庙会多少有着历史渊源的会档会自然而然地完善其口传历史,念"老佛爷"的好。可是,就在成功地申报成为不同级别的非遗之后,传承人的老龄化和社区拆迁造成的居民分散使得这些会档依旧面临失传的危机。

石景山区古城秉心圣会是在改革开放后形成并整合村民认同的会档。从拆迁开始,古城后街的居民就散居各处,无法聚首,更无法演练。自2007年起,声势浩大,已经成为石景山区非遗的秉心圣会就不再朝山。[1]因为存在利益分割,非遗的评定也增加了原本就有着一些积怨的香会之间的矛盾。2008年,海淀区西北旺的高跷秧歌会虽然已解决拆迁问题,但其拆迁所补偿的广场却被开发商收回,会众的活动场所不得不转移到尚未建设完备的关帝庙中。不仅如此,同处一村的高跷秧歌会与五虎棍会之间因为申遗激发的宿怨和每次上山都要统一在西北旺村的名义下进行,矛盾难以调和。[2]2010年妙峰山庙会期间,同属西北旺村的两个会档都没有朝山,仅有会首凌长春一人独自前往。

2011年,朝阳区红寺村太平同乐秧歌圣会顺利晋级为国家级非遗。为了制度性地解决传承人的问题,响应专家的建议和小红门乡政府的安排,秧歌圣会主动地走进小红门小学校园,在小学

---

[1] 苗大雷:《民间组织荫蔽下的村庄意识:京西古城村秉心圣会研究》,载李小云、赵旭东、叶敬忠主编《乡村文化与新农村建设》,北京:社会科学文献出版社,2008,第211—247页。
[2] 王敏:《花会组织与社区公共生活:北京西北旺村高跷秧歌会研究》,北京:中国农业大学硕士学位论文,2009,第21—34页;岳永逸主编:《中国节日志·妙峰山庙会》,第278—294页。

生中培养传承人。然而，因为学校的教学安排，只能在小学四年级的学生中施教。这使得刚刚懂得点皮毛的小孩就立马要放弃，不能形成以前的那种永久性的传承关系。再加之秧歌这些本土的老旧传统难以获得学校、家长甚至曾经作为兴趣学习的学生本人真正的认可，靠"以制度性建立的师生关系"来维持秧歌会的传承也就流于形式，无济于事。[1]

无论是老旧的"皇会"还是新科的"非遗"，被妙峰山庙会倚重的这些会档的变数，使得一年一度的妙峰山庙会存在着诸多的不确定性，并强化着山上的妙峰山景区管理处与散布在山下四围的这些会档的会首们之间的礼尚往来。对名声大、有特色的强势会档，组织庙会的妙峰山景区管理处也就表现出更多的尊重与推崇。

六、朝山进香的演进

一般香客，到妙峰山朝顶进香，是随着自己的心意敬拜老娘娘，行动比较自由。作为有组织的香会，其朝顶进香的过程是被高度组织化、程式化和仪式化的。这也构成了在相当长的时期妙峰山庙会独特的仪式体系。从当年响墙茶棚的"会报子"，我们可以对清末民初香会的朝顶进香仪程知晓一二：

兹因京都顺天府大宛二县，旗民善信人等，每逢春秋二季，前往京西金顶妙峰山灵感宫，恭谒天仙圣母碧霞元君懿前，昊天金阙玉皇上帝御前，东岳天齐仁圣大帝驾前，呈献香

---

[1] 张青仁：《行香走会：北京香会的谱系与生态》，第107—116页。

供等仪。年例：春季于三月二十九日，原在东安门内妞妞房高宅，今移地安门内内官监刘宅守晚。三十日大众起程，至海甸街中伙，晚至北安河上坎，响墙茶棚，安坛设驾，一切齐备。于四月初一日大众呈供拈香；随即诚献粥茶十四昼夜，以预（原即此字）朝顶来往众善便宿。初十日大众封表，朝顶进香，交纳现年钱粮，云马疏词。当日回香，在本棚驾前，酬恩了愿。十五日进京。仍由旧路中伙，至高宅（原高宅今刘宅）送驾。秋季则于七月二十五日起身。八月初一日回香。右启请。承办会末众等仝拜。[1]

过去，一般在春香开始前，大概农历三月初，本年要上妙峰山朝顶进香的各香会就会在京城内外沿街张贴会报子，宣告本会今年进香的行程安排。这些会报子成为召集、组织、统一香会成员活动的方式，同时也成为各香会间相互协调进香活动的依据。

进香前的预备包括：1.设坛，即设立祭坛，标志着香会开始当年的进香活动。2.通知，向会众发送柬帖表示告知及召集。3.会集，在出发前一天，会众会集中在预定的会集地。4.设驾，设碧霞元君尊驾。5.拈香，向老娘娘神位烧香。6.守晚，共同祭拜祖师爷，由会头对大家强调进香的纪律，主要是行动听指挥、素食、禁酒、行为庄重，等等。

祭拜祖师爷是"守晚"的一个重要内容。将祖师爷的牌位摆放在供桌正中，两旁摆设香炉、蜡扦各一个，蜡扦底下压着"钱粮"和"元宝"，牌位前面摆放供品。根据各会祖师爷的喜好，摆放供品的种类和方式各有不同。接下来是烧香。烧香的时候，

---

[1] 奉宽：《妙峰山琐记》，第106页。

香首在前头举香，会众在其身后。如有化妆的武会，还必须穿戴好行头，化好妆。在祷告后，香首负责把香插到香炉里，大家齐跪下磕三个头。那些有表演项目的香会，还要进行简单的表演。

朝山的过程包括：1.启程。香会启程前要燃香敬祖，接着准备好上山所需的物品。2.沿路焚祀。在朝顶途中，边走边沿途焚化香纸，有的还焚化捡拾起来的"残文废纸"，称为向老娘娘"缴纳钱粮"。3.仲（中）伙，即中途休息进餐。4.登山。5.报号，到灵官殿签到。6.朝顶，也称上顶。7.守驾。

在二十世纪九十年代，还能看见下述的朝山情景：

祭祀时，香首捧着香高声嚷道："见见神堂守驾的，见见守驾的文武各会，见见遇缘的文武各会，见见北京城关内外，三山五顶，四乡八镇，四股香道，行香坐棚，文武各会。敝小会×××上香有见了！"这时候众人跟着齐嚷："虔诚！"香首将香插进香炉，众人一起磕头。[1]

进香之后的过程：1.回香。香会开始下山，先要在回香亭"进香"，如同和各位神灵"告辞"。2.回京安驾。在香会回到北京后，要将碧霞元君圣驾供奉在香会之中。3.谢山。也称"酬山"，在回京当天或者第二天举行。4.部分香会还要参村庙或祖师，如是武会还要等卸妆后才算朝顶进香结束了。

这是一般行香会的行程，茶棚的行程稍有不同。在与其他行香会大致相同的进香准备和上山途中的仪式之后，茶棚先是开棚，粥、茶等会开始"诚献粥茶"，而缝绽会则开始"诚献缝

---

[1] 吴效群：《妙峰山：北京民间社会的历史变迁》，第62页。

绽"。在开棚之后就是朝顶,茶棚朝顶的时间比较迟,一般在四月初八之后。茶棚朝顶的时候,除了烧香叩拜老娘娘之外,还需"攒香封表",就是记录捐资人的姓名及捐资数目进行封表告神,当即焚化。之后是"止供奉""止粥茶",最后"落棚",完全停止一切供应活动。这之后的下山等过程与其他行香会相同。

如今,随着交通的改善、社会的发展、观念的变化,香会朝顶进香的全过程已经发生了众多变化,人们更强调在金顶的行为。全过程大致如下:会首参加香会联谊会、准备、启程、上山、参山门、签到、打知换帖、上惠济祠、参庙门、报号、献艺、参拜娘娘、参白塔、参碑林、参各路文会、休息用餐、回香下山、参香会过世的各位督管、参村庙或祖师、卸妆。

行香会、茶棚、一般香客之间也有某些仪式化的互动,有着明确的"规矩"。

行香会在途中相遇,遇其他香会时,相隔五十步,双方队伍便要停止一切活动,如带有表演的香会则要"止响",即停止敲打乐器。负责挑"钱粮"的钱粮引子要使挑子下肩。这时,双方前引上前行礼拜帖,向对方介绍自己的身份并表示对对方的尊重。根据当年的观察及访谈,格外注重也著文强调香会规矩和礼仪的吴效群曾这样描述过拜帖礼:

> 前引左手持拨旗,右手执知帖,抢行前往对面他会,他会亦由前引迎出,双方以互遇途中为准则。……双方前引手持会旗互致三鞠躬,然后交换会帖。……若是双方友好,交换会帖后彼此谦让一番,说贵会承让路,承代指引等客气话,互请先行。结果是两会同时起屏,"钱粮把的"双手捧着扁担,双方皆以拨旗挡住屏上的旗幌,两支队伍静悄悄地

擦身而过。两会错过去之后，同时奏响乐器，大展门旗，颠屏振铃，各奔前程。[1]

普通的香客，在途中遇到茶棚，只要到老娘娘的驾前磕头行礼就行了。但是，对于路遇来拜棚的行香会，二者间的规矩很严格。行香会需在离茶棚五十步开外停止一切活动，执事人拿会旗拜知，茶棚执事人也拿会旗相迎，双方行三参礼，交换拜知。队伍进入茶棚后，前引先在门外行三参拜礼，分别参拜茶棚设置的七星纛旗、参辕门和二十八宿值日。之后入棚参拜老娘娘：

> 前引手持高香进棚，相应的会众随行，只有前引一人进至驾前，先向茶棚督官执事人等各自谦让一番，本棚有几把人，就须得拜见几次，然后抱拳道："各把儿老督官，有僭了！"然后焚香叩首安香于炉内。在前引等人下跪叩首之时，乐器敲响以配合，三叩首敲响三次。行礼完毕出棚，武会则开始进行献艺表演。在如此这般履行礼节以后，武会才能离开上路。路上有多少茶棚就须行多少次同样的礼节，每次都得献艺表演。[2]

妙峰山庙会上的仪式，不仅包括香客在正殿中的朝拜，也包括各种香会之间互动的仪式性行为。它们都以高度程式化、规范化的礼仪表达了香客对老娘娘的虔诚，也表达了香客之间平等友好的关系以及对平等的期待，共同构筑了庙会期间的妙峰山这个场域。香客具体而微的实践是妙峰山庙会的根本，不但蕴含着香

---

[1] 吴效群：《妙峰山：北京民间社会的历史变迁》，第115—116页。
[2] 吴效群：《妙峰山：北京民间社会的历史变迁》，第118页。

客对老娘娘的理解，也形成了妙峰山庙会特有的文化逻辑和在此期间人们特有的情感取向。在这些庄严肃穆的操持过程中，在这些仪礼年复一年的重演中，人们记忆着过去，也表达着现在并满怀对将来的期待。这些不断操演的仪式化行为也就浸透进诸如隋少甫这样的老会首、老香客的生命体验之中，并伴随终生。

改革开放后妙峰山庙会重整以来，围绕隋少甫以及香会不同级别的非遗，形成了新的香会权威和阶序体系，香会朝山进香的规矩也被强调。然而，由于新起会档的增多，几乎年年在金顶都会遇到不按规矩行事的会档。会与会相遇时，或者是不知道停响闭点，或者是不知参驾、打知、换帖，甚或二者都不知晓。在惠济祠门口，因为空间场地的狭小，回香的经常也没法让保香的先行。

与此同时，因为当下香会与妙峰山景区管理处、花会联谊会的礼尚往来的关系，不少香会在报号时，除传统的面对神灵、各会都管的程式化字句之外，还经常在开首多了"见见妙峰山各位工作人员"这样的字句。2010年，朝阳区红寺村太平同乐秧歌圣会在参驾金顶守驾的清茶老会、馒头会和鲜花圣会时，把儿头赵凤岭手持燃香，大声吆喝道：

> 见见全义向善的各位老督管，见见妙峰山的各位领导，见见香客，见见三山五顶四村八寨文武各会老督管，北京左安门外红寺村太平同乐秧歌圣会上香有鉴。[1]

值得注意是，在金顶上下，自认为根正苗红的强势香会基于

---

[1] 岳永逸主编：《中国节日志·妙峰山庙会》，第390页。

会规会礼等"老讲究儿"的挑眼盘道则也多了经济利益的考量，并掺杂了基于利益考量的道德取向以及道德优越感。旧时基于对老娘娘虔诚的香会之间的人情伦理关系也多少让位于利益关系。在与拥有权威并掌握话语权的把儿头交往失败，或者一个香会明显威胁到强势的把儿头所在会档的利益与权威时，这个香会就会处于被欺凌的一方，甚至直接被不屑一顾地称为"黑会"。

2012年4月15日下午两点半，在金顶的众友同心中幡圣会和亲友同乐清茶圣会之间出现了这样的见面场景：

> 老卢拿着手旗，朝棚门口走去。棚外，众友同心中幡圣会会员们携着中幡，黄源站在车尾。按照行香走会的规矩，香会见面时，会头必须拿着手旗打知。出乎意料的是，直到所有的家伙装卸完毕，也没有见到中幡圣会的手旗。见到拿着手旗的老卢时，黄源径直上来握住他的手，"你这是黑会，我也就不给你打知了。"老卢颇为大度地表示，"没事没事，您是老会，应该的，应该的。"[1]

如今，虽然基本没有了劳筋骨的苦香，敬献的供品也与时俱进，有葡萄酒、蛋糕等，但虔信的个体香客在老娘娘面前的跪拜、烧香上供的敬拜仪程、求祈的事象、抽签解签等则并无明显的变化。[2]他们通常是直接前往灵感宫，然后前往惠济祠内的其他殿宇，再前往回香阁和玉皇顶上香。王三奶奶殿虽然仍在，却全然没有了八九十年前的红火。

---

[1] 张青仁：《行香走会：北京香会的谱系与生态》，第161页。
[2] 岳永逸主编：《中国节日志·妙峰山庙会》，第391—394页。

七、信仰抑或休闲

处于动态过程中的妙峰山庙会一直都在发生着或多或少的变化。与二十世纪初期相较，相对纯色的信仰实践多了世俗休闲的色彩。在一定意义上，已经形成了信仰和休闲并驾齐驱的态势。不仅如此，作为相互涵盖、混融通透、自然让渡的双方，还互相婉饰着对方。妙峰山庙会发生了以下明显的变化。

管理机构和方式的改变 以往妙峰山庙会是民众自发组织的活动，零散香客自己负责开支，而各香会也采取筹款或香首负责的方式组织活动。现在，整个妙峰山庙会有了统一的管理机构和管理方式。其中有政府部门的主导，门头沟区政府还于1998年制订了"三山一河带全区"的旅游业发展总体战略，妙峰山就在"三山"之中。政府带头支持一些民俗活动的重建，如旅游宣传，建立网站，开发旅游文化纪念品，与学界通力合作，投资召开与妙峰山相关学术研讨会等。紧接着，又成立了京西旅游公司下属的妙峰山景区管理处这样半官方半民间性质的机构，顺应时势地对妙峰山庙会进行统筹管理。因应工作的需要，这些半官方机构的负责人主动下山，与影响较大的花会会首之间频繁互动，礼尚往来，形成了在红白喜事时"走亲戚"的互惠交往关系，以此维系有着老旧色彩的香会朝山的传统。

至2008年，庙会期间高达人民币30元的妙峰山门票将不少虔信老娘娘的香客拒之门外。2012年后，妙峰山的门票上涨为40元。不仅如此，2008年新修好的灵官殿因单收人民币15元的门票，使得它基本上仅仅成为能够享受免费待遇的香会及贵宾的通途。

朝山峰点的改变 传统的妙峰山庙会时间是每年农历四月初一至十五日，以初一、初八、十五的人数为多。现在，作为旅游景观的妙峰山是全年开放的。与如今人们的生活节律相应，在庙会期间，上山人流量在现代国家规定的节假日，尤其是周六、周日等时间达到高峰。如下表所示：

表1　2004年妙峰山庙会游客人数与花会数目[1]

阴历/阳历/星期	游客	花会	阴历/阳历/星期	游客	花会
四月初一/5.19/三	2265	7	四月初九/5.27/四	454	1
四月初二/5.20/四	447	3	四月初十/5.28/五	351	2
四月初三/5.21/五	550	1	四月十一/5.29/六	1505	3
四月初四/5.22/六	1796	13	四月十二/5.30/天	1385	2
四月初五/5.23/天	2093	4	四月十三/5.31/一	506	1
四月初六/5.24/一	625	7	四月十四/6.1/二	370	1
四月初七/5.25/二	170	0	四月十五/6.2/三	706	0
四月初八/5.26/三	754	6	总　计	12592	47

这表明妙峰山庙会的时间布局正由过去以信仰"要回到原点"的"神圣时序"向现代的旅游度假、休闲消费时序倾斜。至少就上表的情况而言，朝山的现代峰点已经与传统峰点等量齐观。

进山方式的改变　如今，进入妙峰山的公路全线贯通，人们可以很方便地乘地铁，再换乘公共汽车等公共交通工具快速到达金顶，也可驾私家车直达金顶，不必像往昔那样要经过长时间跋涉。以往因沿途艰险和身体力行所强化的进香的神圣性在如今大大下降，爬山本身成为都市人一种时尚的、健康的、环保的健身行为。

---

[1] 该表数据引自曹荣、詹环蓉：《第十二届妙峰山传统春季庙会调查报告：旅游重塑下的妙峰山庙会》，《民俗研究》2007年第1期。

虽然交通状况的改善悄无声息地改变着朝顶进香的神圣程度，但在相当程度上与当下都市生活节奏相匹配，满足了都市白领消费生活的需求，也为根本旨趣在于创收的有关部门提供了更多的可能。

殿宇空间的改变　随着公路的畅通，妙峰山庙会的神圣空间集中到了金顶，但山顶庙宇设置也被嵌入了许多旅游方面的设施。昔日的关帝殿现在已经改成了妙峰山招待所。在主殿内增加了法物流通处，主要出售福牌、佛像、佛经等旅游纪念品。为迎合很多不熟悉妙峰山传统的游客的心理，人们新建了玉皇顶。目前，山上还有管理处办公室、售票处、妙峰山商店、餐馆、招待所、公共厕所、电动门、安全警示牌等设施，有佛经光碟出售。迎合年轻游客需要而在新时期重建的连心亭也因管理处新的需要被拆除。

另外，还增设了"上连心锁""打金钱眼"等撞运气的旅游项目。山下的涧沟村也成规模、上档次地发展起了农家院、农家饭等服务项目。这样，一整套比较完备的旅游服务体系在保证游客需求、丰富游客娱乐生活的同时，也浸淫甚或说裹挟了妙峰山庙会的信仰传统。

进香群体的构成及心态的变化　以往朝顶进香的人群，多是虔诚的香客，他们视妙峰山庙会如日常生活不可缺少的部分，视老娘娘为生命的归依，朝顶进香的一举一动都力显虔诚。如今，进入妙峰山的人群，目的各不相同，有朝拜进香的，有从事旅游服务做生意的，有纯粹观光游览的，有爬山健身的，有看热闹的，有做调查的，不一而足。最近十余年来的调查显示，以旅游观光为目的的上山者日渐增多。这些新增加的参与群体更感兴趣的是妙峰山这座山，而非灵感宫中的老娘娘。

香会的变化 作为传统妙峰山庙会中的重要组成部分，各香会在如今的新环境中也发生了改变。首先是已经提及的"香会"到"花会"名称的改变。

诸如缝绽会等很多香会因为无用武之地已经消失。还存留的所谓"茶棚"已经是类似现代休息场所的布置，老讲究也日益减少。香会严密完整的组织机构随着妙峰山景区管理处的统筹管理而渐渐简化。武会虽然依旧存在，但是整体的运行方式已是大不相同。以往的武会成员对老娘娘敬畏而虔诚，进行平日的训练及进香表演是他们生活中的头等大事。如今，他们中的不少人将这件事情作为"过日子"的次要选项。上山表演也只是因为"头儿"安排叫去就去，还会根据表演的场次获得或多或少的个人收入。以往武会是成员自己组织安排活动的，表演的先后有着约定俗成的秩序。现在，所有花会都归妙峰山景区管理处管理，进山表演的时间、顺序都要服从管理处的调度、安排。

过去武会以"为娘娘献艺"的心态卖力表演，并以精彩的技艺赢得社会声望。作为民间自发的组织，昔日的武会到各种场合进行表演大都是"车马自备""分文不取"。如今，作为一个表演单位，作为不同级别的非遗，武会基本上既接受政府安排的展演、汇演，参加不同级别的竞赛，也大都接受各种团体、机构庆典以及个人寿诞、红白喜事的表演邀请，并从中获取报酬，而且会首还主动在庙会期间散发名片，竞争客源，以求创收。

随着各种香会发生的种种改变，以往香会之间互动的种种仪式也日渐减少。就连主要的酬神仪式也被大大简化。当然，如同双刃剑，旅游产业与非遗运动在客观上刺激了花会的复兴和繁荣。尽管如此，很多香会在经费和技艺传承问题上仍都面临着严峻的挑战。一度被媒体高调炒作并视为新途的校园传承，同样未能改变后继乏人的困境，于事无补。传承数百年之久的"为老娘娘当差"终止成为一种被频频使用的婉饰。于是，不少会首的名片上都写有"承办各种红白喜事、店铺开张、节日庆典。手机……"之类的字样。

涧沟村的变化 过去，处于多条香道交会处的金顶脚下的涧沟村，非常贫困。虽然昔日庙会期间往来的人比平日增加了成千上万倍，但与这些香客相伴的香道密布的行善的坐棚、行香会基本解决了庞大人流的日常消费需求，因而并没有从根本上对涧沟村人的生活产生决定性的影响。

自从妙峰山庙会走上向旅游文化产业转变的道路之后，涧沟村村民也就一步一个脚印地踏上了致富之路。涧沟村民以农为主的生产方式被打破，涧沟村也从一个靠天吃饭的村庄，变成了以经营旅游产品为主的村庄，真正实现了"靠山吃山"，或者说赋予了"靠山吃山"以时代内涵。如今，涧沟村在妙峰山庙会旅游业中发挥着重要作用，如摊位售卖、维护治安、停车场、食宿、承建山上建筑、解说员、解签人、运输等绝大部分工作都是由涧沟村村民承担的。庙会期间，涧沟村村民组织的表演队伍在金顶表演时还有"误工费"等回报。因此，涧沟村的外在形态也渐渐发生了由"土"到"洋"的转型。

总之，与二十世纪初叶妙峰山庙会香火的兴隆不同，近二十年来的妙峰山庙会在旅游开发的包裹下，庙宇、香道、香客、香会及金顶脚下的涧沟村都发生了变化。客观而言，这种现代变迁不仅是作为老娘娘信仰中心地的妙峰山的神圣性的衰减，也是原本京城"井"字里闲暇生活的余波与当代再现。与此同时，空间性质的转变与融合，不仅为游客和香客提供了膜拜神灵及观光游览的场所，也给香会的生存发展重新创造了空间，刺激了香会在另一种意义上的重整。

由昔而今，社会不断发展变化，妙峰山庙会传统也在演变。对于这种变迁，毋宁理解为一种传统的"新陈代谢"。因为变迁是一种调适，在变迁中，它还在前行，还拥有强大的生命力。新生的文化力量势如破竹，而古老的文化逻辑则张弛有度。这都使得妙峰山庙会在今天，依然妩媚动人。

八、"箭垛"妙峰山

"箭垛式的人物"是胡适的发明。他将黄帝、周公、包龙图都视为此类人物，即"有福的人物"。为什么有福呢？因为上古很多重要的发明，被后人追加到了黄帝身上，中古的许多制作被归到了周公身上，无论是载于史书还是在民间流传，许多精巧的折狱、侦探故事大都被推到了包拯身上。由此，胡适形象地给"箭垛式的人物"下了个描述性的定义："就同小说上说的诸葛亮借箭时用的草人一样，本来只是一扎干草，身上刺猬也似的插着许多箭，不但不伤皮肉，反可以立大功，得大名。"[1]

以此观之，从自然之山到人文之山，从自然美景到神山圣地，金顶妙峰山同样是一座"箭垛式的山"。随着时间的推移，人们在不断地赋予其新意，而且越聚越多，越积越多。

就妙峰山"金顶"得名的由来，吴效群将既往的陈说归纳为三类：其一，自然成因说，因为夕阳照射的大顶呈金黄色；其二，册封说，即可能是康熙或乾隆册封的；其三，京城镇物说，按照五行五方的观念，妙峰山在京西，西方庚辛金，得金来做镇

---

[1] 胡适：《胡适文存·三集》，合肥：黄山书社，1996，第329页。

物，妙峰山于是有了金顶之名。进而，以上述陈说为基础，他做出了"一种更符合中国民间文化特点的猜测"，即妙峰山"金顶"名号的由来，"既可能是皇朝参与的原因，也可能是人们对它们香火极其旺盛的一种敬仰性表达，更可能是两种原因兼而有之。"[1]

在相当意义上，为俗说"金顶"的正名，其实也就是向这座圣山不停插射"金箭"的过程。改革开放后，尤其是因为发展旅游与非遗运动的需要，向妙峰山射的金箭越来越多。如同狼牙山、太行山等一样，妙峰山同样是座"抗战之山"，张扬正义之山。山上通往灵感宫的路边的一棵松树曾使当年在此抗日，后来出任北京市市长的焦若愚（1915—2020）幸免于难。因此，这棵"救命松"旁边一度还立有木牌宣扬此事。[2]在这些雨点般的金箭中，有三支最为显眼，那就是"学科之山""花会之山"和"泰斗之山"。

因为顾颉刚的盛名，尤其是他在1925年带领容庚、容肇祖、庄严、孙伏园四人前往妙峰山调查民众进香的创举，和他1928年主编出版的《妙峰山》一书的深远影响，改革开放后的妙峰山镇政府和妙峰山景区管理处特别重视与学界的合作，诸如支持前往调查的国内外学者、高校师生，联合高校、科研院所等学术机构、协会团体召开学术会议，资助出版关于妙峰山的学术专著，等等。

1995年，在顾颉刚等人调查妙峰山七十周年之际，在妙峰山所在的门头沟举办了首届"中国民俗论坛"。时年已经92岁高龄的钟敬文（1903—2002）先生和82岁高龄的马学良（1913—1999）

---

[1] 吴效群：《妙峰山：北京民间社会的历史变迁》，第42—46页。
[2] 岳永逸主编：《中国节日志·妙峰山庙会》，第134—135页。

伍 庙庆　223

先生不但亲自参会，还于5月7日一同登上了金顶。两位长者的壮举，让与会者振奋无比。也就是在这次会议上，妙峰山之于中国民俗学、民俗学者的重要性被强化，甚至定格，成为一座无可厚非的"学术圣山"：

> 自从1925年（民国十四年）顾颉刚等人对妙峰山民俗进行实地考察后，妙峰山就不再仅仅是民众信仰的中心，它早已成为中国民俗学者心目中的一块圣地，或一面旗帜；妙峰山也不仅仅是中国民俗学田野调查的象征，而且已成为中国民俗学者推动事业发展的情感动力之源。[1]

长江后浪推前浪。2005年5月8日，在召开纪念顾颉刚等妙峰山调查八十周年学术研讨会之际，在寸土寸金的金顶之上，妙峰山景区管理处与中国民间文艺家协会、中国民俗学会、北京大学、北京民间文艺家协会和门头沟区文联联合竖立了"缘源"碑，即"中国民俗学调查纪念碑"。通过立碑的这个群体性仪礼，妙峰山作为"学术圣山"的理念被具化、固化与硬化，以万古流芳。其碑文如下：

> 北京仙山首属妙峰明末建娘娘庙清康熙帝敕封金顶庙会规模甲于天下每年阴历四月初一至十五有来自全国及海外数十万香客朝顶数百档香会进香献艺公元一九二五年四月三十日至五月二日北京大学顾颉刚携庄尚严孙伏园容庚容肇祖到妙峰

---

[1] 一苇：《跨世纪的中国民俗学：首届"中国民俗论坛"侧记》，《民间文学论坛》1995年第3期。亦可参阅刘锡诚编：《妙峰山·世纪之交的中国民俗学流变》，北京：中国城市出版社，1996年，第330页。

山考察庙会民俗活动开中国现代民俗学有组织的田野调查之先河为震动学术界之大事件此后北大清华燕京中山数所大学联合组团来此调查十多个国家数十位学者以妙峰山为研究中国民俗之首选地有多名后学青年以妙峰山民俗研究为博士硕士论文选题获得学位妙峰山被誉为中国民俗学研究之田野大课堂民俗知识宝库数十年来妙峰山民俗文化之研究方兴未艾一九九五年首届中国民俗论坛在此地举办数十位国内外著名民俗学者云集于此以妙峰山民俗为切入点研讨中国民俗学之发展二零零五年数十名学者再次会集于此进行民俗研讨八十年来妙峰山与中国民俗学结下不解之缘成为中华民族民俗文化的一方宝地妙峰山民俗研究对弘扬中华民族文化构建和谐社会大有裨益值此妙峰山民俗学调查八十周年之际立石于妙峰山金顶以纪念前辈对中国民俗学所作出的不朽贡献

公元二零零五年五月八日

慢慢地，在妙峰山景区管理处的对外宣传以及媒体一年一度的妙峰山庙会采访报道中，人们常常简单也是错误地将妙峰山说成是"中国民俗学的发源地/发祥地/摇篮""中国民俗文化的发源地"。[1]直到2016年11月，百度百科中"妙峰山娘娘庙会""妙峰山风景区"词条和互动百科中的"妙峰山"词条都有上述大同小异的断语。

这些经不起推敲的"日常表述"与媒介写作既为妙峰山庙会申报国家级非遗添砖加瓦，也与成为国家级非遗后的妙峰山庙会

---

[1] 李天际：《明年妙峰山庙会将举办文化论坛》，《北京青年报》2014年10月20日A07版。

交相辉映。2014年,金顶之上巨大的宣传展示牌"妙峰山传统民俗庙会 国家级非物质文化遗产"中,共有六支追加的小金箭。其中,除国家级非遗这个牌匾没有争议外,连同"妙峰山被誉为中国民俗学研究的发祥地"在内的其他五支小金箭大致都是孤芳自赏、夜郎自大的硕果,经不起推敲,分别是:"妙峰山传统民俗庙会是华北地区规模最大的庙会""妙峰山庙会是民间自发形成、自筹自办、自营自治的庙会活动""妙峰山庙会与其他地区的香会组织比较,在目的和行为方式上有很大的不同""善会茶棚——文会,是妙峰山的独创"。

如今,作为国家级非遗,妙峰山景区管理处在组织、举办一年一度的庙会时,或打"民俗"牌,或打"传统"牌,或打"非遗"牌,或打"休闲观光"以及"祈福"牌,不一而足。然而,无论打哪种牌,基本都是以可以大张旗鼓宣传的或老旧或新生的花会表演为主色的。反之,对于信众在灵感宫内老娘娘前的叩首敬拜、抽签解签、许愿还愿基本是三缄其口。正是因为管理方、操办方婉饰妙峰山庙会的这一策略,花会也就对今天的妙峰山庙会重要莫名。因为绝大多数有些年月或特色的花会又基本成了不同级别的非遗,所以才出现了前述的山上的管理组织者不得不屈尊下山与花会会首礼尚往来的局面。最终,就出现了官民合力对"香会泰斗"的命名、称颂和勒石立碑于金顶的盛举。在琳琅满目也是不折不扣的"花会之山"这支耀眼的金箭之外,妙峰山又多了支"泰斗之山"的金箭。

传闻,京东人氏王三奶奶本是位老娘娘虔诚的信徒,每月初一、十五都往妙峰山上香。她为人扎针、瞧香治病,无不奇效,远近闻名,被视为神。根据周振鹤的调查,至晚在民国四年(1915),坐化后的王三奶奶已经享有了香火,信众还为她在金顶建起了小庙，塑上了神像。民国十二年（1923），还有善人在"三山"之一的天台山为王三奶奶建了行宫。

1929年，当周振鹤一行再去妙峰山调查时，四年前顾颉刚等人看到的"老妈子"状的王三奶奶已经"变而为菩萨了：头上戴着凤冠身上披着黄色华丝葛大衫。脸带笑容，肤色像晒透的南瓜蒂腹，红中带黄，盘膝坐。像高约五尺"。为了强调王三奶奶由人成神的真实性，在王三奶奶的塑像边还摆放有其真容，"用黄铜镂成的一座屏风式的镜框里面，嵌着一张在丁卯年摄得的六寸半身的灵魂照片。"不仅如此，在庙会现场，还有《妙峰仙山慈善圣母王奶奶平安真经》《灵感慈善引乐圣母历史真经》《慈善圣母王奶奶亲说在世之历史大略》和王三奶奶的表牒、印章在传播、使用。周振鹤也看到，几乎每个香会在灵感宫内老娘娘前上过表牒之后，就立马到王三奶奶殿叩首焚表。面对王三奶奶几乎与老娘娘分庭抗礼的盛况，周振鹤感叹道，与老娘娘"抢生意"的王三奶奶大有后来居上的势头，从而要为老娘娘鸣不平。[1]

抗日战争爆发使得几近于并驾齐驱共享香火的老娘娘和王三奶奶在妙峰山都没了香火。然而，正如前文已经提及的那样，根据李慰祖的调研，抗战期间同样供奉老娘娘和王三奶奶的丫髻山的香火却依旧照常，并明确地成为燕京大学周边"四大门"信众的上级神灵。无论怎样，在二十世纪二十年代，金顶妙峰山都已经浓烈地上演了乡土宗教中奉人为神的社会剧。虽然已经过去了近百年，具体情形也大相径庭，但上述这种将凡人"非人化"抑或说圣化、称颂的现象仍然出现在当下的妙峰山，而且还是官民合力的结果。

---

[1] 周振鹤：《王三奶奶》。

确实，隋少甫对改革开放后妙峰山庙会的重整有首创之功。在生前，他就已经在北京花会界确立了不容挑战的"龙头老大"的权威地位，徒弟支脉众多。在他过世后两年，即2007年，在金顶的缘源碑近旁，北京市崇文区文联民间花会委员会、北京市崇文区文化馆和妙峰山景区管理处联合为其竖立了"香会泰斗"碑，以示"永世追念"之志。差不多与缘源碑同等大小的香会泰斗碑，开创了近四百年来在金顶核心区为个人立碑、命名的先河。

2015年，在隋少甫逝世十周年之际，众弟子不仅带领自己的会档在香会泰斗碑前献艺表演，追念恩师，还有徒弟在碑前举行了自己的收徒仪式，亦有诚起的会档举行贺会仪式。时过境迁，王三奶奶的香火早已今不如昔。虽然只是一块石碑，也没有八九十年前的王三奶奶那样有分抢老娘娘香火的可能，但是随着上述这些仪式的不时操演，香会泰斗碑的神圣性也将倍增。隋少甫这个人也俨然成了当下妙峰山香会界的"祖师爷"。对于隋派的香会、花会而言，原本公共开放的金顶，反而有了几分私人空间的色彩。

此外，因应旅游业的兴起和人们生活方式、生活观念的转型，妙峰山景区管理处同步强化妙峰山"美丽神奇"的自然属性，以增加庙会会期之外的游客。2008年庙会期间，在金顶悬挂的巨幅宣传画中，就是以"美丽神奇的妙峰山"为题，其宣扬的主旨是完全迎合当下都市人认同的"亲近自然，享受生活"之宏愿，并分设了"春赏桃花""夏看玫瑰""秋观红叶"等多个板块。

或者，对于"层累的金顶"与"箭垛妙峰山"而言，2008年这个宣传页上的诗歌《妙峰山颂》进行了最为精当、凝练又饱含赤子之心的总结，诗云：

京西群山深处，

有一个古老的圣母殿。

金顶苍松傲雪，山谷潺潺清泉；

民俗文化交汇三香，一秉虔心广结福缘。

啊！美丽的妙峰山，神奇的妙峰山。

多少人为你向往，

多少人为你感叹，

你那不朽的民俗丰碑将世代相传。

京西群山深处，

有一个古老的娘娘庙。

香客祈福纳祥，百姓乐业安康；

玫瑰争艳香飘四海，特色旅游富裕农庄。

啊！古老的妙峰山，世代的妙峰山。

多少人为你讴歌，

多少人为你祝愿，

你那不熄的民俗之光将永远辉煌。

（此文曾收入拙著《朝山》北京大学出版社2017年版）

庙会的非遗化与学界书写

近三十年来，范庄龙牌会成为学界持续关注的又一个"妙峰山"。面对主流意识形态和霸权话语的渗透，与龙牌会相关的行为主体或隐蔽或公开的价值取向与欲望共谋，促成了龙牌会叠合的符号体系与叙事修辞。关于龙牌会的多数研究或执果索因、现象还原，或将之标签化，推导或赋予其合法性，并与复兴循环解释，或关注异质行动主体间的互动互文。这些研究从各自的层面解释了龙牌会在当代中国的生存策略，也表征着多数学人在对社会现实理解的基础之上进行学科建构以及文化建设的努力。建庙和晋级非遗名录是龙牌会演进的分水岭。非遗化后依旧集中呈现乡土宗教的龙牌会的疲软，实际上是富于地方性的乡土中国向全球化进程中的现代民族国家——都市中国——整体转型时所要经历的瓶颈。作为"妙峰山"的后浪，叠加的龙牌会也成为近三十年来中国民俗学演进的一个隐喻。由此，对非遗运动和当代中国民俗学演进的进一步反思也就有了必要性。

一、引言

近四十年来，与国家的大政方针和建设步伐相适应，作为不同领域、不同时段指向口传、活态生活文化的关键词，陋俗、民俗、（民族）民间文化、民俗文化、非遗、优秀传统文化等交替出现，交相错杂，叠合共存。这些语词不但影响到其指涉事象的存在状态与可能，也影响着国家的精神文明建设、文化建设、旅游生态、地方发展、人们生活。改革开放后，"在城"的民俗学者，早早就身体力行地参与进了诸如河北小村范庄龙牌会这样的庙会实践与演进中。这些城与乡、精英与民间、上与下之间的互动，既在相当意义上影响着作为研究对象的"民俗"的传衍与生存实态，影响着中国民俗学的学科走向，也使作为符号和意象并时时自我蜕化的"国家"在乡民的生活世界中发挥着效力，进而熔铸到其情感世界与日常生活之中。事实上，发生在龙牌会的实践——非遗化龙牌会，还暗合了近几年来才提出与推进的京津冀一体化、协同发展的宏大战略。以此为例，审视生活实相-学科研究对象、学科发展以及国家建设三者之间的互动，也就具有了重要的现实意义与理论意义。

二十世纪二十年代，因应"到民间去"运动抑或说趋势的感召，顾颉刚等人受北京大学国学门风俗调查会之托，前往京西妙峰山调查朝山进香的风俗，旨在记录一些民众生活中的"迷信"，发掘民众信仰力和组织力的正向价值，以切实推进移风易俗的社会运动，改造"三农"，振兴中华。[1]在反对封建迷信的时代语境下，此举系国内学者对庙会、乡土宗教（当时基本定性为"迷信"）予以田野调查之先声，一直被视为中国民俗学学科史上的里程碑之一。乃至如今在媒介等公共写作中，有着前文提及的"妙峰山是中国民俗（学）的发祥地"的噱头。七十余年后，逐渐声名鹊起的华北腹地小村范庄二月二龙牌会因为诸多因缘，吸引了大批中外学者、媒体记者、摄影家前去参观考察。从学者"发现"其存在以来的近三十年来，与龙牌会相关的论文已经超过161篇。[2]俨然妙峰山一般，大有后来居上之势的龙牌会成为箭垛式的"学界新宠"，被目的、动机各异的精英予以反复描述、诠释、建构与再诠释。

这些前赴后继的学术写作，在二十世纪九十年代赋予了龙牌会在地方社会中的文化的合法性，在2006年则成功助力龙牌会晋级河北省省级非遗名录，使之具有了实实在在的行政的合法性。然而，从被禁止的"迷信"到民间文化-民俗，从民间文化-民俗到非遗，二十、二十一两个世纪之交两度华丽转身的龙牌会，其内核并未发生质变，都是以远近信众敬拜写有"天地三界十方真宰龙之神位"字样的木质牌位和香头瞧香治病为核心的"精神性存在"[3]。而且，它还是以人神一体和家庙让渡为核心的乡土宗教[4]为毂。长时段观之，面对精英意识形态和霸权话语的渗透，相关行为主体或隐蔽或公开的、各有所需的价值取向与互动，促成了龙牌会多声部共

---

[1] 顾颉刚：《〈妙峰山进香专号〉引言》，《京报副刊》1925年第147号。
[2] 本统计起止年份为1995—2016，以"龙牌会"为关键字全文检索"中国期刊全文数据库"，数据主要针对期刊论文（含少量非学术期刊），不包括专著、论文集、学位论文等。
[3] 岳永逸：《精神性存在的让渡：旧京的庙会与庙市》，《民俗研究》2017年第1期。
[4] 岳永逸：《行好：乡土的逻辑与庙会》，第49—53、83—106、166—171、307—316页。

谋的叙事诗学。在对外、对上的言说与操演中，龙牌会的神圣感与仪式感更多地指向"家"以外的公共性更强的庙宇以及被挪用的"博物馆"。与之并行不悖的是，在社会行为和事实层面，民众日常生活与庙庆中被屏蔽或者被悬置的宗教实践。

因此，对这一已经"被非遗化"的乡土庙会三十年来研究史的梳理，既有益于厘清龙牌会这一非遗事象本身，也有益于促进龙牌会与乡土宗教、政治、学界写作、非遗运动、中国民俗学学科发展等之间复杂关系的思考。换言之，在有着悠久历史且礼俗始终互动的当代中国，是否存在纯粹的民间文化？被表述出来的民间、传统和被彰显的非遗究竟有着怎样复杂而互动的异质主体？声势浩大的非遗运动究竟意味着什么？作为"经验事实"的龙牌会与学术写作中"主观真实"的龙牌会二者之间的连绵互动——叠合且互相涵盖的反复"实践"的龙牌会——对中国民俗学又意味着什么？

二、被打造的"活化石"

范庄，位于华北腹地，河北省石家庄市赵县县域东部滹沱河故道。在赵县县域内，有始建于隋代而举世闻名的石拱桥——赵州桥，县城中有国内保存最完好、最高的陀罗尼经幢。改革开放后，位于县城中并重振的柏林寺香火鼎盛。一代高僧净慧法师（1933—2013）倡导的生活禅，不但远播四方，同样引起了学界的高度关注。[1]范庄是赵县东部重镇，距离县城约16.5公里。在"二月二，龙抬头"的传统节令，"文革"后期的1974年，范庄

---

[1] Yang Fenggang and Dedong Wei, "The Bailin Buddhist Temple: Thriving under Communism", in Yang, Fenggang and Joseph B. Tamney (eds.), *State, Market, and Religions in Chinese Societies*, Leiden: Brill, 2005, pp.63-86.

信众悄然拾掇传统，一年一度地在会头家中轮值举办着龙牌会。[1]

1991年，时任河北省民俗学会秘书长的刘其印对龙牌会的初步介绍刊载于是年该会内部刊物《风俗通》第1期。当地文人撰写的《二月二龙牌会的由来》也收录其中。1992年，刘其印又在《风俗通》第2期上发表了《龙崇拜的活化石——范庄二月二"龙牌会"初探》一文。同年，他在另一篇写二月二节俗的文章中，反复提及范庄龙牌会。[2]后来，《初探》一文以"龙崇拜的活化石——范庄二月二'龙牌会'论纲"为题，刊发在《民俗研究》上。在该文中，刘其印将"龙牌爷-勾龙-白蛾"三者进行了同义转化，并高度肯定龙牌会的文化价值与社会功能，将龙牌会认定为龙文化的代表，是"祖龙崇拜、图腾崇拜的活化石、活标本"。[3]因为他的力荐，龙牌会日益受到学界，尤其是中国民俗学界的关注。

作为河北省民俗学会的主要负责人，刘其印一直致力于邀请政府官员、新闻媒体、专家学者和摄影爱好者等有着"城里人"身份的他者"赶"龙牌会。通过时任中国民俗学学会秘书长的刘铁梁教授，刘其印将龙牌会介绍给了德高望重且有着"中国民俗学之父"之誉的钟敬文先生。钟先生对龙牌会表现出了不小的热情，并强调："要搞，就搞成第二个妙峰山研究"。[4]1995年，在刘铁梁的组织下，中国民俗学会开始了对龙牌会的第一次联合考察，并在范庄镇的南庄村建立了中国民俗学会调研基地。

---

[1] 岳永逸：《灵验·磕头·传说：民众信仰的阴面与阳面》，第139页。
[2] 刘其印：《话说"二月二"》，《民俗研究》1992年第1期。
[3] 刘其印：《龙崇拜的活化石——范庄二月二"龙牌会"论纲》，《民俗研究》1997年第1期。
[4] 高丙中：《知识分子、民间与一个寺庙博物馆的诞生——对民俗学的学术实践的新探索》，《民间文化论坛》2004年第3期，第14页。

在二十世纪九十年代，学界的田野调查多关注龙牌会的仪式和龙牌会组织的构成及运行。从起会、供品、搭建醮棚等前期筹备，到为期六天的仪式流程和禁忌，特别是二月二正日子当天的花会表演、舍饭习俗、醮棚内外等神圣空间的敬拜、世俗空间的活动安排以及民众的精神面貌等，都有较为具体的描述。[1]标语的种类、村广播、毛主席挂像、书记的态度等细节，也被敏锐的学者捕获，虽然并未深入探讨。现代国家与民间之间的纠缠、互动之观察尽管呼之欲出，却还是付之阙如。

1996年，龙牌会按照龙牌原有的形制，斥资打造了一块高约260厘米、宽约210厘米、重达300公斤的巨型新龙牌。新龙牌中央是蓝底金字"天地三界十方真宰龙之神位"，周边饰有金龙，蔚为壮观。在同年的座谈会上，观察并参与的学者们提出了两种良策："一是保持龙牌会活动的原汁原味，二是弘扬龙文化，建立博物馆。"[2]后一提议，极大地启发了龙牌会会头。2001年，范庄的龙文化博物馆奠基，组织召开的"河北省首届龙文化研讨会"都成为当年龙牌会一个组成部分。2003年，对外宣称的龙文化博物馆第一期工程顺利完成。至今，也未见当年规划中所宣称的二期、三期工程的修建、落实。在当年二月二龙牌会的这个正日子，人们举行了龙祖殿落成典礼暨赵州龙文化博物馆揭牌仪式。此后，原本在轮值会头家户中的龙牌，被固定安放在了龙祖殿。原先每年庙会期间，二月初一龙牌从上任轮值会头家挪移到醮棚，二月初四从醮棚将龙牌请回轮值会头家，二月初六再从该会

---

[1] 陶立璠：《民俗意识的回归——河北省赵县范庄村"龙牌会"仪式考察》，《民俗研究》1996年第4期；冯敏：《范庄二月二"龙牌会"考察记事》，《民俗研究》1996年第4期；叶涛：《走进"龙牌会"》，《民俗研究》1999年第1期。

[2] 高丙中：《知识分子、民间与一个寺庙博物馆的诞生——对民俗学的学术实践的新探索》，第17页。

头家移送到下一任轮值会头家的仪式，都荡然无存。与此同时，龙牌与会头及其家居相对私性的亲密关系也发生了改变。轮值会头家需派家庭成员常年驻守完全公共性的龙祖殿中，伺候龙牌。在跻身河北省首批省级非遗名录后的一年，即2007年，为恢复龙牌会的热闹场面，会头们将龙牌从龙祖殿请出，沿着范庄主街道巡行一圈，再请回龙祖殿。在一定意义上，这是向庙会期间龙牌会在不同空间"位移"传统的回归。

与龙牌会的演进相匹配，二十一世纪以来的田野考察紧跟动态，追踪记录龙牌会的发展历程。[1]一些研究不再局限于对龙牌会本身的描述、分析，而是试图以此阐释更宏大的社会命题。公民社会的有机团结、民俗学主义（Folklorism）、新农村建设、女性主义等，纷纷都成为学者观察与书写龙牌会的视角。民俗学者努力从民俗事象的"小圈子"里走出来，力求为中国民俗学学科建设和地方社会的良性发展添砖加瓦。

比起民俗学的民间立场，人类学处理文化事象的惯用方法之一是抽绎出其中的象征体系，再破译、解码与建构，使事象成为理论的"活化石"。在龙牌会的内部秩序方面，存在两种对立的看法：一种认为龙牌会遵循等级制度；一种则认为龙牌会解构了等级制度。前者倾向于认为，龙牌会所象征的秩序是对古代制度的模拟，类似的仪式活动源于现代对过去的社会记忆，其运行秩序由权力贯彻落实，通过对等级制度的再现来巩固社会团结、加

---

[1] 除了纸质出版物，不少人通过博客、论坛等网络平台，以图像和影像的方式记录龙牌会实况，对外宣传龙牌会，并积极为龙牌会的发展建言献策，如栗永的《热闹后的冷思考：为范庄龙牌会的传承发展进言》、肖庄的《"范庄龙牌会"的遐想》，分别参阅网页 http://blog.sina.com.cn/s/blog_62595fe80100hjv8.html; http://blog.sina.com.cn/s/blog_4db6884d0100htel.html。查询时间：2016 年 12 月 20 日。

强社会联系。[1]这种认知明显受到王斯福（Stephan Feuchtwang）之"帝国的隐喻"[2]的影响，即，默认相同的历史认同必然导致相同的历史秩序和政治宇宙观，故狂欢的庙会成了日常生活至少是集体记忆的延续，并与帝国的制度构成一种换喻关系。后者虽然承认庙会的过程是等级展示的过程，但龙牌会由会头轮流"执政"，却是对权力等级的颠覆，并强调中心和权威会在特定条件下转变到其相反的方面。[3]这一理解与维克多·特纳所强调的仪式之"反结构"观点雷同，认为非常的仪式隐含一种去结构化倾向，权力等级会被暂时性搁置。[4]因此，庙会与日常生活相分离，成为一种反叛性的宣泄。

三、神格、类型与性质的嬗变

事实上，进入公众视野前后的龙牌会一直处于发展变化中。因此，溯源、求真也就成为龙牌会研究的方向之一。这包括龙牌神格、庙会类别与性质等多种嬗变。

神格嬗变——被质疑的祖先神。立足范庄乃杂姓村的基本事实和家族迁移史，周虹推测，范庄人以龙牌而非龙王为祖先的信仰，可上溯到六七百年前的明朝。又因农历二月二在北方农事上的意义，以及庙会的地缘性，龙牌还具有从农事神泛化而来的祖

---

[1] 王铭铭：《象征的秩序》，《读书》1998年第2期。
[2] [英]王斯福：《帝国的隐喻：中国民间宗教》，赵旭东译，南京：江苏人民出版社，2008。
[3] 赵旭东：《中心的消解：一个华北乡村庙会中的平权与等级》，《社会科学》2006年第6期。
[4] [英]维克多·特纳：《仪式过程：结构与反结构》，黄剑波、柳博赟译，北京：中国人民大学出版社，2006，尤其是第94—131页。

先神－社区神之双重属性。[1]以老会头、当地文化权威、普通村民、青少年对龙牌会的多重表述为据，岳永逸将龙牌神格的复杂性清晰地展现出来。从自然神到人祖神，龙牌神格的演进是范庄人从"失忆"到"失语"的渐变，观念与实践之间是断裂的，社会结构的整合滞后于文化结构的整合。进一步，他指出："今天的龙牌会是心照不宣的文化对话、共谋和多声部重唱，是乡村政治学的产物。"[2]这种庙会政治学的取径有效地挖掘出神格认同背后的话语规训，印证了"隐蔽语本"与"公开语本"的龃龉与共存，从而呈现出龙牌会这个乡野庙会的"完全语本"。此外，神格的变化也牵连身份认同。占少数的"喧嚣者"（外来的研究者）与"喝彩者"（会头、民俗发现的收藏家、地方政府官员）合作，将龙牌会抽离出地方社会的时间节律，利用上古神话赋予当下以历史感，并依靠龙与中华民族的固有联系，以无可抗拒的宏大叙事使得"沉默的大多数"（地方居民）默认了作为意识形态的民族认同。[3]

  类别嬗变——打醮与庙会。联系村民供奉的"家神"与龙牌会醮棚内的众神神马，不难推测二十世纪九十年代学界对龙牌会进行去迷信、去地方化的修饰与拔高，实乃学者们有意为之的主观建构，诸如："龙牌不能直训为龙的牌位""所雕的龙头和龙形并非人们崇拜的偶像，只是起装饰作用，以标志此牌的威严高贵""白蛾是勾龙的化身""祭龙就是祭祖""表现了龙的传人共同的心态和图腾观念"，等等。[4]曾经的醮会龙牌会与如今的庙会龙牌会之

---

[1] 周虹：《"龙牌会"初探》，《民俗研究》1996年第4期。
[2] 岳永逸：《灵验·磕头·传说：民众信仰的阴面与阳面》，第153页。
[3] 赵旭东：《龙牌与中华民族认同的乡村建构——以华北一村落庙会为例》，《广西民族大学学报（哲学社会科学版）》2009年第2期。
[4] 刘其印：《龙崇拜的活化石——范庄二月二"龙牌会"论纲》。

间的关系，也渐次被发现。通过对范庄"对子村"豆腐庄皇醮会的历史追述和仪式考察，王学文、岳永逸的调研从侧面呼应龙牌会的类别定位，[1]并留下引人深思的数个问题：醮会与庙会的区别何在？是否应该因为形式上的不同而特意强调二者之间的差异？醮会向庙会的演进是否是华北醮会的共性？其变化动力何在？

与此同时，庙会龙牌会也并非一成不变。按照庙会的组织形式，刘铁梁划分出五大基本类型：村落内部型、聚落组合型、邻村互助型、联村合作型和地区中心型。他认为，龙牌会早期可能属于由本村民间权威组织、不特意动员外村参加的村落内部型庙会，后来则向能吸引本地区民众普遍参与、具有地区代表性的地区中心型庙会过渡。[2]还有研究关注到了龙牌会非遗化前后操演仪式空间的变迁，即从相对私性的家居空间到公共开放的庙宇空间这一创新性传承给龙牌会所带来的骤变。[3]具体而言，在庙会仪式方面：1974年，人们就悄然恢复传统，按会头制轮值供奉龙牌；1983年，再度首次公开搭棚过会；1996年，庙会场地扩大；2003年，龙牌被请入龙祖殿；2004—2006年，取消从会头家到龙祖殿之间的送、迎龙牌仪式；2007年，龙牌再度发生位移而巡街，等等。30多年来，龙牌会外现的群体性仪式大体经历了由简到繁再到简的小循环。[4]当然，始终如一的是信众在龙牌前的烧香上供、

---

[1] 王学文、岳永逸：《嬗变的醮会：河北赵县豆腐庄皇醮会调查报告》，《民俗研究》2009年第1期。
[2] 刘铁梁：《村落庙会的传统及其调整——范庄"龙牌会"与其他几个村落庙会的比较》，见郭于华主编《仪式与社会变迁》，北京：社会科学文献出版社，2000，第269—280页。
[3] 盛燕、赵旭东：《从"家"到"庙"：一个华北乡村庙会的仪式变迁》，《中国乡村研究》2008年第6辑。
[4] 叶涛：《龙牌会的变迁》，载金泽、邱永辉主编《中国宗教报告（2011）》，北京：社会科学文献出版社，2011，第197—208页。

念佛、许愿还愿、瞧香治病，以及扫坛，等等。到2008年，龙牌会的规模差不多缩减了一半。是年庙会期间，大伙房给信众做斋饭的大锅，由鼎盛时期的八口缩减到了四口。[1]

性质嬗变——"迷信"到"文化"。从历时和共时两个维度，龙牌会去迷信的过程既有有形的空间布局、参与群体名称等的变化，也有无形的精神意涵向主流话语的靠拢。[2]华智亚将这一过程称为"地方信仰的文化化"。他强调二十世纪八十年代中期以后的"文化热"是该变化的社会语境。进而，华智亚指出，这一变化是研究者的理性选择——通过合法化研究对象，从而合法化研究本身，为学科拓展生地。[3]换言之，"文化"的标签同时为庙会、乡土宗教和学术研究规避了违背官方意识形态和宗教政策的风险。这种既主动又被动的转型，不仅是庙会与乡土宗教的生存策略，也是研究者的学科策略。二十世纪九十年代关于庙会的三本论文集[4]在一定程度上表明："庙会"被逐渐脱敏，"庙会文化"也日渐成为国内学术研讨的事象，具有了学术上的合理性以及重要性。与此不同，欧大年则直接将龙牌会这样的庙会归属到了"宗教"的范畴，并强调其地方性，因为作为社区的仪式，庙会有着分工明确的组织、结构和敬拜神祇的仪程。[5]因此，局内人与局外人眼中龙牌会意识形态属性上的让渡、变化，也是顺应了

---

[1] 岳永逸：《灵验·磕头·传说：民众信仰的阴面与阳面》，第168页。
[2] 王均霞：《范庄龙牌会：从迷信到公共文化的建构》，《楚雄师范学院学报》2010年第8期。
[3] 华智亚：《龙牌会：一个冀中南村落中的民间宗教》，上海：上海人民出版社，2013，第154—236页。
[4] 高占祥主编：《论庙会文化》，北京：文化艺术出版社，1992；宋孟寅、杜学德、杨荣国编：《庙会文化研究论文集》，兰州：甘肃人民出版社，1994；刘锡诚主编：《妙峰山——世纪之交的中国民俗流变》。
[5] D. L. Overmyer, *Local Religion in North China in the Twentieth Century: The Structure and Organization of Community Rituals and Beliefs*, Leiden; Boston: Brill, 2009, pp.93-122.

学界以及主流意识形态的整体导向与规训。

近些年来，在相当意义上，"文化"一词又进一步窄化、具化为非遗。高丙中指出，非遗为民间信仰正名，使其在公共知识中复归本位，进而作为非遗应有组成部分的庙会、乡土宗教等自然也成为"公共文化"。[1]在此潮流中，龙牌会因修"庙-博物馆"而被"博物馆化""文物化"，并借由"非遗"的标签被反刍性地视为文化与民俗，甚至成为理论上要保护和发展的重点。[2]然而，直到2017年，非遗化后的龙牌会再未恢复到非遗化前的红火、热闹，大伙房给信众做斋饭的大锅基本维持在四口。

拨开嬗变的表象，在其精神世界里，民众自有一套恒常的信仰逻辑和惯性实践。在乡土宗教实践与世俗权力互动时，亦存在公开与隐蔽的两种语本。[3]公开语本充分呈现在村落公共空间的书面文化符号和仪式空间的神仙神格排序之中，而与民族共同体意义上的"龙"[4]发生想象性粘连的地方小群体的"龙祖"，才是信仰结构的中心。这种表达实为政治妥协，体现了乡土宗教的社会性与潜在的国家性。与之相对，隐蔽语本则浸润在信众的生活化交往之中，并集中显现在龙牌会的筹备期，也即一些相对次要和隐匿的仪式空间，其信仰结构以"有意义的神丛"，即"神神"[5]为中心，延续着华北地方社会的信仰传统。这种信仰表达是自由

---

[1] 高丙中：《作为非物质文化遗产研究课题的民间信仰》，《江西社会科学》2007年第3期；《作为公共文化的非物质文化遗产》，《文艺研究》2008年第2期。
[2] 范丽珠：《中国北方乡村民间宗教的复兴及其策略》，《甘肃理论学刊》2010年第6期，第69页。
[3] 赵旭东、朱天谱：《范庄龙牌会与两种文本中的信仰表达》，《民俗研究》2016年第5期。
[4] 施爱东：《中国龙的发明：16—20世纪的龙政治与中国形象》，北京：生活·读书·新知三联书店，2014，第213—259页。
[5] 岳永逸：《行好：乡土的逻辑与庙会》，第113—117、127—132页。

伍 庙庆　241

意志的情感性表达，也是维持信仰实践的基本动力，因而龙牌会神圣空间的敬拜表现出了超常的稳定性。当然，这些他者与我者之间公开语本和隐蔽语本之间的博弈，既可视为异质群体民俗学主义的纠缠，也可视为布迪厄所阐释的"婉饰"。

四、合法性与热闹

或者是因为"民间毫不张扬的努力"，近四十年来，"以乡土中国为核心的价值和信仰重新进入了人们的视野，不仅仅再次成为民间生活的一部分，同时为在过去一百多年由于自身价值失落，而备受困扰的中国找到了一条值得探讨的途径。"[1]然而，乡土宗教与庙会真的经历过价值层面的断裂？所谓"复兴"，其中精英之于民众的"文化反哺"[2]比重有多大？处于强势、掌控着话语权和表达权的精英的自慰而自我满足的幻觉又有多少？似乎对乡土宗教和庙会敞开的非遗运动真能为这些被保护对象注入传承的活力？互文的龙牌会的演进史和研究史正好表明，学界在不断深化着对"复兴"的定义和理解。在相当意义上，所谓"民间文化"的复兴大抵还是延续着教化与教而不化之间博弈的老路。

在二十世纪九十年代的研究中，将"复兴"龙牌会归结为"民俗意识的回归"，虽然今天看来过于简单、片面，却道出了其时代动因。那时，人们普遍将政府的干预与乡土宗教的活跃度视为此消彼长的，而民众的"民俗意识"则处于被动状态，是被宰治的也是可以被任意切割与撕裂的。也即，只有政治管控松动

---

[1] 范丽珠：《中国北方乡村民间宗教的复兴及其策略》，第63页。
[2] 岳永逸：《都市中国的乡土音声：民俗、曲艺与心性》，第243—255页。

时，老旧的民俗才会生机蓬勃，民俗研究才有可能打破禁区。对于在沉寂将近三十年后才同步"复苏"的中国民俗学而言，龙牌会的被发现显然让民俗学者振奋。当然，"民俗意识的回归"将各种社会力量的博弈简化为政府与民众二者之间的纠葛，过分强化了国家权力对乡土宗教与庙会的宰治效力，忽视了民众"敌进我退"的闪躲智慧和游击能力。

随着调查的持续展开和深入，进入二十一世纪后龙牌会的诸多研究显然有了深度和广度，少了此前快意恩仇的标签化倾向。秉持庙会是日常生活中的文化体系之理念，刘铁梁将龙牌会与其他庙会进行比较研究。他指出，村落庙会的复兴依据的是自身的传统——长期积累的国家力量渗透和外力冲击下自我调整、重构的具体经验。庙会具有公共性、象征性、生产性。它们"通过连续的自足与变通相交替的过程而形成一个个鲜明的自我，并且作为表达村落自我的标志而终于未能轻易失去"，农村社会地方性民俗文化由此能与国家和城市社区文化相制约和对话。[1]与之类似，郭于华不乏人情味地将龙牌会的复兴表述为"生存的动力与文化的创造"。她认为，所有文化设计与文化创造的意义都指向"生命的延续与更新"，周期性的庆祝与祭祀"充溢着生存的动力和体现着生命的节律"。因此，以龙牌会为代表的庙会的文化功能与人生仪礼类似，而且"崇拜对象的神异化-寄物化-人格化的不断再造"就是知识生产的过程。[2]换言之，庙会的复兴其实是传统文化的再造与循环再生。在此过程中，民众并非全然被动地按文化结构和规范行事，而是主观能动地建构或重构着自己的文化空间。

---

[1] 刘铁梁:《村落庙会的传统及其调整——范庄"龙牌会"与其他几个村落庙会的比较》，第305页。
[2] 郭于华:《在乡野中阅读生命》，上海：上海文艺出版社，2000，第61—71页。

把庙会等老旧传统的复兴当作现代国家中的社会事件，将"合法性"作为其复兴的前提是学界审视并影响龙牌会强劲与持久的路径之一。高丙中指出，在现代民族国家的框架下，社团的合法性可分解为社会（文化）合法性、法律合法性、政治合法性和行政合法性四个维度。显然，民间社团往往很难同时具备四种合法性。然而，"利用局部的合法性得以兴起，谋求充分的合法性以利发展"正是老旧传统因应外界语境的变迁而调适自己，从而使自己传衍下去的生存智慧。作为一个重新获得生机的社团组织，龙牌会正是充分施展了这种生存智慧，包括：作为范庄的传统，围绕龙牌会形成的庙市利民便民，且多余经费用来支持教育事业，因而它本身具有不言而喻的社会合法性；向主流意识形态妥协，将龙牌的神格提升到人祖，保证"立场正确"，从而实现政治合法性；邀请中国民俗学会等合法的社团参与赶会，利用他者的行政合法性来实现其自身的行政合法化。[1]

随后，借用官民共谋的双名制的政治艺术，高丙中再次论证了龙牌会的合法性问题。他指出，"龙文化博物馆–龙祖殿"的二元合一，实际上是利用了中国社会早已有之的官／学名与小号／名并存的命名逻辑，在政治合法性和社会合法性上做文章。当然，除了物理空间的合法，高丙中还提到龙祖殿／龙文化博物馆这一新生的建筑在意识形态空间的合法性。他强调，这些新生的官民两种意识形态叠加的建筑"在诞生前已经在学术的、政治的和政府管理的话语或者符号结构里占有了一席之地"。[2]总之，似庙而非庙的新生建筑，协调了信众与基层政府官民双方对于龙牌会的期

---

[1] 高丙中：《社会团体的合法性问题》，《中国社会科学》2000年第2期。
[2] 高丙中：《一座博物馆–庙宇建筑的民族志——论成为政治艺术的双名制》，《社会学研究》2006年第1期，第165页。

待，其合法性在互动互惠中生成，而作为社团组织的龙牌会也成为国家与社会之间的一种维系–治理方式。进而，结合龙牌会新旧两个世纪之交的传衍实况，高丙中肯定了自由结社和社团合作对于社会团结的巨大作用，并指出当前社会机制的模式是"多元利益主体的观念+互动协商+分工协作"。[1]

或者，正如高丙中的系列研究展示的那样，龙牌会的变迁史确实可以理解为一个民间社团的发展史。龙牌会的复兴意味着民间社团有可能通过自己的机敏与努力获得更多的合法性。然而，如果以此断言中国公民社会之可能或成熟，则会失之片面与偏颇。与之相关，王斯福对他所见到的龙牌会游行表演的象征意义和龙牌会组织的民主性进行了剖析。他倾向于肯定庙会作为一种农民传统，是乡土中国的"一种制度"，且具有"在国家之外并有与之形成对话的交流渠道的潜力"。[2]于是，民众究竟是农民还是公民，成了王斯福想要厘清的话题。

沿用高丙中对"合法性"的界定，杨利慧认为对神话的解构和重构也是仪式获得合法性的一种方式。她检讨了现代神话学的神话–仪典学派在认识论和方法论上的不足，反对将神话、仪式关系的固化，倡导关注现代社会语境，重视行动主体的创造性。龙牌会把勾龙与始祖挂钩，让"勾龙的后代"成为"龙的传人"，成功地利用神话将地方信仰转化为民族–国家的象征符号。[3]换言之，庙会抑或说乡土宗教的复兴也体现着神话长命不绝衰的生命

---

[1] 高丙中：《社团合作与中国公民社会的有机团结》，《中国社会科学》2006年第3期，第121页。

[2] [英]王斯福：《农民抑或公民？——中国社会人类学研究的一个问题》，载王铭铭、王斯福主编《乡土社会的秩序、公正与权威》，北京：中国政法大学出版，1997，第15页。

[3] 杨利慧：《仪式的合法性与神话的解构和重构》，《北京师范大学学报（社会科学版）》2005年第6期。

活力。然而，利用神话来配合的官方意识形态或者说地方精英的意识形态，并不全然是信众集体认同的意识形态。显然，无论过去、现在，还是将来，信众前去过会，在龙牌前匍匐敬拜的根本原因并非部分学者考证和鼓吹的勾龙–人祖神话，而是因为"生活失衡"[1]的他们没有或者说不信任世俗–理性的解决渠道与办法，更不用提很多信众根本不知勾龙为何物。可见，以合法的神话作为复兴的保障，也只是部分精英的诉求与推断。在当代中国，原本似乎应该是全民的神话依旧在相当意义上止步于"精英的神话"和"文字的神话"。

与侧重于书写龙牌会的某个面相不同，多年研究龙牌会的华智亚，自成一格，从"图热闹"的社会心理来诠释龙牌会的复兴。以往的田野调查对龙牌会热闹场面的描述并不鲜见，但华智亚将"热闹"视为一个关涉龙牌会传承与红火的基本概念，并进行了学理分析。他发现：热闹不仅是中国人理想的生活状态，还是乡土宗教，尤其是庙会现场，判断灵验与否或灵力大小的外在指标；热闹的庙会为民众和信徒提供了神圣和世俗的双重回报，这即当地人对庙会的热情以及庙会传统持久的生命力之所在；在民俗旅游、非遗运动成为热潮的语境中，当地政府更是有意经营这种"热闹"，从而或直接或间接地参与到庙会中来，成为庙会热闹的基本成分。[2]

当然，除对热闹的学理分析之外，华智亚在其专著中还兼顾了微观、中观、宏观三个层次，对龙牌会的复兴和发展进行了全方位的深描，涉及"行好的"与其信仰实践、龙牌会以外范庄的

---

[1] 岳永逸：《行好：乡土的逻辑与庙会》，第134—146页。
[2] 华智亚：《龙牌会：一个冀中南村落中的民间宗教》，第101—119页。

其他"会"、会的伸缩性、从龙牌到龙文化的嬗变、村庙的修建策略、非遗运动等诸多方面。除了宗教政治学的研究视角,他还借用了以西审东的关于中国宗教的红、黑、灰三色市场理论[1],用"灰色宗教市场"来描述乡土宗教的处境,在"民间抗争论"与"国家撤退论"之间找到了平衡,呈现出乡土宗教在争取生存空间的过程中民间、政府与知识分子之间以及各自内部的多向度、多层次互动。[2]

五、异质群体的实践

即使对于同一"俗"而言,"民"也并非一个均质的整体,而是有着复杂性和差异性。这已经是学界的共识。就龙牌会的行动者而言,观察者常笼统地将其分为组织者和参与者两类。组织者常指会头、当家人、帮会,参与者则主要指花会、村民、学者、记者等。其实,龙牌会的群体构成还有更多划分的可能。例如,年龄及其背后的社会认知或可作为划分依据,因为中老年人和青少年参加龙牌会心态和目的截然不同。信仰程度也可以是划分的标准,即使同在醮棚或龙祖殿中唱经念佛,也不意味着都是龙牌虔诚的信徒。

鉴于"局内/局外"与"观察者/参与者"排列组合太过学术理想,岳永逸将龙牌会的"民"分为"现场参与者"和"现场缺席者"两大类,并将当地的天主教徒——奉教的——纳入了观察与分析序列。现场参与者主要包括庙会的组织者、香道的、

---

[1] Yang Fenggang, "The Red, Black, and Gray Markets of Religion in China", *The Sociological Quarterly*, Vol.47, Issue 1(2006), pp.93-122.
[2] 华智亚:《龙牌会:一个冀中南村落中的民间宗教》,第207—210页。

行好的，现场缺席者主要包括地方官员、奉教的等不同宗教信仰者。他指出这两类又分别可作积极、消极之分，并"形成一种积极者涵盖消极者、现场参与者涵盖现场缺席者、女性涵盖男性的关系"。因或明或暗地参与导向甚或建构龙牌会，原本作为他群（other group）的学者反而有了民俗学主义所言的"第三者"的身份，并与龙牌会的我群（we group）互融，互为"第三者"。[1] 简言之，庙会中"民"不单是作为民众的集合，其群体构成多了"行为主体–利益集团"的指涉，包含着话语权力的投射与政治控制的绝对在场。

在龙牌会这样的仪式现场，个人、社会和国家三者并非分立，而是共生。从国家作为符号在场、国家形塑民间仪式、国家征用民间仪式和国家治理民间仪式等四种国家在场方式可知，现代民族国家是民间仪式不可剥离的一部分。[2]事实远非仅仅如此。在"家天下"观深入人心的传统中国，礼俗的互动使得国家从未离开过民间的仪式现场，而是要想方设法地嵌入、规训、教化民间、民众与乡野，化礼为俗、化俗为礼，使之"文"。杨开道曾经用"民众教育"一词，来指称他把梳的宋代以来自上而下的乡风民俗、乡规民约的长时段的形成运动。[3]当然，因为科技的发展，信息传递的快捷，现代民族国家的在场似乎更为突出。就改革开放后重整的龙牌会而言，其群体构成也与时俱进地主动囊括了国家这个最大的共同体，"民"是"国"之中的"农民""公民"与"人民"，而非此前的"臣民""子民"与"顺民"。

---

[1] 岳永逸：《灵验·磕头·传说：民众信仰的阴面与阳面》，第 134—135 页；《行好：乡土的逻辑与庙会》，第 282—291 页。
[2] 高丙中：《民间的仪式与国家的在场》，《北京大学学报（哲学社会科学版）》2001 年第 1 期。
[3] 杨开道：《明清两朝的民众教育》，《教育与民众》1930 年第 2 卷第 4 期。

龙牌会组织主要由当家人、会头和帮会构成。通过对1996—1999年龙牌会筹委会人员名单的比较，刘铁梁指出，龙牌会领导班子具有集体行为的特点。其中，会头的更替主要基于家户内的亲属继承，数量相对固定。帮会则更为灵活，会外精英可以个人身份加入，凭借其知识话语和社会关系，关键是他们与上层权力体系的实际或象征联系，帮助龙牌会抵御外部世界的强力冲击，免遭打压成异端。[1]当家人是龙牌会的总负责人，但二十一世纪以来这一角色却在淡化，随之替代的是为适应对外交际而比附产生的"会长""总会长"，龙牌会的班组分工也愈加明细，其组织结构正经历变化，并前所未有地出现女会长，将一直被遮蔽却与男性均分天下的女性推向前台，使之名实相副。

更进一步，岳永逸界定了一类的横跨组织内外的特殊群体。他借用丹尼尔·贝尔（Daniel Bell）和麦克唐纳（Dwight MacDonald）的"中介阶层"，以这一术语来指称那些对内对外、对上对下具有中介功能和中间地位的住在乡下的"城里人"。这类人群包括了部分会头、帮会和地方文化精英，他们晚年居住生活在乡下，但又有长期接触城市和精英文化的经历、经验。他们参与龙牌会实质是希望当地迅速发展，同时也扩大他们自己在当地的影响，满足其"社会性需要"。尽管龙牌会的中坚力量是那些干实事的会头，但论及对外来人的影响，中介阶层则远远超过真正的信徒。在相当意义上，中介阶层扮演了和龙牌会相关的他群与我群的摆渡者，成为龙牌会俗世的枢纽。在话语修辞上，他们努力与"官方话语""学术普通话"保持一致，主动吸收并用

---

[1] 刘铁梁：《村落庙会的传统及其调整——范庄"龙牌会"与其他几个村落庙会的比较》，第281—287页。

于龙牌会，"使范庄龙牌会成为一种文化性的操作"。[1]

至于"民"的性别构成，有着数量之别的男女更有地位之别、角色之别以及功能之别。因龙牌会期间筹委会下设妇女班，宋颖对龙牌会中的女性持肯定态度，认为女性不仅在日常生活中贯彻着龙牌会的精神，也借着龙牌会展示自身价值。[2]相反，刁统菊认为女性的角色表面上看来重要，其实仍然被男权所控制，龙牌会中忙前忙后的女性所获得的有限的主体性不过是"汉族父系社会文化在民俗宗教上的一种实践"。[3]即，庙会延续了布尔迪厄所言的"男性统治"[4]下的日常生活的性别关系、角色分工，乡土中国"民"中的女性始终处于从属地位。抛开女权主义视角，博格从范庄三对夫妇的信仰实践中推论，龙牌会上的性别分工依旧遵循"男主外、女主内"的家庭传统，并且处在焦点地位的男性参与的其实是作为民俗事件的龙牌会，而女性则在家庭等非公众场域承续着作为宗教活动的龙牌会。[5]换言之，敬拜在汉人社会实则有着"家务事"的特质。当然，上述这些似乎基于性别视角的龙牌会研究，完全低估了二十一世纪初龙牌会出现的女性会长的重要性。在今天的龙牌会，女性不仅仅是仪式的实践者，也日渐扮演起了龙牌会的组织者角色。其重要性和核心性，已经远远不是一般的男性会头所能比肩的。这与现代中国女性地位演进的整

---

[1] 岳永逸：《乡村庙会中的人神互动：范庄龙牌会中的龙神与人》，载吕微、安德明主编《民间叙事的多样性》，北京：学苑出版社，2006，第412—415页。

[2] 宋颖：《龙牌会的妇女习俗及其价值》，载河北省赵县文物旅游局辑印《河北省首届龙文化学术研讨会论文集》（内部资料），2002。

[3] 刁统菊：《女性与龙牌：汉族父系社会文化在民俗宗教上的一种实践》，《民族艺术》2003年第4期。

[4] [法]皮埃尔·布尔迪厄：《男性统治》，刘晖译，北京：中国人民大学出版社，2017。

[5] Mikkel Bunkenborg, "Popular Religion inside out: Gender and Ritual Revival in a Hebei Township", *China Information*, Vol.26, No.3 (2012), pp. 359-376.

体状况正好一致。经过百余年的现代化历程，即使在乡村，在乡野庙会与乡土宗教这样的场域，女性也有了明显的自主意识，更多的话语权和决断权。

在龙牌会现场，观察并参与其中的学者同样是龙牌会的能动者。借助于学者的"在场"，村民不仅生产了地方性知识，也"生产"了关注他们的学者。[1]对此，郭于华自白，"事实上我们的'参与'本身也被用作增加这一活动的合法性和扩大其影响的方式"。[2]王斯福更是站在政治高度去反思，认为中外学者以及大众传媒"从侧面将地方节日活动扩大到民族国家范围"。[3]学者们已经意识到，在自己的学术调查满载而归的同时，直接或间接地对当地产生了影响，而学者自身也受到此影响之影响。学者不是纯粹的局外人，而是推动传统文化再造、加速知识生产、影响民俗发展方向的主要动因之一。很快，学者在观察作为客体、事件和对象的龙牌会时，也把自己及同行的工作纳入考察范围，反思介入民俗事象时的学术伦理。齐易就曾提醒同行不要"好心办坏事"，诸如武断地将龙牌会定性为龙文化、提议建设博物馆、对龙牌会现场的现代游艺不以为然，等等。[4]

当把龙牌会也视为能动的主体或者一个生命体时，龙牌会就成为一个充满张力的集合体，它统合着社区内外的各种力量。由于交往过程中的主体间性，使得人对龙牌会的改造和利用反过来变为龙牌会对人的模塑。这时，我们就会发现是龙牌会"支配了

---

[1] 李立：《"龙牌会"与"地戏"——知识生产的两个例子及启示》，《贵州民族研究》2008年第6期。
[2] 郭于华：《在乡野中阅读生命》，第69页。
[3] [英]王斯福：《农民抑或公民？——中国社会人类学研究的一个问题》，第12页。
[4] 齐易：《是保护，还是破坏？——对河北省范庄"龙牌会"现象的思考》，《民间文化论坛》2013年第2期。

不同的行动主体，各类行动主体仅仅是龙牌会的策略、工具和手段"。[1]因此，任何参与到龙牌会中的人，相对于龙牌会和其他参与者来说都成了"第三者"，同中有异，异中有同。

捎带提及，传播学、音乐学等学科的学者也陆续关注龙牌会。[2]新视角的加入无疑会拓宽研究视界以及思路。这种跨学科交流同样算得上是龙牌会复兴，至少是学术生命力的助燃剂之一。当然，这与成为非遗后的龙牌会的萎缩形成了鲜明的对比。学术写作中的龙牌会与作为社会事实的龙牌会之间的相得益彰，似乎已经是昨日黄花。如果说过往的学术写作曾经是龙牌会谋取合法性而传衍的有效的添加剂、助燃剂，那么为何谋得合法性、被非遗化后的龙牌会反倒没有了活力？继续进行的学术写作还能助力疲软的非遗龙牌会吗？如果答案是否定的，原因何在？

六、非遗龙牌会的瓶颈

对于智慧且能动的乡民而言，非遗运动为龙牌会以及大多数乡土宗教谋求生存空间提供了契机。非遗保护这一国际运动的在地化实践，多以工具理性为支撑，并与民族主义、爱国主义等政治和地方经济发展、文化建设相勾连。在顺利晋级省级非遗名录之后，龙牌会迅速尝试申报国家级非遗，但地方政府主导的申请招致失败。虽然后续申请时，政府鼓励会头和民众积极参与，并寻求学者的建言献策，但是因为龙牌的指涉、龙祖殿的性质、

---

[1] 岳永逸：《灵验·磕头·传说：民众信仰的阴面与阳面》，第95页。
[2] 例如：李敬儒：《大众传媒在民俗传播中的功能——以河北省赵县范庄龙牌会为个案》，《今传媒》2009年第12期；齐易、刘佳：《河北范庄"龙牌会"的唱经》，《天津音乐学院学报》2012年第1期；田晓露：《艺术人类学田野调查报告——以河北省赵县范庄龙牌会为例》，《戏剧之家》2015年第18期。

"看香"等仪式的神秘性,以及龙牌会的文化建设等问题悬而未决,十多年过去了,龙牌会至今都没能"升级",甚至2008年央视科教频道摄制组前往庙会现场拍摄的专题片也未能播出。

如今,以非遗面目出现的龙牌会不时被简略概括为"中华民族龙文化在当今人民生活中的最好体现"。[1]在此类赏心悦目的媒介写作中,乡土宗教的道德教化作用与民间组织的廉洁自律是极力渲染的两个向度。这恰巧应和了九十多年前顾颉刚等前辈学者调查妙峰山时,所赞赏的民众的自组织能力以及信仰力。历史似乎转了一圈后又回到了起点。须承认,在快餐式的媒介写作中,龙牌会是欢快的、高大上的,也是被肢解的与片面的。在凸显石家庄市非遗事项"种类全、品种多、影响大、地域广"和蕴含社会主义核心价值观时,范庄龙牌会就是例证之一。作者认为,龙牌会突出的特点就在于其严密的程序和组织,且价值追求符合社会要求,因为求雨灵验而兑现承诺供奉龙牌的行为是"追求诚信"。[2]毫无疑问,这种"傍大款"式的基于国家视角的"叠写",明显无法涵盖地方之所以成为地方的丰富性[3],甚至抹杀了地方的存在。

近些年来,对乡土庙会及宗教的研究以复兴论和功利论为主流,且复兴与功利互为表里、互成因果。二者共有的假设是,"社会的变迁、经济的发展、主流意识形态监控的松动、精神的需求和传统的惯性为现今乡土庙会的繁荣提供了充要条件"。[4]总

---

[1] 高月娟:《咱庄里人的龙文化》,《石家庄日报》2015年6月17日第11版。
[2] 石家庄社会主义学院课题组:《石家庄非物质文化遗产价值取向研究》,《河北省社会主义学院学报》2016年第2期,尤其是第84—85页。
[3] 梁永佳:《"叠写"的限度——一个大理节庆的地方意义与非遗化》,载金泽、陈进国主编《宗教人类学》(第四辑),北京:社会科学文献出版社,2013,第127—143页。
[4] 岳永逸:《宗教、文化与功利主义:中国乡土庙会的学界图景》,《云南师范大学学报(哲学社会科学版)》2015年第2期,第153页。

体而言，对龙牌会的阐释，也大致服从复兴论和功利论的视角。改革开放后，学界对龙牌会的注视与民国时学者对妙峰山的注视，异中有同：乡土宗教与庙会始终是值得挖掘、可以被利用和改造的对象；功能论是乡土宗教与庙会实现其"外价值"[1]的落脚点。自然而言，合法性的探求成为龙牌会研究史中另一个核心议题。改革开放后，并未完全脱敏的乡土庙会与宗教的复苏是不争的社会事实。因此，学者试图从组织、叙事、符号、效益等方面来理解国家对乡土庙会与宗教不置可否的默许。可是，在众声喧哗中，话语权并未掌握在信众手中，他们平日里的"行好"与家居空间内的信仰实践，尤其是家中过会[2]，甚少被纳入庙会龙牌会的讨论中。相对于对有关龙牌会各色精英的研究而言，基于信众实践，强调过程的"做宗教"[3]范式的龙牌会研究依然欠缺。

如今，方兴未艾的非遗运动事实上成为乡土宗教与庙会最大的避风港。继"民俗化""宗教化""文物化""文化化"之后，"非遗化／文化遗产化"成为乡土宗教与庙会又一获得合法性和安全感的有效路径。[4]有学者指出，在非遗运动中值得重视的乡土庙会与宗教应具有"传统性""伦理性"和"濒危性"。[5]这似乎是

---

[1] 刘铁梁：《民俗文化的内价值与外价值》，《民俗研究》2011年第4期。
[2] 岳永逸：《行好：乡土的逻辑与庙会》，第56、107—171页。
[3] Adam Y. Chau, "Modalities of Doing Religion", in David A. Palmer, Glenn Shive and Philip Wickeri (eds.), *Chinese Religious Life*, New York: Oxford University Press, 2011, pp. 67-84; "Modalities of Doing Religion and Ritual Polytropy: Evaluating the Religious Market Model from the Perspective of Chinese Religious History", *Religion*, Vol.41, No.4 (2011), pp.547-568.
[4] 周星：《民间信仰与文化遗产》，《文化遗产》2013年第2期；Aga Zuoshi, Liang Yongjia, "Seeing Like a 'Religion': Heritage-Making as Legitimising Religions of China", paper presented in Conference on Heritage-making and Heritage Politics in Asia, 16-17 January 2014, Institute of Southeast Asian Studies, Singapore.
[5] 萧放：《当民间信仰成为一种文化遗产》，《中国文化报》2010年12月21日第5版。

迎合了《非遗公约》的要求，却将流变的乡土庙会与宗教视为静态的，并要么将之过度地审美化消费，要么急迫地拔高及至产业化。

岩本通弥曾警示道，与国际标准的"同调主义态度"，本身也威胁着研究者的主体性。他以日本为例讨论的乡土宗教与文化遗产化之间的悖论，明显对中国有着借鉴意义：联合国教科文组织相关条约中"非物质文化"与民俗学所理解的"文化"不可同义代换；现代民族国家虽奉行政教分离原则，但政治与宗教的实际复杂关系的探讨应正视历史事实，追根溯源；外部主导的对传统文化的保护是否真正顺应民意需要质疑；文化资源化所带来的各种目的的民俗学主义或会引起信仰"质变"或躯壳化。关于最后一点，他举例说冲绳县富竹岛的当地居民把取种祭分为供游客观赏的祭礼和传统的祭礼，以保护自身信仰。[1] 樱井龙彦也曾指出，文化遗产使乡土宗教经过"登录化""整序化"而完成"脱域"，进而"再嵌入"。[2]

由此，我们或许可以推测，非遗运动可能会导致乡土宗教形式上和事实上的"家庙分野"。一方面，"庙"的开放即失守。"收归国有"的标准化或准标准化的庙会、庙宇以名誉和空间来约束、规定信仰实践和信众构成，使得原为地方、群体公共生活与精神性存在的庙会更加接近展演。乡土宗教的对外言说与践行面临固化、简化、规范化、同质化，信众与游客混融。另一方面，"民心所向"的宗教信仰则被逼退回"庙"以外的场所。"家庙让渡"意欲弥合的公私之分、圣俗之别再度被撕裂、坐

---

[1] [日]岩本通弥：《围绕民间信仰的文化遗产化的悖论——以日本的事例为中心》，《文化遗产》2010 年第 2 期。
[2] [日]樱井龙彦：《应如何思考民间信仰与文化遗产的关系》，《文化遗产》2010 年第 2 期。

实。家中过会成为乡土宗教的最后自留地。"红色"的庙会悄无声息地逆转,而过渡为"灰色"的家中过会。

在中国,不少人对非遗运动持乐观的愿景,不但将以敬拜、祭祀为核心的庙会、节庆视为非遗的组成部分和应有之义,将非遗视为公共文化,还将非遗运动解读为一种国家层面的文化建设,这种文化建设是对"文革"的反动,并彻底地终结了"文化革命"。[1]然而,冷静审之,非遗运动并未能切实有效地解决乡土宗教与庙会的暧昧身份,反而加剧了"无庙淫祀"与"有庙正祀"的热闹与二者之间的矛盾。若挪用制度性和弥散性的宗教分类[2],那么乡土宗教与庙会的伸缩性、适应性优势正是基于它的弥散性。当非遗运动客观上使乡土宗教与庙会的重心、重镇向"家"倾斜时,这种弥散性会更加深刻。乡土宗教与庙会的传衍方式会有哪些新变化、是否会有名实相副的传承机制与空间,都只能拭目以待。

回顾历史,乡土宗教与庙会的处境一直是官民互动,在不同时期因官方授权、恩准或不置可否而游走在正祀、淫祀之间。高万桑(Vincent Goossaert)指出,"近代中国的宗教政策,与其说是反宗教,不如说是在宗教范围中彻底更新、重新划定可接受的、正统的宗教与其他受排斥的迷信的界限,使之能兼容于国家现代化的规划方向里"。[3]改革开放以来,国家对乡土宗教从反向规训改为正向利用[4],也间接提醒了线性化思维——将乡宗

---

[1] 高丙中:《中国非物质文化遗产保护与文化革命的终结》,《开放时代》2013年第5期。
[2] 杨庆堃:《中国社会中的宗教:宗教的现代社会功能及其历史因素之研究》,范丽珠译,成都:四川人民出版社,2016,第228—264页。
[3] [法]高万桑:《近代中国的国家与宗教:宗教政策与学术典范》,《"中央研究院"近代史研究所集刊》2006年第54期,第173页。
[4] 岳永逸:《宗教、文化与功利主义:中国乡土庙会的学界图景》,第149—150页。

教视为"前现代"或无法适应现代性的东西——是不可取的[1]。乡土宗教及庙会编织于日常生活，与其单纯还原成经济问题、政治问题、社会问题、道德问题和文化问题，不如综合地视为各种问题的集合，即"总体的社会事实"[2]。在历久弥新的"乡土中国"，作为总体社会事实的乡土宗教与庙会既是"包含在具体的中国基层传统社会里的一种特具的体系，支配着社会生活的各个方面"[3]，也真切地映射着动态社会的方方面面[4]。

然而，正如湖北黄石道士洑村端午节在成为联合国教科文组织的非遗之后的日渐标准化的演进那样，中国的非遗运动与早已进行非遗保护的日本一样，被"雾霾"笼罩，更看重的是形式的完美和视觉的愉悦，即脱域、格式化以及所谓创新后的再嵌入。在被非遗化后的龙牌会现场，龙祖殿前的"毛泽东神马"也在2008年前后经历了藏与再现的微妙让渡。对诸多非遗事象指向的立足于乡土、神性与日常生产、生计和生活的精神性内涵，学界主流不是敬而远之、避而不谈，就是欲强力以后工业文明的理念或革命进化的诗性逻辑制度性、常态性地驯化与治理，并以产业化传承、创新性传承等加以婉饰。在形式化与标准化的双重夹击下，被保护的非遗，也是要去粗取精、去伪存真、变俗为雅从而拔苗助长的非遗，要么僵而不死，要么索性沦为有着畸形骨感美的空壳。水土不服的案例比比皆是。

因此，或者可以这样说：非遗化后依旧集中呈现乡土宗教的

---

[1] 陈进国：《传统复兴与信仰自觉——中国民间信仰的新世纪观察》，载金泽、邱永辉编《中国宗教报告2010》，北京：社会科学文献出版社，2010，第174页。
[2] [法]马塞尔·莫斯：《礼物：古式社会中交换的形式与理由》，汲喆译，上海：上海人民出版社，2002，第204页。
[3] 费孝通：《乡土中国 生育制度》，北京：北京大学出版社，1998，第4页。
[4] 岳永逸：《民族国家、承包制与香火经济：景区化圣山庙会的政治－经济学》，《中国乡村研究》2016第13辑。

龙牌会所遭遇的新挑战——疲软，也就是富于地方性的乡土中国向全球化进程中的现代民族国家——都市中国——转型时所正经历的瓶颈与产痛。这或者也是京津冀一体化过程中，参与诸方必然会时时经见的不适与阵痛。

七、龙牌会之于中国民俗学

二十世纪九十年代，一方面此前的文化热余波仍在，另一方面"文化搭台、经济唱戏"大势所趋，被学界群体性地命名为龙崇拜、龙图腾的活化石的龙牌会成了当地精英也在言说的文化。学界的鼓与呼，为龙牌会从"家"到"庙"的转型注入了新鲜血液，并诱导了借博物馆之名的庙宇的成功修建，龙牌会的仪程也发生了显著的变化。对这一变化，原本隐身参与其中的学界又对其进行了再诠释，并将之视为底层民众的政治学，或者说"实践民俗学"。在非遗运动中，经由以乡土宗教为核的龙牌会所引发的种种诠释和再诠释成为龙牌会申遗并成功晋级省级非遗名录的重要筹码。在非遗化的过程中，被表述的龙牌会与会头组织的龙牌会合力再次遮蔽了信众、香头行出来的龙牌会。

龙牌会30多年来的演进也就始终存在名实不副的状态。一方面，是有着"老根儿"[1]的香头在龙牌前始终如一地为信众瞧香治病和信众的虔诚膜拜。另一方面，则是他者基于自己的意识形态和思考，对龙牌会与时俱进的命名与修辞。当然，在庙会组织者、开明的香头等地方经纪人——中介阶层，对拥有话语霸权的他者命名的迎合、挪用下，龙牌会的外在形式、仪程都发生了一些变化，名与实从而也有了一定的契合度。对于这些显在的变化

---

[1] 岳永逸：《行好：乡土的逻辑与庙会》，第120—127页。

而言，学界等精英阶层明显借用自己的身份、地位、写作参与其中，成为龙牌会直接的参与者、建构者和行动者，而不仅仅是外在的命名者、庙会仪式的记述者、求真相的诠释者、学理的创建者与学科发展的推进者。

也即，不仅受到技术时代的录音机、照相机、摄像机、网络、智能手机等科技产品的影响，学界对乡土、龙牌会的热心还深藏着学者对学科转型的理解和研究策略的使用。"从迷信到民间文化"的学科策略、"走向社区传统"和关注"权力话语与国家在场"是近三十年来人类学、历史学、民俗学、宗教学、社会学等学科在乡土庙会与宗教领域的开拓与耕耘的基本路径。[1]具体到民俗研究的策略而言，又主要有三种方式：一是从"民"到"俗"，即直接分析"俗"；二是从"民"获"俗"，或者说从"俗"探"民"；三是由某社区的"民俗"去讨论更大的共同体的问题。[2]对龙牌会的研究也大致历时性地遵循上述三种路径。不仅如此，龙牌会的研究史也在一定层面表证着二十世纪八十年代末逐渐凸显出来的中国民俗学学科的内在危机和突围的尝试[3]，以及从历史主义到现实主义的人类学、社会学倾向的学科转向[4]。

从龙牌会的研究史，我们不难发现民俗学者日益明确的学术自觉。对于村落作为民俗传承时空单元的思考和蕴藏着问题意识与方法论的民俗志[5]，对于"民""俗"两大元概念的再定义，对

---

[1] 吴真：《民间信仰研究三十年》，《民俗研究》2008年第4期。
[2] 高丙中：《知识分子、民间与一个寺庙博物馆的诞生——对民俗学的学术实践的新探索》，第13页。
[3] 刘晓春：《资料、阐释与实践：从学术史看当前中国民俗学的危机》，《民俗研究》2011年第4期。
[4] 高丙中：《中国民俗学的人类学倾向》，《民俗研究》1996年第2期。
[5] 刘铁梁：《村落：民俗传承的生活空间》，《北京师范大学学报(社会科学版)》1996年第6期；《民俗志研究方式与问题意识》，《北京师范大学学报(社会科学版)》1998年第6期。

于传统-现代二元历史观的质疑，对于国家-人民、宗教-迷信、神圣-世俗、日常-狂欢等固有界分的反思，对于民众日常生活认知的体察，以及民俗学主义、神话主义等都融入了关于龙牌会的民俗志式的深描之中。这时，那个在华北腹地小村范庄上演的龙牌会不再与形而下的事实有关，而是中国民俗学的、学术的与学者的，是理性与思辨的，有了"第三者"的审美直觉和主观真实，寄予着第三者的主观现在——浓浓的"乡愁"与尚不明晰却依稀的市井"城愁"[1]。一方面是动态且不断调适、演进的社会事实大于学科，一方面则是学者内发性自我突围，从而赋予学科合理性与意义的欲望。然而，尽管联系更加紧密，在社会经验事实层面的龙牌会始终有着地方精英（经纪人）的龙牌会、信众和香头的龙牌会以及奉教者等不敬拜龙牌的龙牌会之别。学科／学者的龙牌会与多个经验事实层面的龙牌会之间互动互现，相互也就形成了一方与其他诸方之间的"第三者"关系。

正因为如此，在相当意义上，作为一个重要的参与者，历时性、共时性和群体心性"叠合的龙牌会"促生了中国民俗学从文本研究向语境研究的演进[2]，使中国民俗学发生了从偏重于乡村与回望的乡土性向偏重于当下、现代的都市性认知范式的转型，并强调似乎对立、有着线性序列和优劣之分的都市性之"礼"与乡土性之"俗"——中国语境中极简意义上的"官"与"民"——的恒久互动与参差生态，还使宗教民俗学有了从日常生活之流、偏重过程和信众实践的研究视角，及至灵验、磕头、行好、热闹和朝山等成为当代中国宗教民俗学的关键词。不仅如此，从1995

---

[1] 岳永逸：《天眼、日常生活与街头巷尾》，《读书》2017年第3期。
[2] 刘晓春：《从"民俗"到"语境中的民俗"：中国民俗学研究的范式转换》，《民俗研究》2009年第2期。

年中国民俗学会对龙牌会的第一次联合考察开始,甚或从1991年龙牌会正式被刘其印书写、介绍开始,新近才正式提出的"实践民俗学"[1]在那时就已经随风潜入夜,悄无声息地发生了。近三十年来,民俗学界以龙牌会为基地、平台,广邀国内外人类学、社会学、历史学、宗教学、政治学、音乐学以及医学等不同学科的学者,参与进龙牌会的实践与叙事,也充分体现了中国民俗学海纳百川的开放心态和自我更新的活力。

最终,龙牌会层累的经验事实、婉饰与语言修辞——龙牌爷、红色敬拜与龙文化——成为古典传统、革命传统与后革命传统叠合的现代民族国家意识形态的有机组成部分,并浓缩、象征着中国民俗学和当代中国伟大而艰辛的演进历程,成为波澜壮阔并泛着阵痛浪花的社会变迁的一个具象、一个符号和一个隐喻。

八、结语

多方参与的非遗化前后的龙牌会,既未无限扩大,也未无止境缩小,而是在非遗化之后出现了相对稳定的瓶颈状态,亦如鸡肋。作为草根性非常强并以乡土宗教为核心的庙会,也是与非遗运动、中国民俗学学科建设交互感染、交替演进的龙牌会,似乎依然有着自己的演进轨迹。这促使我们不得不进一步思考:

其一,既然非遗化只能有限度地给衍生于过去的草根文化的保护与传承注入活力,甚或无益于文化的传承与保护和文化强国

---

[1] 吕微:《走向实践民俗学的纯正形式研究》,《民间文化论坛》2014年第3期,《接续民间文学的伟大传统:从实践民俗学的内容目的论到形式目的论》,《民族文学研究》2015年第1期;户晓辉:《非遗时代民俗学的实践回归》,《民俗研究》2015年第1期。

的梦想，也不能从根本上改善文化享有者的生活状态、促进地方风貌的现代化，反而沦为一种政绩的修辞和精神文明与物质文明建设的婉饰，那么可否给大力投入的非遗运动刹刹车、减减负，抑或另辟蹊径？至少，已经有了认真重新全面评估在世界文化话语体系支配下的非遗运动之于个体、社会、国家与中华文明之价值的必要性。从而，让草根的、精致的本土文化，真正在文明中国有着其主体性、自主性与自豪感，并反向去影响具有他者话语霸权的"非遗"与"非遗化"。

其二，作为一门现代性、参与性、实践性和建构性很强的人文社会科学，与非遗运动同步前行的中国民俗学怎样摆脱非遗化的束缚，仅仅将非遗与非遗化视为民俗学研究的一个部分，从而给予学科本身更广阔的天地和更深入的学理思考？这已经成为中国民俗学者们不得不正视的问题。也因为当代的中国民俗学几乎全面主动地介入了非遗运动，而且一直与民族国家的建构同步，虽然尚在襁褓与呼召之中，但"实践民俗学"也应该仅仅是中国民俗学的路径之一，尽管呼唤者们的"实践"并不一定对应着"应用"。对作为一个历史悠久，依旧散发着巨大生命活力的文明体之中国——"文明-国家"[1]——的整体观照，对民族心性的细读，对个体、群体承袭过去、孕育未来的当下日常生活的记述、阐释等，都应该是当代中国民俗学的应有之义。

（此文系与蔡加琪合作完成，原文刊发于《民族文学研究》2017年第6期）

---

[1] 甘阳：《从"民族-国家"走向"文明-国家"》，《书城》2004年第2期。

陆 转 场

草根·小剧场·空壳艺术

无论是研究者、表演者还是媒介写作者，无论是具有决策权的官员还是普通观众，一提到当下某种曲艺，人们自然想起五六十年前繁荣昌盛的境况和那个名家辈出的年代，并言说着美好的草根始祖或起源。诸如袁天罡、李淳风、大金牙之于拉洋片，柳敬亭、三臣五亮、净街王之于说书，刘茂基、赵大桅、傅汉章之于山东快书，穷不怕、张三禄、相声八德之于相声，长手指甲、沈阿发、唐茂盛之于绍兴莲花闹，贾瞎子（树三）之于四川竹琴，等等。

无论对于口头传统，还是书写传统，知识叠加、层累叙述都是延续至今的共性。这使得在非遗风起云涌的当下，很多期望在文艺娱乐市场获名获利的从业者纷纷给自己贩卖、兜售的曲艺商品心安理得地贴上"草根"标签。类似的标签还有激发人们抗争、维权意识的"民间",唤起人们同情心的"非主流"和充满虚幻色彩而自我安慰的"原生态"。[1]在此表述脉络中,历史、传统、乡野均有了特别的意义,是正价值、正功能与良性的。

在这些热门并多少有些霸权色彩的话语、标签中,还有貌似低姿态,其实昂首挺胸、斗志昂扬的"小"这一个词语的运用,如"小剧场"等。以至于不少潜意识喜欢向右转的方家试图从这些"小"中发现西方市民社会、公共领域的因子,在施以援手,摇旗呐喊的同时,也对之报以殷切的希望。

这一启蒙、逐利、娱乐与繁荣混搭的常态艺术景观既典型地体现在媒体、商家、时评家对红火前后郭德纲草根相声的包装与叙事上,对小剧场的迷恋和对原生态艺术的哄抬中,也体现在对乡野赛社与革命剧场有意遗忘的社会记忆的机制中。

一、草根相声的阳谋

在此,我们要追问的是,草根为何?何为草根?是否没有上央视春晚的曲艺表演就是草根?是否媒体写作称为草根就是草根?是否演者标榜自己草根就是草根?更进一步,"草根"在今天的语境下,为何就成了一种不同意识形态之间争斗、角力的武器,而且还是外温内火、火力强劲且不乏凶猛的利器?

如果稍微知道相声的历史,那么就会明白从2005年开始被媒介叙事称为承继了清末民初撂地相声传统的郭德纲说的相声是草根相声的不完全真实性,甚或说欺骗性。

---

[1] 关于"民间"和"原生态"分别在二十世纪和二十一世纪初流行的动因,可参阅岳永逸:《两个世纪初的想象:原生态与民间艺术的吊诡》,《文艺争鸣》2010年第6期。

虽然当年也有艺人在小戏院子、茶馆或游乐场这些意味着身份、地位、层级的不同社会空间演出，也不乏如"万人迷"李德锡那样常有给达官贵人演堂会的机会，但撂地相声的表演环境基本是"风来乱、雨来散"的露天场子。观众的主体是社会最底层、最弱势的穷人。演、观双方的基本关系是一批被既有文化定格为"下九流"的江湖艺人想方设法让另一批穷人将自己兜里少得可怜的铜子儿掏出来，即"穷贱"之人与"穷苦"之人之间惺惺相惜的理解与扶持，是穷乐活。换言之，撂地相声是在"空的空间（the Empty Space）"上的演出，演、观双方均等地共享同一空间。

面对完全可能比自己更加拮据却来去自由的穷苦观者，演者不得不使用残虐肉身、自贬、色语、骂街、嘲讽、迎合潮流等种种手段吸引观者的注意，留意观者的反应，与观者互动，让观者乐活、掏钱。[1]这必然促生艺人即兴的创造力与灵感。在抓哏、找包袱或突遇不测时，化解风险的即兴台词或临场发挥的"现挂"不但是一个撂地相声艺人的基本能力，也是其灵感迸发和才艺高下的标志。

于是，观者所期望的、熟悉与陌生的、喜欢与痛恨的、现实与假想的，都成为演者的表演内容。诸如：康熙私访、刘墉与和珅斗智、八臂哪吒城、小寡妇上坟、朝山进香、怯学、赶考、烟卷、卖估衣、粥挑子、切糕架子、上寿、出丧、相面、耍猴、戏法、掏沟、义和团、北伐、女招待、摩登女郎等那个时代的奇闻趣谈、人间万象、时政新潮、天灾人祸……这些都是撂地相声艺人表演时顺手拈来，反复打造、琢磨、练演的题材。

---

[1] 岳永逸：《空间、自我与社会：天桥街头艺人的生成与系谱》，第106—137页。

尽管撂地相声"粗俗""野性",但对于每一个置身其中的个体而言,它本身就是一个"全景敞视主义"[1]的社会剧场。如同任何一种在特定地域、时代有着生命力的草根艺术一样,根据观者的异同,撂地相声的演者——这些行走在江湖的艺人,对表演的内容自觉地形成了一种流变的调节机制。根据每个具体的观演现场,演者心目中有着可演与不可演的明晰界限和演到何种程度的完美直觉。[2]这些直觉"无法交流,只有通过实践获得"。[3]

起初,因为露天撂地的相声"说的不是人话",不但一般人家的女眷不会前往去听,就是有个别女眷前往,演者也绝不会因为多挣几个钱而继续表演,反而会明白地告知女眷这不是她们听的,将之请走。等整个社会真正容许女性在场听了,演者表演的内容自然就干净、文明了不少。更不用说,太平歌词、白沙撒字等生动、形象的寓教于乐、传承历史与生活文化的表演部分。所有这些都使得撂地相声不仅是听的,更是可观与可感的,在顺应、迎合观者的同时也调动、激发了观者多种感官,形成观者对演者的准确直觉。最终,在全景敞视的空的空间,演、观双方互相渗透,互为主体,成为互文。

在二十世纪五十年代初期,因应时势,相声表演从四面围观向台上台下的转变、"看"相声向"听"相声的转化,绝不仅仅是演者与观者使用器官和临场体位、身姿的变化。它与无线电、有线广播等技术的出现,以及因之而有的话匣子、广播等表演空间和传播手段的变化有关,更是因应新的意识形态规训社会主义

---

[1] [德]米歇尔·福柯:《规训与惩罚:监狱的诞生》,刘北成、杨远婴译,北京:生活·读书·新知三联书店,2007,第219—258页。
[2] 岳永逸:《雅俗之伪:二人转的生态学》,《读书》2012年第2期。
[3] [美]詹姆斯·C.斯科特:《国家的视角:那些试图改善人类状况的项目是如何失败的》,王晓毅译,北京:社会科学文献出版社,2004,第454页。

陆 转场

"新人"身心的成功表现，是昔日这些街头艺人重新自我定位与观者区隔的体位学。

简言之，作为今天相声的源头，当年在北京天桥、天津三不管这些都市"杂吧地儿"兴起，以市井百姓这些底层小民为其基本观众的撂地相声，集教化、娱乐、生计、审丑等于一体，既是演者与观者共有的一种生活习惯与方式，也是演观者双方谋求基本生存的政治体位学与美学。

如果说当下被用来买卖，而且是高价买卖的"商品化"相声极度彰显的是撂地相声这个母本的生计属性，那么数十年被誉为"文艺轻骑兵"，重在宣教也长期占据着广播电台和央视的"政治化"相声则主要凸显的是撂地相声的教化功能。从这个意义而言，当下媒体追捧和演者自己标榜的"草根"相声-商品化相声与故意树立为对立面的"官方"相声-"政治化"相声，以及进而被媒介定格为两类相声代表和符号的郭德纲与姜昆之间其实并无大的不同。二者都是撂地相声这棵大树因应不同时代背景与需求而生长出来的枝丫，直接承继了撂地相声的部分基因，都是撂地相声"登堂入室"后舞台化、技术化的结果，也都背离了"空的空间"。

连同小戏园子以及小剧场等一道，话匣子、电台、电视台等锁闭了"空的空间"敞开的门，演、观双方有了人为的区隔。演、观双方身份地位的巨大差异不但强化了锁闭空间，并与高凸的舞台一道使得演者对技巧和声光色电等形美、形制的追求成为必然。但是，对形美的追求又未达到甚至背离了贝尔托·布莱希特（Bertolt Brecht）反动亚里士多德"摹仿-共鸣-净涤"说而有的剧场"陌生化（Verfremdungseffekt）-思考-行动"之倡导。艺术沦为可复制的技艺、技术甚至机械动作。剧场主动、主观、主体的表达欲望受到严酷限制，观、演双方都只能是某种观念意识的被动消费者。灵感不再重要，现挂成为禁忌，娱乐成为"愚乐"。

最为明显的是，除了"小剧场"演出，演、观双方的距离得以适当缩减与多了些互动之外，今天所谓的草根相声并未真正回归到撂地相声这个源头——演、观双方都是穷人，以及平等，甚至演者真正尊观者为"爷"的事实。撂地相声的演者仅为糊口也仅能糊口，平地抠饼、等米下锅的生活常态使之更能洞察世态炎凉、人间冷暖，更深切地知晓观者是衣食父母的能指与所指，多了谦卑、圆滑与世故。与此大相径庭，当下媒介叙事析辨出的"主流"与"非主流"两类相声演者的社会地位都已经天翻地覆：不但完全翻身，还都是居上位之人，要么是表演艺术家，要么是明星，还附带着不同级别的人大代表或政协委员、董事长或总经理的头衔。

有趣的是，在受众这个层面上，不是所谓的草根相声，而是政治化相声距离撂地相声更近些，仍然在低价甚或免费地面向最广大的民众。被不同媒介高调鼓吹的草根-商品化的相声，则主要是明星与新生的都市白领等有闲阶层之间的相偎相依的互慰，以及不同领域暴发户唱和示好的平台、工具。

在经历"草根相声""非主流相声"和"民间相声"的话语命名之后，媒体在2007和2008年两个春节前后对郭德纲天价相声的高调宣扬，不但彰显着传媒错误的舆论导向，也赤裸裸地表明了当下文艺市场、娱乐市场的扭曲，以及商业化所促生的庸俗化泛滥的必然。天价相声的门票能卖出去，还供不应求，表明包括演者在内的经营者与观者共享的逻辑：郭德纲有名，所以他说的相声价格贵→价格贵，相声肯定好→想听好相声，就得多出血→

多出血了，就能听到好相声。

这正是市场经济孕育并泛滥的血酬定律和散发着"光晕（Aura）"的神话：贵的就是好的，好的肯定贵；好的肯定是名牌，名牌肯定好。这一神话又充分迎合了当下官民都有的合力作祟的帝王意识、暴发户意识和小农意识，[1]也即好东西一定要为我所有的自私自利、爱慕虚荣，进而凸显"小我"，从井蛙到夜郎的自得心态。

一度被写手追捧，并以与"黄色"相对的"绿色"自居、命名的赵本山在央视和央视之外的刘老根大舞台的二人转，当然也是被媒介批评称为"二人秀"的混淆视听的"假"二人转，同样遵循的是这一商品市场消费的基本逻辑，并成为众多在都市没有立锥之地的曲艺艳羡的神话，光晕无尽，晕眩不止。

本雅明用光晕来指前工业社会的、传统的原始艺术的神秘韵味和受人膜拜的特性。它与本真性、膜拜价值和陌生感连带一体，但在现代机械复制艺术中消逝。[2]就当代中国已经成为艺术主体的技术、机械复制艺术的实况而言，与本雅明的基本判断不同，光晕（虽然是负面与贬义的，却也是神秘的）非但未消散，反而浑厚、浓烈，让社会晕眩。

在这种晕眩的迷醉中，人们普遍相信暴发户般的天价相声和二人转表明民族艺术-非遗已经光芒四射。扮演了文化英雄角色的赵本山、郭德纲等俨然俯视众生的高空圣徒，以不同的方式向央视叫板。同样，在国产电影评论界，也有人义正词严地将明显势弱，只有票房没有含金量的中国电影进行地理学的换喻，认为中

---

[1] 俞孔坚：《回到土地》，北京：生活·读书·新知三联书店，2009，第3—191页。
[2] 关于本雅明光晕的本义与转义的系统辨析，亦可参阅方维规：《本雅明"光晕"概念考释》，《社会科学论坛（学术评论卷）》2008年第9期。

国电影是世界电影的第三极,而且是与珠穆朗玛峰一样伟岸、高耸的第三极。

不可否认,门槛颇高又唯我独尊的央视"喉舌"这个角色以及还在向服务型政府转型的全能型政府的强势,无形中给自己塑造、培育了很多挑战欲强的对手,并身不由己地成为对手张扬自我的口实、工具与策略。

经过勉力攀爬,诸般手段用尽后,郭德纲及其门徒终于爬挤上了央视春晚的舞台,但并未风光无限、芝麻开花节节高,相反多少还有些偃旗息鼓,甚或黯然神伤。如是,央视春晚这一威权无限的平台,也加速了媒介写作以及实践者自我炒作的官方(政治化)相声和"民间(草根)"相声两类相声的同质化,成为别具一格的"央视春晚相声"这种新的相声文类、体裁。

作为传正声还得娱乐的新相声文类,集威权、责任、风光、娱乐与红利于一体的央视春晚相声,羚羊挂角、无迹可求地将前述两类相声及其演者和粉丝的分野消散于无形,形成了管、导、演、观、播、转、传诸方心知肚明的共性:不伦不类的教化、娱乐与审"丑";空灵也空无一物;台上台下、荧屏内外干瘪、枯萎、僵硬的笑;可乐的不可乐,不可乐的可乐。

虽如此干枯,"春晚相声"却分明又是丰满、汁液充盈的坚挺巨乳,有着鲜明的人民性、全民性和母性。这使得"春晚相声"对各色演者有着不可抗拒的吸附力,强大的亲和力与腐蚀力。原本定调不同、站位不同的演者都成为满心欢喜的向日葵,中邪附体般对"春晚相声"俯首称臣,以粉身碎骨、宁为玉碎的莽撞、豪迈与勇气为之献声、献身。在此长远的也是艰苦的征程中,人完成了向无头脑、无躯体、无四肢的"喉舌"的转型,嘴巴也不再重要。如同其他比肩同台的春晚"艺术"门类,说(演)相声成为喉结的上移或下滑。相声及其行动主体完全变形为那个有些淘气的诗人海子笔下"没有了眼睛也没有了嘴唇"的土与地。

至此，经过百余年的演化，在春晚那个时长数小时，如粉碎机、搅拌机的华美舞台，有着撂地相声、政治化相声和商品化相声等不同枝蔓的草根相声也就完全被"喉舌"冻结，终结，沦为"扁平化"时代的一个个或大或小、或长或短、或宽或窄，随时可下载、删除、开关的视频，闪烁、依稀而阑珊。

在粗野的直白，对怪诞下体及其排泄物肆无忌惮、玩世不恭地夸耀、戏谑、捉弄的外形下，即污言秽语恶行的外表下，真正的草根艺术、民间艺术常常在城墙内外自由转身，有着旺盛强劲的生命力和适应性。[1]它不但雅俗共赏，更有着极其严肃的内涵，还将各色人等置于同一基点、平台，逼视的是个体的价值、尊严与意义、拷打的是灵魂与人性。

以撂地相声为基本形式的草根相声正是这样游弋于宫廷府第、市井街头和乡野草台的"人的相声"。但是，在这个人人自得其乐的扁平化视频时代，草根相声的演者没有了，观者也没有了。在声、光、色、电宰治的形美的横断面视频构图面前，原本立体化并穿空而过的声音成为四四方方的平面，草根相声宿命般地烟消云散，随风而逝。

二、大、小"剧场"及其复象

在某种意义上，当下大、小剧场的社会形态学不但与大裤衩状的央视大楼、鸟蛋形的国家大剧院直接关联，还与清初北京城

---

[1] 岳永逸：《城墙内外：曲艺的都市化与都市化曲艺》，《思想战线》2013年第1期。

大、小茶馆的划分有着异曲同工之趣。

明代,北京城的城墙防御功能明显。与此不同,随着城市的扩展与清初"满汉分城别居"的空间区隔,清代北京内城城墙也就有了明确的政治、文化、族别和差序等级的内蕴,并成为人群强弱、优劣、高低、上下的界碑。顺势,只要在前三门(宣武门、正阳门、崇文门)之内的内城-满城,八旗子弟出入的茶馆,无论铺面大小、豪奢简易,均以"大茶馆"称之。而在前三门之外,在汉人生活的区域——外城-汉城,一个茶馆不论规模大小,也不论是专售清茶还是兼售酒饭,均以"小茶馆""茶铺"甚或"野茶馆"称之。[1]

随着卵形的国家大剧院强力插入天安门建筑群并开门迎客,今天大、小剧场的划分与剧场的外在形制、空间格局、豪奢程度基本相符。虽然如此,能否进国家大剧院演出、演出的频率,尤其是能否上央视、上央视频率的高低,即距离央视这一可视可感又不可触的"喉舌"的远近仍然是大、小分野的潜在标准。正是距离极权而不仅仅是紫禁城远近这一历史悠久的分类准则,才使得"草根""小"与似乎天然有着不满、抗争意识的"民间"粘连、等同起来,成为一个时髦的,也容易被人忽视却具有较强号召力、煽动性,并同样对他者饱含横暴权力的后现代性"革命话语"。

二十一世纪以来,随着政府要给包办多年的文化艺术及其团体"断奶",被官民视为新途的商演"小剧场"模式颇受推崇。其实,"剧场"这个今天已经被人们习惯性用来指代观演空间的

---

[1] 刘佳崇璋:《北京各行祖师调查记略·第八集传抄本》之四"茶馆之祖师",首都图书馆藏,1961。

陆 转场

语词也应该是舶来品，是从对源出于希腊语Theatron的英语单词theatre翻译而来。它的基本标准是公元前五世纪古希腊扇形的露天剧场。本土类似观演空间的表述随着朝代的不同而有着不同称谓，诸如戏场、乐棚、庙台、邀棚、瓦舍、勾栏、茶楼、茶园、戏院、戏园，等等。这从《辞海》对"剧场"的定义可见一斑：

> 也叫"戏院""戏园"。戏剧或其他表演艺术的演出场所。以舞台和观众席为主体。通常分为露天和室内两大类。中国西汉演出百戏的广场已具露天剧场的雏形。唐代寺院中的"戏场"，为后世"庙台"的前身。宋元时称剧场为"邀棚"或"勾栏"。清代宫廷剧场的舞台并装有机械设备；民间剧场习称茶楼或茶园，设备简朴。欧洲于公元前五世纪在希腊建有扇形露天剧场，可容观众数万人。十六世纪初出现建有镜框式舞台的室内剧场，是为现代剧场建筑的前身。[1]

二十世纪三十年代，人们已经开始反思王国维等学者固守戏曲文本研究可能有的不足。有着丰富舞台表演经验的周贻白就格外强调戏剧本为上演、登场而设，"非奏之场上不为功"的本质。受当时传入的西学的影响，周贻白写道：

> 剧场，原文为Theatre。其语源出自希腊的动词theasthai，原意为"看"。沿用至今日，便成为一个含义颇为广泛的名词。所包括者有戏剧、剧团、舞台、客座，及其他

---

[1] 辞海编辑委员会编：《辞海》（1979年版缩印本），上海：上海辞书出版社，1980，第190页。

关于戏剧的各方面。换言之，便是戏剧的全部。[1]

因此，名为《中国剧场史》的周著就分为了剧场的形式、剧团的组织和戏剧的出演三个部分。时隔一个甲子之后，廖奔也指出，"剧场古希腊文为Theatron，其词根有剧场艺术的含义，因此一般西方剧场史都包括对于剧场艺术的论述"。[2]

这里无意追溯、析辨"剧场"一词随着中国现代化诉求、实践所经历的现代性转换和最终成为新好–旧坏的"普通话"的历程，仅想指明同样存在观演关系的特定空间之于中西文化的不同意涵。

露天剧场之于古希腊的社会结构、政治制度显然是一种唇齿相依、相辅相成也平等共生互育的关系。剧场不但明敏地映射历史、现状，预测政治、社会的走势，甚至不时还左右政治，警醒着政治家。与波希战争的胜利相伴，在城市酒神节中上演的称颂英雄并体现城邦价值，尤其是雅典价值的悲剧与雅典城邦的兴盛一致，稍晚的喜剧的写作与上演则与伯罗奔尼撒战争相伴，也意味着雅典价值的沦落。[3]

正因为如此，古希腊的戏剧家们不仅仅是艺术家，也是政治家、思想家，常常处于时代的风口浪尖，是民众的最佳代言人，是思想的利器与旗帜。二十世纪以来，对于西方社会，非亚里士多德或者说反亚里士多德剧场理论的倡导者及其实践，仍扮演了类似角色，如梅耶荷德（Vsevolod Meyerhold）、翁托南·阿铎（Antonin Artaud）、贝尔托·布莱希特、耶日·格洛托夫斯基

---

[1] 周贻白：《中国剧场史》，上海：上海商务印书馆，1936，第1页。
[2] 廖奔：《中国古代剧场史》，郑州：中州古籍出版社，1997，序言第1页。
[3] 林国源：《古希腊剧场美学》，台北：书林出版有限公司，2000，第191—209页。

（Jerzy Grotowski）、奥古斯都·波瓦（Augusto Boal）、彼得·布鲁克、尤金尼奥·巴尔巴（Eugenio Barba），等等。

与此相异，中国古典时期的"剧场"从业者——多数都是瞽者或贱民——落脚于"小我"不均等生命机会的生计以及偏好，基本无关于社会大局，稍晚则明确归属于低贱的"下九流"，人及其艺术都沦为精英、政治的点缀、装饰与玩物，政治游戏的寄生物，常被兴之所至的帝王将相捧杀或棒杀。居上位者推崇的艺术是他们把持并自娱自乐的诗词歌赋文与琴棋书画。对于"苟活"在社会上层或底层的演艺行当，艺术不是独立的、自由的，并先后服从于政治——居上位者的生活——和从业者生计的制约。后人所谓艺术的娱人属性是首要的，审美归于末路，思想则属多余。表演隶属于"宫廷"或良民，从业者没有人身自由，二位一体的艺术实则是"工匠艺术（handwerkerhunst）"[1]和"卑从的艺术（artes serviles）"[2]。

换言之，同样有着演观关系的中国古代的神庙、梨园、堂会、会馆、青楼妓院、勾栏瓦肆这些空间是从属于政治的，不需要真正的嘲讽与批判，不传达独立的思考。人们或主动或被动地崇尚的是排场、奢华与声、光、色等形制与细枝末节的精巧、形美，以及相应的迷狂和晕眩的感觉。这两种追求分别在盛唐有梨园子弟、教坊乐人参加的大酺和清末紫禁城上演的京剧达到极致。

有着这样的生发传衍关系，就不难理解当下在主流意识形态制约下，同时受传媒和西方流行文化（当然也是有意向东方倾销的消费文化、垃圾文化）裹挟的大众文化奉行的"娱乐至

---

[1] ［德］诺贝特·埃利亚斯：《莫扎特的成败：社会学视野下的音乐天才》，吕爱华译，桂林：广西师范大学出版社，2006，第42—53页。
[2] ［德］尤瑟夫·皮珀：《闲暇：文化的基础》，第55—56、77—79、110—114页。

上""娱乐至死"的必然性。细究之,东西、古今、传媒与政治、明星与大众、舞台与技巧、金钱与势利、急功近利与思想贫瘠、道德沦丧与精神虚脱等合力打造的生机盎然的,也似乎是"无父无母"的"青少年化"的娱乐帝国其实也是一种泛政治化的表现,是投机者与被名利左右的小我的政治学,是这个时代的精神胜利法,也是绝望中聊以自慰的麻醉剂、梦幻剂与兴奋剂。

三、"原生态"艺术的摆渡者

当下有着艺术家、歌手-歌唱家、××星/王等不同称谓的文艺从业者拥有极高的社会地位和巨额的财富,享有与之极不匹配的社会资源、特权。这些占据舞台、充斥视频,被不同程度包养的"精英"艺术与形形色色的"帮闲"艺术不但未丝毫动摇其从属于政治的基本关系,反而更加谄媚。被官方不时点名批评的"快男""超女"和各种选秀节目如此,有着正统地位,表面多了些道德色彩、价值导向的"星光大道"、央视春晚,甚至百家讲坛本质上也是如此。尽管后者不乏对草根-原生态艺术的挪用与打造,也不乏让社会各阶层、各地域、各民族的老、弱、病、残、幼、孕以及"洋插队"等被边缘化的弱小者现身、发声。

其实,二者本质上都是在云山雾绕地演绎着一夜间丑小鸭变成白天鹅、灰姑娘变成白雪公主、乞丐变成王子的经典神话,彰显的是十年寒窗后遍赏、遍览长安花的一朝成名而坐在君王侧的风流与显赫。千百年来都知道的庄周梦蝶、南柯一梦、烟云春梦在念经、念咒般地全方位点染、反复夯实后,不再是荒诞的、可望而不可即的,而是真切的,可感可触可碰的,是每个人的感官感觉和主观事实——梦实。"梦赋"不仅仅是娱乐帝国与媒介帝国的魂魄，也是这个时代的正声、正气与风雅颂。

"央视"俨然"殿试"。幕后缜密、明敏的导演、编导，台前才貌双全、声色俱佳的主持人以及并不一定懂行的嘉宾评委，都如君临天下的"皇阿玛"，谈笑风生中威权无限。这些同质媒介产品春风化雨般地对同一母题的挪用、演绎、换形，既显示了当下社会的和谐、公正与通途，也圆功利社会和工具理性支配下的小我的"明星"梦，从而让更多"无才"的弱小者、被支配者安于现状，唱和着社会通途的神话。"一朝选在君王侧"也就成为当下娱乐帝国深藏不露的魂灵。

遗憾的是，被主流与非主流传媒挪用、篡改的草根艺术的生命力又恰好不在以形美、视觉效果以及空洞无物为旨归的舞台，而在于特定的地域、方言、群体以及这三者混融的日常生活。诸如：迎神赛会、红白喜事、庙庆祠祭、春祈秋报、田间地头的劳作、山巅谷畔的歌唱，等等。与都市和镜头下的职业化明星不同，哪怕就是农闲时外出流动卖艺，那些被外界、他者命名的"民间艺人"以及"非遗传承人"都仅仅是其劳动者身份的一个附加角色而已。对于辛礼生这样有"西部歌王"之称却终日与黄土地为伍的民间艺人而言，吊嗓子、护嗓都是多余的、无用的，更不需要踩在椅子上才能唱出高音。

作为任何"高雅"艺术的息壤，草根艺术确实有众多教科书归纳的教化、认知、娱乐、生计、审美（其实审丑更准确）等功效，但这些同样也是任何高雅艺术都有的，并非草根艺术的特质。作为草根的民间艺术与被舞台化、精英化、雅化的艺术最大的不同是：它不是悬置在生活之外，也不仅仅是被观赏的，而是用来交际、交往和交流的，是观演双方表达自己身份认同、社会认同和喜怒哀乐苦等情感的基本方式。

作为一种"社会行为",无论是在哪种——繁复、冗长、沉闷、平静抑或简陋、单调、明快、红火的——生活场景,草根艺术的"表演"或者说呈现,同时具有牟斯(Marcel Mauss)研究初民社会的礼物时所指出的政治、经济、宗教抑或巫术、神话、实用、情感、审美、道德、律法以及社会形态学等多方面的意涵,是该种草根艺术置身的乡民社会的"整体"(total)呈现[1]。

简言之,草根艺术是艺术,更是生活本身,是一群人的生活方式与习惯,有着流动、纤弱也坚强,且不易剽窃和效仿的精魂。

对于舞台化的精英艺术、流行文化而言,二十一世纪以来,"原生态"歌舞不停地被央视发现、追捧应该是一件值得称贺的事情。毕竟它为枯寂、僵硬、传声筒式说教色彩浓厚的精英艺术和自诩为现代、先进、文明、健康、美好的都市生活[2]带来些清新的乡土气息。但从发现之日起,因为必须服从舞台艺术的基本打造规则,服从以牟利为基本旨归的艺术资本主义的运作逻辑,这些被命名为原生态的、草根的、民间的艺术也就脱离了生活,成为木乃伊般的"空壳艺术"。

追求形美的空壳艺术正是中国当下包括影视、各种庆典的开幕式闭幕式、各种汇演、各种竞赛、大赛、评奖在内的不断被资本化、产业化的文艺市场的本质。这一空洞的转型既与乡土中国的现代性转型同步,与脱离大地而被悬置的,已经在中国占主导地位的标本化、标签化与神化的都市文明及其生活方式相匹配,

---

[1] [法]牟斯:《礼物:旧社会中交换的形式与功能》,何翠萍、汪珍宜译,台北:远流出版事业公司,1989。
[2] 对斯科特而言,这种都市生活其实是对科学和技术进步抱持强烈信仰的极端现代主义(High Modernism)长期发展、支配的结果,城市被像社会标本一样地复制,而忽视了人们日常生活的复杂性、主动性和多种可能性。参阅[美]詹姆斯·C.斯科特:《国家的视角:那些试图改善人类状况的项目是如何失败的》,第112—194页。

还迎合了数十年来对传统、乡土知识与艺术整体性驱除而形成的肤浅、浮躁的欣赏趣味。

因应表述的需要，在非遗大潮下，所谓草根、原生态与民间艺术也就理所当然地在娱乐帝国有了身份、脸面，有了出场的合理性、正当性、必然性与必要性。1942年，毛泽东在延安文艺座谈会上讲话的核心问题是文艺与政治之间的关系。就那个年代的具体情形而言，讲话的基本理念和精神是振聋发聩的，有着惊天地泣鬼神的巨大能量和持久回响。时隔六十年后，民间、乡土的回归在形式上似乎与延安文艺座谈会上的讲话精神相似，实则大相径庭。因为当下的乡土并非首先要屈从于政治的整肃，其首当其冲的是必须迎合都市的品味及想象，受舞台、镜头整肃的"精巧化"、技术化是第一原则。

对于乡野或社会底层民众而言，对于真正熟悉草根、乡土的人而言，被时评家和媒介叙事津津乐道的赵本山、郭德纲、周立波等大腕是荒诞与漠然的。频率极高地在央视等不同级别的官方媒介上现身的他们也就与李宇春等超女、快男以及主要靠展示肉身的各色嫩模们、车模们遥相辉映，共同铸造着娱乐帝国的辉煌、骄奢。

不同区域范围、不同级别层次的"大"剧场"春晚"原本是因应传媒时代、视频时代莅临而有的在大一统意识、帝王意识支配下，与民同乐、官民同乐、赐福于民、施惠于民等诸多观念的当下实践。不可否认，因应电视等新的传媒，尤其是同期万象更新而娱乐的相对单一，初创时期的央视春晚有着巨大的魅力和人气，获得了空前的成功。在二十世纪八九十年代，央视春晚在相当意义上成为海内外华人的"年夜饭"。守着春晚过春节悄然无声、不折不扣地成为那个年代的新年俗。人们对其有着巨大的期盼。为此，官方投入了大量的人力、物力、财力和智力。

很快，随着媒介的多元、娱乐的多元、需求的多元，随着观者多变、细腻也苛刻的听觉、胃口以及明显异质的主观现在，继续欲一统天下的央视春晚的红火热闹日渐退潮，风光不再。虽然绞尽脑汁，花招用尽，但越来越靠金钱堆砌，名导、明星支撑，大投入大制作的各色梦赋春晚不容置疑也是经典地彰显着娱乐帝国的惨淡辉煌。铁打的营盘流水的兵之间不再彼此辉映。在斑斑点点星光的照耀下，自我导航的营盘坚实地步入穷途。

经过近三十年的叙事演绎，层累添加，"春晚"之"春"将这个汉字原本有的、并行不悖的内蕴、外延、明喻、暗喻、隐喻、借喻应景随机地重新编码，整合一处，熔为一炉，诸如：春意、春日、春天、春节、春阳、春晖、春假、春秋、春闱、春试、春情、春心、春梦、春瘟、思春、念春、怀春、打春、叫春、春宫、暗春、臭春，等等。千变万化，无法言传的"春"也就风情无限、风光无限，绵延不绝。被媒介帝国全方位裹挟的娱乐帝国也就众星捧月，星光灿烂，层峦叠嶂，层出不穷。虚实真假的光晕错错切切，密密匝匝。身不由己，无处藏躲的人们不得不汇入呐喊、迷醉、晕眩的洪流，或静默无声或亢奋摇曳，或自阉或阉人。

如同曹阿瞒手中食之无味弃之可惜的"鸡肋"，也是聪明反被聪明误而丢了小命的杨修主簿嘴中的"鸡肋"，反客为主的春晚将央视不折不扣、有板有眼地推入了进退维谷的窘境：越无味越要办，越要办越无味，徒增豪奢、辉煌，如春梦一场，亦如一场春梦！

已经有人将春晚及其盗版、翻版的草根春晚、网络春晚称为（新）民俗或伪民俗。或者有朝一日，同样有人会将春晚及其寄身的央视、卫视、网络都视为优秀的非遗而奔走呼号，为民请

陆 转场 281

命。谁知道呢？

四、被遗忘的赛社和革命剧场

从与一个特定地域和特定人群的关系而言，除了仍在极少数地方传衍之外，今天主要在文字表述和耆老记忆中广泛存在的大江南北的傩、赛社、社火、社戏等和扎根于乡土的草根艺术显然同属一类。而从戏剧发生学与尤金尼奥·巴尔巴的戏剧人类学的角度而言，赛社、社火这些在中国大地上历史悠远的乡土展演与泛雅典娜节、城市酒神节、连那节、农神节等期间的古希腊剧场同样有着异曲同工之趣。

这些剧场都是没有布景、赤裸裸的，是"没有间隔、没有任何障碍的完整场地"[1]。在这些空的空间或者说质朴剧场，"从第一声鼓响开始，乐师、演员和观众就开始分享同一世界"[2]，祛除了所有伪装，演、观双方是"感性的、直接的、活生生的交流关系"[3]。与宫廷艺术在娱乐时顺带追求后世美学家所赋予的审美抑或审丑迥异，这些草根传统因应自然、个体和小社会的变化，娱天、娱地、娱神、娱人并自娱。它关注灵魂，拷问命运，驰骋想象，激活生命，赋予意义，天然有着阿铎强调的剧场的"复象"和本雅明所言的光晕，并从哲学意味上表现人所处的演化状态，神圣而残酷，质朴而粗野。

遗憾的是，傩、赛社、社火，以及地戏与社戏始终被压制在社会边缘与底层，是满天星式的碎片化存在。未能燎原的星星

---

[1] [法]翁托南·阿铎：《剧场及其复象：阿铎戏剧文集》，第104页。
[2] [英]彼得·布鲁克：《敞开的门：谈表演和戏剧》，第48页。
[3] J. Grotowski, *Towards a Poor Theatre*, p.9.

之火也就没有能在更大范围的地域、人群产生影响。带有民主色彩、与政治比肩、体现价值、追问意义、拷问灵魂的中国剧场也就一直处于萌芽状态，亦无从与孕育西人市民社会的公共空间或公共领域相提并论。

鸦片战争以来的现代化渴求与转型，尤其是以五四新文化运动为标志的饱含内在矛盾性的启蒙运动[1]和延续至今的极端现代主义的恣肆，不但没有给予这些草根以新生，反而将其贴上迷信、愚昧、封建、落后、铺张浪费等标签，钉在民族发展的耻辱柱上，有史以来最大限度地压缩了其存在的合理性与存身的场域。迥异其趣的是，不仅仅是梅耶荷德、布莱希特对中国文化及其戏剧，尤其是梅兰芳的表演恩爱有加，阿铎、彼得·布鲁克都贪婪地吮吸着巴厘岛戏剧、伊朗塔其赫等这些类似中国傩、赛社、社火的东方草根艺术，并为西方的剧场带来新的生机。

差不多是直到二十世纪末期，廖奔、周华斌、冯俊杰、车文明、罗丽容、曹飞等中国戏剧学者才开始正视所谓的"神庙剧场"。[2]遗憾的是，这些正视大多又远离了周贻白当年所言的剧场即"戏剧的全部"这一同时兼具认知论和方法论双重意义的基本内涵，在相当意义上将"剧场"回归到单一的演出空间。虽因应文献、文物资料的结合，却常"只聚焦于演出环境本身的发展演

---

[1] 对五四运动内在的复杂性、矛盾性、不彻底性、混搭以及因应时代、政党政治而有的语义的转换、叠加，李欧梵、瓦格纳（Rudolf G. Wagner）和余英时有精彩的分析，参阅 Milena Doleželová-Velingerova and Oldřich Král eds., *The Appropriation of Cultural Capital: China's May Forth Project*, Cambridge,Mass; London: Harvard University Asia Center, 2001, pp.31-65, 66-120, 299-324.

[2] 这一领域已经有了丰硕的成果，如：车文明：《中国神庙剧场》，北京：文化艺术出版社，2005；冯俊杰：《山西神庙剧场考》，北京：中华书局，2006；罗丽容：《中国神庙剧场史》，台北：里仁书局，2006；曹飞：《敬畏与喧闹：神庙剧场及其演剧研究》，北京：中国戏剧出版社，2011。

变上",主旨是说明中国"剧场"历史的悠久以及建筑的科学与精美。这样的取态,自然少了剧场之于中国社会、文化、政治以及个体意义的追问,反而是傅谨关于草台子戏班的研究直接承继了周贻白的剧场观,显示出新的活力,魅力非凡。[1]

与此同时,受奥古斯都·波瓦"被压迫者剧场"(Theatre of the Oppressed)[2]理念的影响,在二十世纪后期的菲律宾、印尼、孟加拉国、韩国、日本以及中国香港与台湾等国家和地区普遍兴起,并被视为"亚洲的呐喊"的"民众剧场"[3],直至2005年前后才在外力的帮助、扶持下,在中国大陆犹抱琵琶半遮面式地羞涩现身。

民众剧场为民众而存在(for the people),属于民众(of the people)并由民众创作(by the people)。它试图打破演者与观者的界限、专业与非专业的界限、剧场和非剧场的界限,将剧场史上处于被动位置也需要"净涤"的观众转化为主体,并让这些成为主体的弱势群体发出自己的声音,表达自己的权利与诉求。这一质疑以欧美为核心的主流消费艺术的追求,使得亚洲各国民众剧场的从业者在表演形式与内容上,都尝试以传统的民族艺术表演草根民众的生活,在街头等公共空间,而非华美精巧机关重重的舞台,呈现当下的生活议题。因此,在民众剧场,并没有绝对意义上的观者与演者,有的仅仅是观演者(spect-actor)。

其实,抗战初期兴起的以民众熟悉的形式宣传抗战的《放下

---

[1] 傅谨:《草根的力量:台州戏班的田野调查与研究》,南宁:广西人民出版社,2001。
[2] [巴西]奥古斯都·波瓦:《被压迫者剧场》,赖淑雅译,台北:扬智文化事业公司,2000。
[3] 钟乔:《亚洲的呐喊:民众剧场》,台北:书林出版有限公司,1994。

你的鞭子》等街头剧[1]，以及随后延安鲁艺的学员们，当然也是毛泽东思想的奉行者们，在对陕北民间文艺的吸收后精心打造出来的《兄妹开荒》《白毛女》等意在进行革命教育、政治动员的革命剧场在某种意义上都可以视为中国民众剧场隐逸的先祖。

尽管当今的理论家们更愿意提及巴西教育家保罗·佛莱尔（Paulo Freire）的"被压迫者教育学"（也称"解放教育学"）对长期身为被压迫者、被驱逐者和流放者的波瓦的影响，但只要念及毛泽东思想及其实践在二十世纪六七十年代世界性的深远影响，就很难斩断有中国特色的革命剧场和被压迫者剧场之间的内在关联。有些反讽的是，不论终极目的是什么，波瓦的"被压迫者剧场"在新世纪又被作为一种全新的、先进的理念引介进来。

京剧也好，昆曲也好，相声也好，大鼓也好，先锋剧也好，三D也好，地下电影也好，无论演观的是哪种艺术形式，今天被不少时评家推崇、看好也叫好的"小剧场"既无古希腊剧场传统，也丧失了傩、赛社、社火这些本土草根文化的传统，更无抗战时期街头剧和稍后的"兄妹开荒"式的革命剧场传统。反而，这些"小剧场"将被反复意识形态化的梨园、小戏园子、小茶馆以及堂会的娱乐小我的衣钵视为令箭，一小群人在封闭的空间、璀璨的舞台和精美的传媒中自娱自乐、自说自话，最终沦为另一种形态的"空壳艺术"，有机地融入中国当代表象火热、数据飞涨、沾沾自喜并自夸自傲的文艺市场，因晕眩再生出重重叠叠的虚假光晕。

---

[1] 对二十世纪三十年代，尤其是1937—1939年，《放下你的鞭子》等街头剧因应左翼知识分子、右翼知识分子、民族主义者等不同主导者在不同时间、地点对该剧与观众打成一片的即兴表演，尤其是在抗战动员中激发城乡民众保家卫国所表现出的巨大能量，洪长泰进行了详细的梳理、分析。参阅 Hung Chang-tai, *War and Popular Culture: Resistance in Modern China, 1937–1945*, pp.55–64.

陆　转场　285

五、神话吹牛皮

当下，小剧场俨然被视为一种重整所谓民族艺术、方言艺术以及现代艺术的有效模式，被上下齐心地大力提倡、仿效与复制，财政投入剧增。虽然剧场可能很小，观者可能很少很老，也动摇、改变了草根艺术的传承方式、链条与生态，但诸如浙江瑞安、山东胡集那样，近几年来政府买单，群众看戏听书听词，成为非遗语境下，保护、发扬、盘活民族传统文化和政府"惠民"的重要举措与大书特书的政绩。

这里，要讨论的不是时评界津津乐道的"小剧场"现象，不是政府惠民买单的功过得失，而是"小剧场"这一命名。这一中西并呈、古今杂糅，也是混淆视听的洋泾浜的命名与阐释究竟意味着什么？如果不是瞎子摸象，而是直面惨淡的事实，那么"小剧场"理论的阐释者、在被称为"小"的空间的观、演双方实则是风马牛不相及的三个异质群体。如果考虑到近些年来基本被闲置的各地文化馆、群艺馆的窘境，那么在文化艺术及其社团改制的大背景下，主流媒体、文艺管理决策者一窝蜂地跟进提倡小剧场也就显得太过急功近利，至少没有远虑。

眼下，因为有政治强力的推动，传统文化、民族文化、文化大国、文化强国又成为时髦的话语。毫无疑问，中国是一个历史悠久的文化古国、文化大国，也数度是文化强国。但是，要想重整、重现一个文化古国与大国昔日四野来朝、来贺、来学的文化强国之象，言辞的标榜和声音的高亢是无效的。

在狭隘的文化保守主义观念的支配下，当然也是在文化产权名义下，对文化疆界、文化壁垒的树立与强调更是有害无益。"保卫春节"的起哄不但有着褊狭的文化保守主义色彩，还有着官媒精英忽视民众文化主体性和自觉性的文化虚无主义作祟。

作为文化多元一体的现代民族国家，地方文化和族群文化的兴旺对于中国文化的繁荣、重整有着不可替代的重要意义。尤其是民众对自己创造、享用、传承的，新中国成立后被称为民间文艺、曲艺这样的草根文艺、地域文化、方言文化的繁荣更有着非凡的价值。在当下娱乐多元、文化多元、需求多元、彰显个体和自私自利的个人主义泛滥的年代，草根艺术的兴旺不是官或民剃头挑子一头热的事情，更非官方频频挂牌、命名"××之乡""××遗产名录"就能完成。

遗憾的是，在全球化的语境下，当下草根艺术的发展有着急迫地要远离乡土，走向他者与外部世界的盲动。显然，让这些根和源都在乡野、泥土、老百姓，也是老百姓生活的草根艺术快速地走出家门、走出地方、走出国门，将之舞台化、精英化、都市化、小剧场化，着力打造某个明星等，都是急功近利的"近视眼"做法。不可否认，这些拔苗助长式的方略会快速地给某种草根艺术带来海市蜃楼、昙花一现、回光返照式的繁荣镜像。但是，在其原生地没有很好传承基础的前提下，刻意迎合他者、脱离传统、摆脱方言与泥土味的改革、创新与发展显然是舍本逐末、缘木求鱼的愚人做法。它不但无益于改进任何一种草根艺术的传承现状，反而会使其因为营养不良或营养过剩而快速衰亡。

作为地方文化、方言艺术、群体生活，任何一种草根艺术的繁荣都是以充分体现其乡土味、方言味、土得掉渣的生活气息与自然、野性为特色。一种地方文化，只有在地方有声有色，生机勃勃，才可能增强个体的自我认同、群体感与自豪感，进而才可能吸引他人，为外界所关注，被他人效仿与推崇。换言之，草根艺术的繁荣是百花齐放的繁荣，是山花烂漫、芳草萋萋的繁荣，而非一枝独秀的繁荣，更非温室花朵惹人眼的娇媚与妖艳。"草色遥看近却无"是咏叹早春景致的古语。其实，它也非常吻合当下包括草根文艺在内的，在都市生活有存身之所，在文化大国、文化强国语词叙写中也占有一席之地的文化产业、文艺市场：可远观而不可亵玩焉！

老早老早以前，黄河边的人差不多都知道，牛皮是没法吹的。要做过河的筏子，只有羊皮才成。但人们实在是舍不得牛皮，慢慢地俗语"吹牛皮"有了更为丰富的含义。它是说一个人巧舌如簧，无中生有、颠倒黑白、混淆是非的嘴巴功夫的厉害，有羡慕、恭维，也有调侃、戏谑、不以为然之意。但是，吹牛皮早已不仅仅是一个本土化的黑色幽默与冷幽默。它已经化蛹为蝶，破茧而出，翩翩起舞、蛊惑、色诱并同化着我们，成为我们当下的国民性。作为一个无所不化、无坚不摧的八卦炉和时下国人施授的一种心有灵犀、物我两忘的巫术、炼金术，吹牛皮既是所向披靡、润物无声的瘟疫，也是隽永、情深义重、无迹可求的神话。

经过吹牛皮这个神话温柔光晕的滋润，草根、小剧场、空壳艺术经历了增魅化-污名化与祛魅化-神圣化逆向互动，道成肉身，纷纷地成为一个个色彩斑斓，同样闪烁着智慧、理想光晕的神话！"醒狮-巨龙"这个借喻也就多了曲径通幽的小桥流水，亭台舞榭，处处有景致，时时有亮点，可人、温馨、浪漫也晕眩。

（原文刊发于《民族艺术》2013年第2期，亦曾收入拙著《忧郁的民俗学》浙江大学出版社2014年版）

转基因，非遗的馆舍化

近二十年来，作为非遗的重要类别，表演艺术类非遗因为其多样性与跨学科性，一直都有着丰富的研究样态。但是，这些研究多数还是在"原/本真性"与"活态传承"这两种规矩的范式下展开的。大量出谋划策的理论构想与保护实际同样脱节。在实质上，本真性、原生态论的持有者，以温和的保守主义和频频回望的复古主义为毂，将非遗视为亘古不变的、静态的，定格为经国大业的擎天柱，而将之博物馆化、标准化，并需要高级别安保，终至沦为小众把持的博物馆、展览馆、演艺馆等"馆舍"之产业。"活态论"者关注到非遗动态与变的一面，却又易沦为发展幻象的囚徒，将非遗视为天然的文化资源，为文化产业、旅游经济以及扶贫事业助阵。在这一构型的主导下，以服务于人、

（古）村落、社区为口号，舞台化、表演化的非遗被进一步婉饰，最终还是为小众的"馆舍"事业添砖加瓦。如此，"非遗舞台是谁的中央"就成了一个问题。

一、"暖"的乡野表演艺术

二十一世纪之初，原本与乡土、民族、民间关联更紧，且更多指向情感表达与消费的传统戏剧、音乐、舞蹈、说唱等"表演艺术"，因其乡音、乡情、乡韵，厚重的历史积淀和广泛的群众基础，以及各自独特的表演性、艺术性，大致定格在了优秀传统文化之列。这既与现代民族国家对传统文化一贯有效征用的策略有关[1]，也与联合国教科文组织倡导的人类文化遗产理念及实践的冲击有关。因为涉及人类文化多样性（共有、共享，美人之美、美美与共）和现代民族国家文化主权（独占、专属，各美其美）等对抗式合作或者说竞争式合作的博弈与纠结，在声势浩大的非遗运动背景下，昆曲、古琴、维吾尔族木卡姆、蒙古族长调等纷纷跻身联合国教科文组织非遗名录，就在情理之中。受此影响，对于符合标准的民间文学、民俗、民艺等冠以"非遗"名号，将之"非遗化"——去"粗"取"精"、去"伪"存"真"，而成效明显的"文化转基因"，建构出肩负道义和正能量的知识社会学——持续的历史、传承谱系、精美技艺、巨大影响和效益、对

---

[1] 这在二十世纪四十年代以来陕北说书的表演形态、在新民歌运动语境下红色歌谣的强劲出场和文化政策介入下传统音乐的生境都有着清晰的呈现。参阅胡嘉明：《延安寻真：晚期社会主义的文化政治》，第119—161页；黄景春：《中国当代民间文学中的民族记忆》，上海：上海大学出版社，2020，第144—166页；魏育琨：《国家话语："文化政策"介入下的传统音乐》，《中国音乐》2019年第1期。

于家国民族不容置疑的重要性却又后继乏人等[1],进而保护、传承以及相关的研究在中国大地如火如荼地铺展开来。十多年来,自上而下、全面动员且几乎见者有份、全员参与的非遗保护成效卓著,积累了丰富的经验教训。

因其本身的复杂性和多样性,对表演艺术类非遗保护、传承的研究与探索,则出现了民俗学、文学、戏剧学、音乐学、舞蹈学、人类学、民族学、宗教学等多学科齐头并进、齐抓共管的势头。长期在特定时空对某个有着非遗名头或正试图申报"非遗"的表演艺术深入观察,将会对基于分类学和行政治理逻辑而"脱域"的表演艺术类非遗构成严肃的挑战。诸如:湘南瑶族"坐歌堂"(冈介)实乃当地瑶人生活状态的"缺乏"的艺术性呈现和镜像。[2]也即,当下被视为"非遗"的冈介的发明与传衍,实际上是当地瑶民对其生活世界众多"缺乏"的一种饱含情感的创造性与美学化应变。这种在部分意义上因匮乏而生的研究者等他者眼中、笔下的浪漫的"艺术",不但解决了客人光临时家中床铺不足的物质窘境,还在亲戚之间、邻里之间、村寨之间、男女之间、老少之间营造出一种艺术性交际的文化模式、生活态,培养了个体解忧愁的乐观主义和村寨热闹的氛围,并赋予流动迁徙的生活和生命以"暖"意。同样,广西德靖一带壮族的"吟诗"这个被他者命名的"歌圩"非遗,原本就是壮族民众用来"暖屋""暖地"与"暖村"的。它让心暖,而使生活与生命充实,

---

[1] 这是一个极其复杂的行政技术操练的过程,也是一个意识形态化、标准化、规范化、程式化、表格化直至视觉化的过程。参阅岳永逸:《以无形入有间:民俗学跨界行脚》,第8—28页。

[2] 郑长天:《瑶族"坐歌堂"的结构与功能:湘南盘瑶"冈介"活动研究》,第241页。

并非他者想象的而标签化的"男欢女爱"。[1]

与原本偏"雅"的昆曲、古琴等在精英文化中有着不可替代的地位而高大上的非遗项目不同，诸如冈介和吟诗这样，绝大多数乡野的表演艺术类非遗，是前工业文明的产物。作为生产生活和社会文化生态链上的一环，这些表演艺术类非遗与特定地域的自然生态、气候、物产和特定人群的历史演进、生产方式、日常生活、内外交际、人生仪礼、岁时节庆、宗教实践、生命观、宇宙观等密不可分，并与特定社会形态的实在"匮乏"紧密相关，因而兼具指向才智的创造性、指向情感的审美性、宗教性（至少是神圣性）和指向闲暇的娱乐性、游戏性。随着工业文明、信息文明的冲击、都市生活方式的强力浸染，当这种匮乏状态得以消减甚或祛除，表演艺术类非遗生存的土壤不在，尤其是与人们的生命感、生存意识、日常生产生活、交际、价值认同关联不紧时，哪怕将其精致化为满足他者想象而观赏的"舞台艺术"、旅游项目、馆舍展品，或是助长为"大戏"[2]，非遗化后的保护与传承必然面临着无法逾越的困境。

---

[1] 陆晓芹：《"吟诗"与"暧"：广西德靖一带壮族聚会对歌习俗的民族志考察》，桂林：广西师范大学出版社，2016，尤其是第156—308页。
[2] 在二十世纪五六十年代的戏改中，诸如赣南采茶戏这样的地方小戏就已经经历了试图提升为"大戏"的实践。大致同期，原以说唱为主要表演方式的相声，也有过"化妆相声"的戏剧化尝试。分别参阅王静波：《国家、社群与现代地方小戏：以赣南与粤北地区采茶戏的生存和演变为考察对象》，第189—191页；祝鹏程：《文体的社会建构：以"十七年"（1949—1966）的相声考察为对象》，第329—369页。

二、脱域，"非遗化"之弊

表演艺术依托演者、观者、表演场域（文化空间）以及诸多技术设备、传播介质等共同完成。显然，演-观者[1]是表演艺术的核心，传承人与传承机制在非遗保护中尤为重要。在相当意义上，传承人的存在有效保证了表演艺术类非遗作为表演艺术的生命。对于戏剧而言，非遗实践为一些陷入困境的艺人带来发展的契机，但也"改造"着传统艺人的表演，并在一定程度上迫使表演艺术变成"表演的表演"。在将之资源化、资本化的同时，也在政治、市场、旅游、名利等工具理性的主导下，实现文化的转场。进而，在完全自然的、合作的或者说全然不觉的过程中，实现了文化艺术的转基因，如镜花水月，精美绝伦。

于是，不断抽离生活、化为文化传统的符号象征的戏剧，展演的是人们形构出的甚或是臆想的地方传统文化。[2]对于西北多地盛行的花儿的保护与传承，解密花儿传承的内在机制、明了各地花儿的个性价值，成为学界承担其"学术责任"的先决条件。[3]柯杨格外强调在关注花儿传承人演唱与表演之外，更需要用麦克风、摄像机记录下他们的生活、艺术创作和传授技艺的过程。以此，展现其生活史、成长史和传习史，叙说传统的脉络，以延续

---

[1] 诸如在八角鼓、冈介这样的在生活现场，也是彼得·布鲁克意义上"空的空间"和格洛托夫斯基意义上的"质朴剧场"，观者和演者之间的界限是模糊与流动的，或历时或共时，观者常常会变身为演者，演者也可能成为观者。因此，称"观-演者"更为合适。参阅岳永逸：《老北京杂吧地：天桥的记忆与诠释（修订版）》，第428—431、467—468页；郑长天：《瑶族"坐歌堂"的结构与功能：湘南盘瑶"冈介"活动研究》，第96—98页。

[2] 郭英德：《传统戏剧表演艺术传承人的特性与功能》，《天津社会科学》2008年第3期。

[3] 赵宗福：《西北花儿的研究保护与学界的学术责任》，《民间文化论坛》2007年第3期。

精神的传承。[1]也即，要将脱域的花儿传承人还归到生活现场。

山东胡集书会与河南马街书会[2]齐名。对于胡集书会说书艺人两难的生存处境，非遗实践或只是片刻地让胡集书会"回光返照"，因为技艺承传与精神延续完全无法仅靠政策扶持完成。[3]而土家族跳丧歌舞"撒叶儿嗬"在列入非遗、进行商演后，跳丧中重情重义的古朴民风被破坏。随着"撒叶儿嗬"表演内容、形式的改变，过往表演中形成的庄重仪式感与构建的乡亲社会关系，日渐消弭。[4]

因为衍生于农耕文明、游牧文明以及渔猎文明并存的乡土中国这一基本事实，在艺术性之外，大多表演艺术类非遗通常都有明确的精神指向，尤其是仪式性和神圣性，并在人们生老病死的日常生活中、在社群认同和地方社会的整合与有序运行中，扮演了关键角色。除已经提及的湘南盘瑶的冈介、广西德靖壮族的吟诗之外，云南峨山彝族花鼓舞、大理巍山彝族"打歌"、浙江温州鼓词、浙南畲族的《高皇歌》、上海松江叶榭舞草龙和安徽池州傩戏等，莫不如此。但是，在列入非遗名录——被非遗化，而得到政府、商业的双重垂青后，这些表演艺术所具有的震慑人心的宗教性仪式内涵，被不断剥离，而更趋世俗化、娱乐化，尤其是空洞的泛感官化。在相当意义上，热闹、好看、不伦不类的"狂欢"，上央视、出国、获奖以及领导喜欢等，成了表演艺术类非遗的代名词。或敞阔或逼

---

[1] 柯杨：《人类非物质文化遗产代表作之一——花儿的保护、传承与创新》，《民间文化论坛》2011 年第 5 期。

[2] 马志飞：《马街书会民间曲艺活动的社会机制研究》。

[3] 王加华：《当下民间说书艺人的生存困境及其应对策略——以胡集书会参会艺人为中心的探讨》，《文化遗产》2012 年第 4 期。关于胡集书会的历史和在当下的具体情形，可进一步参阅王加华主编：《中国节日志·胡集书会》。

[4] 刘守华：《山野奇花的旷世魅力——"撒叶儿嗬"简论》，《民俗研究》2014 年第 1 期。

厌、或华丽或简陋的舞台,闪光灯,大小麦克风、音箱、五颜六色的镜头画面,官媒精英的赞许,成为表演艺术类非遗不得不时时注目的指挥棒,进而进一步都市化、艺术化、精致化,当然也不同程度地标准化、空壳化与异化。

　　脱域而去信仰化,抑或说世俗化的表演艺术类非遗,在相当程度上都受传衍场域、异质时空、观者口味与期待的影响。或迁移、或缩小,不断演化的文化空间与生态,深刻影响着表演艺术类非遗的发展。很明显,如今层出不穷的新式剧场,尤其是被声光色电等技术渲染、控制和驾驭的舞台,新生且快速传播、弥漫的流行艺术,传承人对外在世界与观者的理解、妥协甚至迎合,内在提升的欲望等,都影响、规整着表演艺术类非遗的面貌与性质,终致在民众的需求和舞台审美之间形成堕距。

　　作为湘西土家族在传统年节期间表演的一种仪式歌舞,毛古斯古拙的表演风格与内容早就吸引了民俗学、文化人类学、舞蹈学、戏剧学等学科的学者反复考证。作为一种威权话语,这些学界成果又反向成为地方非遗申报、生态文化保护和旅游民俗开发的助推器。王杰文尖锐地指出,"毛古斯"被他者对象化、瞎子摸象式固守一隅的认知与理解过程,同时也是当地民众被疏离于自身传统的过程。这样,被表演和观看的文化传统成为一种异化的复兴与发明的"传统文化",并使得地方社区的经济模式、社会关系、心理世界经历着一系列重组。[1]简言之,非遗化的毛古斯是对土家族民众毛古斯扬弃、婉饰之果,与之有关又无关。前者实乃后者的基因突变。

---

[1] 王杰文:《论民俗传统的"遗产化"过程:以土家族"毛古斯"为个案》,《北京师范大学学报(社会科学版)》2016年第4期。

陆　转场　295

与毛古斯相类，名列非遗目录之后的广西壮族"末伦"（moedlaenz）表演，经历了由家屋至社区再至舞台的三级跳。非遗的介入，使得"末婆/末公"仪式吟唱中的宗教性与仪式性传统被逐步剥离，取而代之的是当下喜闻乐见的"节庆""文化"标签。这一变化也就整体呈显了"去脉络化"与"再脉络化"的过程。[1]在非遗化进程中，在强化池州傩戏的艺术、文化和商品属性的同时，原先"敬菩萨"内涵的禁忌与神圣意义被不断消解和边缘化。[2]正如2016年吴天明导演的电影《百鸟朝凤》展现的残酷事实那样，鲁西南鼓吹乐的艺人们不得不直面年轻人喜欢的流行音乐连环式一波又一波的冲击和挑战，无力回天。[3]同样的困局也是河北昌黎皮影戏不得不面对的：年轻观众缺失，演出市场萎缩、后继乏人。[4]

在相当意义上，非遗运动使表演艺术类非遗的文化宣传——言语建构——与地方民众的认知、生活之间产生了明显的裂缝。在保护实践中，表演艺术类非遗原本有的民众基础、与特定人群日常生活的亲密性、有机性都不同程度地削弱。叶榭舞草龙的表演说明，信仰内容的丢失、娱乐性的增强，都在使其偏离过去的意涵。因此，赵李娜认为有必要恢复舞草龙仪式存在的文化生态场，并对其草龙制作、祭祀仪式等实行生产性的活态保护。[5]也

---

[1] 高雅宁：《中国非物质文化遗产政策下广西壮族"末伦"（moedlaenz）舞台化展演的探讨与反思》，《民俗曲艺》2017年第196期。
[2] 李静：《失语与言说之间：非物质文化遗产语境中池州傩戏的不同话语与角力》，《民族艺术》2018年第2期。
[3] 林琳、李云鹏：《"非遗"艺人保护聚焦：以鲁西南鼓吹乐的艺人保护为例》，《民族艺术研究》2017年第5期。
[4] 王卫华、孙佳丰：《我国表演类非物质文化遗产的传承与创新：以昌黎皮影戏为例》，《云南师范大学学报（哲学社会科学版）》2018年第6期。
[5] 赵李娜：《环境、信仰、文艺与生活：人地关系视野下的国家级非遗叶榭舞草龙研究》，《西北民族研究》2014年第3期。

即，非遗工作的推进需以地方为中心，展开具体的观察、实践与反思。二十世纪后半叶，温州鼓词遭遇发展与传承危机。政策之下"社区词场"的设立、"温州曲艺场"的运作，将传统鼓词表演重新带入了当代的社会生活中。这一民俗"植入"，在相当程度上促成了人们对温州鼓词传承的自觉。[1]

当异化、过分的舞台化和小众化被视为问题，并强调表演艺术类非遗保护应该回归民众生活时，[2]研究者显然意识到了民众生活、地方环境与表演艺术类非遗之间的一体性。但是，在都市文明无孔不入、生活方式日新月异的今天，如何使源自前工业文明的表演艺术类非遗回归生活？在众多策略中，将非遗"植入"校园的呼召和实践格外醒目。

三、嵌入，校园传承的正反

"从娃娃抓起"的非遗校园传承，一度得到普遍认可，并继续在大力推行。但是，这些大多仅从形式上亲近民众、将表演艺术类非遗平面移植到校园的做法，常常是将表演艺术类非遗在长久历史中形成的与艺术美感一体的全身心浸入其中的神圣感剥离的。常与人生仪礼一体的表演艺术类非遗，不仅直击人的身心，而且孕育、形塑了个人对生命的体认。相反，进校园的表演艺术类非遗常常只有外在的形式，更注重的是可以分解的技与术、身体习练的招式与架势。何况，这些表演艺术类的非遗原本就外在于当下在电子产品陪伴下成长的孩子，也与他们必须通过的新人

---

[1] 包媛媛：《非物质文化遗产保护与温州鼓词多元传承生态的形成》，《民间文化论坛》2019年第4期。
[2] 李荣启：《论传统表演艺术的保护与传承》，《中国文化研究》2019年第1期。

生仪礼——升学,尤其是中考和高考——基本无关。

在现代民族国家不断完善的过程中,意在形塑新型公民、国民的校园传承是一个非常复杂的话题。在云南峨山,不仅仅是非遗运动全面展开后,花鼓舞迅速在中小学校园处处花开,早在二十世纪五十年代,花鼓舞就步入了云南民族学院(现云南民族大学)。在改革开放初,峨山县民族中学鼓励学生穿着少数民族服装,学跳大娱乐等民间舞蹈。1989年,玉溪地区的民族中学引入了彝族达体舞改革课间操,每周一、三、五跳达体舞,二、四做广播体操。[1]毫无疑问,在不同时代,优秀的有用的也用得上的传统文化、民族民间文化,都有着校园化的经历。高校的工艺美术、民族音乐、民族舞蹈、戏曲等专业的设置,戏剧学院、曲艺学校的创办,概莫能外。而且,即使没有自上而下的制度性建设与要求,一个地方的民间文化与人们生活的亲密度、认同度也会直接影响人们是否主动积极地将之引进校园。正是因为长期存在于丧葬之人生仪礼和开新街等节庆中,而且是丧葬和开新街的基本要素,花鼓舞在峨山彝族人中有着高度的认同。这一文化生态,使得在非遗语境下,有序地进校园传承顺理成章,而且有声有色,效果明显。与此相类的还有天津滨海新区的国家级非遗项目——汉沽飞镲。

2008年,作为天津沿海一带渔村渔民旧时生产与生活习俗的"标志性文化",[2]汉沽飞镲顺利荣登国家级非遗名录。在历史上,飞镲被用于渔业生产的同时,还承载着渔民和盐场工人的精

---

[1] 黄龙光:《民间仪式、艺术展演、民俗传承:彝族花鼓舞田野民俗志研究》,第216、230页。
[2] 刘铁梁:《"标志性文化统领式"民俗志的理论与实践》,《北京师范大学学报(社会科学版)》2005年第6期。

神生活以及诉求，此后逐渐演化为集音乐、舞蹈、武术于一体的表演艺术。1988年，在定县秧歌剧团彻底解散之后，私人秧歌班社再次兴起。与以往不同，这一时期复兴的私人班社是以经济利益为主导的。在经济利益主导下，俗称"台口"的庙会演出不能满足需求，为开拓演出市场，"小事"——红白喜事——演出勃兴，而且白事演出日益成为定州秧歌演职员经济收入的重要来源。[1]这一与时俱进的转型，为定州秧歌后来成为国家级非遗奠定了坚实的包括演者和观者在内的群众基础。与此相类，改革开放后在市场经济的影响下，因面子观、孝道观和对生命的敬意，汉沽飞镲快速地融入了当地的丧仪。由于与绝大多数家庭生活，尤其是个体生命的完成发生了根本性关联，白事飞镲逐渐演进成当地飞镲者的一种可与主业分庭抗礼的"副业"。不仅如此，比定州秧歌同期传承状况更进一步的是，在二十世纪九十年代初期，汉沽飞镲有了进校园传承的实践。

　　正是白事的经常性演练和校园的传承，在相当意义上使得汉沽飞镲在都市文明及其生活方式主导下的汉沽地区传承至今，并为后来成为非遗奠定了厚实的文化生态，尤其是培养了大批的传承人。相反，在非遗语境下，自上而下嵌入校园传承的汉沽飞镲却有着非遗申报、保护中普遍出现的问题，即脱域的标准化、形式化。这导致今天当地的中小学生学习飞镲的热情不但没有明显高涨，较之三十年前反而还有所萎缩。[2]

　　因为在相当程度上剥去了非遗特有的地方性文化意涵，尤其是与个体生命、精神生活之间的关联，非遗进校园传承更多地流

---

[1] 谷子瑞：《定县秧歌：从乡村戏到非遗》，第159—172页。
[2] 赵雪萍：《公活与出作：汉沽飞镲的田野考察》，第68、76—80页。

于了应付考评检查的形式化一面。北京国家级非遗项目，小红门地秧歌的校园传承，就一直面临这样尴尬的困境。在学校，演练地秧歌的小学三、四年级的孩子通常是外来民工子女。而且，在刚刚熟悉后，或者因为升学压力，或者因为回迁，传承人不得不重新训练新的孩子。[1]如此循环，传承人的危机也就成为"制度性的"危机。即使在校园传承红火、有序的云南峨山，因为升学压力，不少家长对孩子在学校演练花鼓舞忧心忡忡。[2]

在赣南，当采茶戏在2006年名列国家首批非遗名录后，其传承迅速引起地方政府的高度重视。通过国家"赋权"，"非遗化"的采茶戏在成为地方标志性文化的同时，也成为当地"全民"性的采茶戏。2007年，面对传承人紧缺的现实，赣州市开始实施赣南采茶戏定向生培养政策。每年由财政出资，选送一批学生到赣南文艺学校学习采茶戏表演专业，毕业后充实到市、县各剧团。与此同时，不但在赣南师范大学舞蹈专业开设有采茶舞蹈课，还有效地实施了采茶戏进中小学校园。虽然成效卓著，但还是出现了定向生学习不专心、觉得采茶戏"土"而内心抵制，以及为了解决工作而走后门根本无关采茶戏传承的诸多乱象。与激发出来的老龄群体对采茶戏的热情不同，专业传习采茶戏的青年一代并未形成整体的"文化自觉"。[3]

无论经验还是教训，这些案例都在强有力地警醒着拥有决策权、话语权和支配权的他者：非遗保护与传承必须以深入了解大小地域的日常生产、生活为基础；要充分尊重、善待非遗文化拥

---

[1] 张青仁：《行香走会：北京香会的谱系与生态》，第113—116页。
[2] 黄龙光：《民间仪式、艺术展演、民俗传承：彝族花鼓舞田野民俗志研究》，第223页。
[3] 王静波：《国家、社群与现代地方小戏：以赣南与粤北地区采茶戏的生存和演变为考察对象》，第314—329页。

有者的自我调适和抉择；要设身处地、感同身受地将民众视为情感对象，而非工作对象，从而能与民众之间互为主体，有着共情性理解与共鸣；尊重事物兴衰更替的自然规律，避免学校传承的机械化与形式化。

四、融域，文化场视域下的非遗

如今，乡土中国的曲艺、戏剧、音乐、舞蹈等表演艺术，在面临多元文化及娱乐方式的冲击之外，又受到"非遗化"——多种力量操控的文化转基因——对其内容的改造和意义的重构。长时段观之，兰州鼓子有从雅向俗的演进历程。[1] 以"文化菱形"为模型，陈向华考察兰州鼓子在当代的生产与接受，指出鼓子艺人生活与其演出之间的松散关联，以及观众对此艺术的陌生疏离。[2] 昆曲的非遗化给我们提供了一个反向的例子。因不断被强调其"遗产""国宝"的"高雅艺术"属性，本身具有世俗精神的昆曲，反而逐渐变得局限于知识群体这一狭小圈子。有鉴于此，王廷信认为，表演艺术不应为"非遗"所限，成为凝固的、一成不变的东西，而应使其不断发展、更新，与时俱进。[3] 在对西北"花儿"的保护中，柯杨在反对片面本真性的同时，希望将全面性、地方性、认同性纳入本真性的思考和阐释范围。换言之，对非遗进行制度化的"包养""喂养"，或者说全方位的"陪护"，都是不符合事物演进的内在规律的，而且往往适得其反。

---

[1] 杨阳、陈勤建：《兰州鼓子：民间非遗艺术的传承与困境》，《华东师范大学学报（哲学社会科学版）》2016年第4期。
[2] 陈向华：《论兰州鼓子在现代化语境下的生产与接受》，《西北民族研究》2015年第4期。
[3] 王廷信：《昆曲的雅俗与保护传承》，《民族艺术》2009年第4期。

"非遗"符号的强化,或许能使一些濒危的传统表演艺术焕发出些许生机,但同时也使更多的表演艺术类非遗为发展而发展,不得不勉力产业化、市场化与商演化。以佛山"龙舟说唱"为例,谢中元指出,在表面热闹的传承传播现象背后,更需要对其保护做更切实的尝试,不能掉入非遗发展和"文化表演"的窠臼之中。[1]云南弥渡花灯同样面临"被动"的非遗实践。以人数与设备堆砌而起的新花灯文化节,取代了原本传衍百年的民间民俗活动,成为一种地方文化的展示工具。反之,艺者、观众,这些核心传承人则成为陪衬。[2]

根据《牡丹亭》版本演变,宋俊华探讨了建构者、重构者对经典的坚持、传承与创新。显然,这一文人化的重构演绎,对当下的"经典热""非遗热"不无借鉴意义。然而,应承原之意涵的表演艺术,亦应衍今之变化,方能以其自然之态,与当下众生的日常发生关联。[3]倡导在充分挖掘非遗原本有的价值的前提下,将之视为一种"文化资源"服务当下,进而将其激活,也就成为学者在意的一种非遗保护路径。[4]不仅如此,认为只要在建构舞台"表演的本真性"过程中,传达出了非遗的精髓、灵韵就是对非遗有效的保护和传承,也成为一种声音。[5]如何处理生发于乡野的表演艺术类非遗与城乡差别依旧明显的日常生活、审美趣味、

---

[1] 谢中元:《佛山"龙舟说唱"的活态传承与保护研究》,《文化遗产》2014年第2期。
[2] 李刚:《非遗保护工作如何可持续发展:进入"后申遗时期"的云南弥渡花灯保护问题研究》,《文化遗产》2012年第1期。
[3] 宋俊华:《〈牡丹亭〉:从"至情版"到"青春版"——一部昆曲经典的建构、重构与解读》,《文化遗产》2009年第3期。
[4] 陈志勤:《论非物质文化遗产在现代社会中的应用:以"绍剧"为例》,《文化遗产》2009年第2期。
[5] 王宵冰:《从〈祭孔乐舞〉看"非遗"的舞台表演及其本真性》,《民族艺术》2014年第4期。

生活愿景之间的关系，实乃不得不长期面临的难题。究竟何为非遗、非遗为何，自然成为研究者不得不经常反问自己的问题。是天然地将非遗作为一个前置概念，还是直接面对事实本身，重新来定义或者说厘清非遗这一预设概念，就成为两类不同的研究定位、取态。

从美国人类学家博厄斯（Franz Boas）一脉的文化生态学的角度，杨民康鲜明指出：非遗中所谓传统音乐表演艺术，不仅仅是其音声形态本身，还应包括"表演行为和仪式行为等同音声形态相关的行为样态"，因为传统音乐表演艺术的生存和发展与社会风俗、礼仪、节庆原本就是一体的。进而，他强调一种传统音乐表演艺术的存在和传承，最离不开的就是"仪式或'仪式化'环境条件所起到的维护作用"。不仅如此，仪式或仪式化，社会群体、个体及文化观，表演场所和自然、地理环境等因素一道才构成了语境中的内部环境条件因素。这些内部因素与来自该群体社会外部的条件因素，共同对传统表演艺术的存在、发展起着制约作用，使传统音乐在当代呈现出原生态、次生态与再生态并存而不相悖的谐美局面。[1]以此观之，非遗运动与传统音乐的演进传承关系就变得复杂起来，远非非遗运动、自上而下（在相当意义上也是一厢情愿）的非遗保护本身所能大包大揽的。显然，所有被非遗化——转基因——后的非遗，都存在这一不得不面对的困境。

以云南剑川白族的石宝山歌会为个案，朱刚尝试从构成石宝山歌会之"文化空间"的时、空二重维度，反向理解非遗。[2]相较

---

[1] 廖明君、杨民康：《传统音乐与非物质文化遗产保护》，《民族艺术》2008年第1期。
[2] 朱刚：《非物质文化遗产文化空间研究的时空维度——以云南剑川白族的石宝山歌会为例》，《民间文化论坛》2015年第3期。

陆 转场　303

而言，虽然同样是聚焦文化空间，孟令法对畲族《高皇歌》演述的观察更微观。如同峨山彝族的花鼓舞在当代同时并存丧葬、开新街和艺术节三种形态一样，浙南畲人演述《高皇歌》存在娱乐歌场和仪式道场两种，且都是以畲民家户为中心。孟令法指出，在不可避免的舞台化和世俗化趋势下，非遗文化空间的时空边界更取决于非遗保护主体对传统文化活动或表现形式在特定族群中的时空建构。[1]也即，非遗也好，承载非遗的文化空间也好，都有着对过去的继承、对当下的理解和对未来的期许，是一种过程中的"当下态"，是心理学家汉弗里（N. Humphery）意义上的"意识的厚瞬间"（thick moment of consciousness）。[2]

多年研究采茶戏的王静波对吴燕城的访谈意味深长。[3]她是想借一个艺人——非遗传承人——的艺术生命史，来描绘粤北采茶戏的风雨起落。这时，人与戏并不是演与被演的关系，人即戏，戏即人。在粤北采茶戏起落不惊的演进和吴燕城风雨如晦的人生中，非遗运动都是一个充满张力的巨大拐点。

作为社会事实，非遗运动不仅影响到相关的人事，还极大地影响甚或推动了学术研究。对于多年有"文艺轻骑兵"之称的曲艺，人们不但强调作为表演艺术的曲艺的综合性与复杂性，更注意到演-观并非曲艺的全部，呼召在关注台上表演的同时，关注台后、台下的文字形态和曲艺与不同群体日常生活之间的关联。也正是非遗运动的全面展开，舞蹈研究整体上出现了下述转型：研

---

[1] 孟令法：《文化空间的概念与边界——以浙南畲族史诗〈高皇歌〉的演述场域为例》，《民俗研究》2017年第5期。

[2] Nicholas Humphery, *Seeing Red: A Study in Consciousness*, Cambridge, Mass: Harvard University, 2006, pp.111-129. 关于"意识的厚瞬间"和民俗之间关系的进一步诠释，可参阅岳永逸：《忧郁的民俗学》，第49—56页。

[3] 王静波：《"采茶"人生路——粤北采茶戏国家级传承人吴燕城访谈录》，《文化遗产》2018年第3期。

究定位从边缘走向中心；研究视野从单一走向综合；研究思路从采集体认走向田野实证；研究范式从国家话语走向乡土语境。[1]其实，舞蹈研究的这些转型也是对非遗研究的整体趋势，并推动着非遗运动进入一种越来越理性也良性运行的轨道。

五、馆舍化，本真和活态论的陷阱

如今的表演艺术（不仅仅是非遗名录中的诸多表演艺术）面临着资本市场、多元文艺的强力冲击。其本身的艺术性、专业性，更是加大了对其保护与深入研究的难度。对"非遗"的过度强调，又在一定程度上影响了中国传统艺术文化发展的不平衡性与原有累积形成的生态链，打破其因时应势的内发性发展变化、兴衰的自然规律，进而形成一种呈高原态也是悬置的文艺繁盛之状。

毫无疑问，非遗运动成果丰硕。这部分得益于学界持续的观察、参与和省思。然而，"原／本真性"与"活态传承"也似乎成为学界探讨非遗的两条捆仙绳，终至产生了一种言之无物、空泛的赞或讽，自圆其说却无关痛痒、形式规整、四平八稳的学术文类——"非遗八股"。这种八股，言必称：（1）非遗的概念；（2）非遗的理论以及政策；（3）国际经验；（4）非遗化前的原态；（5）非遗化；（6）非遗化后的新态；（7）现状、弊端和建言献策；（8）理想愿景。进而，在非遗八股中，无论是传承人还是参与其中的官员、投资商，出淤泥而不染、满满正能量的"家国情怀"既是非遗运动众多参与者的群像，更是贯穿这种新生且

---

[1] 罗婉红：《寻根传舞：非物质文化遗产视角下传统舞蹈学术史的回顾与评述》，《民族艺术研究》2018年第2期。

迅速大行其道的文类的命定魂魄。如此，八股叙事也悖谬地升格为宣扬在曲折中伟大前行、文化自信、文化自觉与文化自强而不容置疑的"家国叙事"。也即，非遗八股巧妙、狡黠地绑架、盗用了原本严肃、情深义重，先天下之忧后天下之乐的家国叙事，给自己穿上了乱人眼与心的璀璨的马甲。尽管这些规矩的型式、理想的范式、海市蜃楼般的愿景以及"完美"叙事，有着在全景敞视结构中被表演的羌族羊皮鼓舞中出现的视角差与视觉差，[1]但依旧无法避免甚或导致大量出于善心而出谋划策的理论构想与保护实际之间的脱节。

实质上，本真性、原生态论的持有者，以温和的保守主义和频频回望"三皇五帝"的"过去就是好的"之复古主义为毅，将"非遗"——不仅仅是表演艺术类非遗——剥离人、事与时，视之为亘古不变的、静态的，定格为"经国之大业、不朽之盛事"的擎天柱，进而将之博物馆化、化石化与标准化（另类的神圣化）。诸如双簧、数来宝、岔曲、相声、花会、中幡等北京不同层级的非遗项目，必然强调其与宫廷文化之间的关联，至少会追溯到慈禧、光绪二圣的赏玩。传统皇权"附体"的确证，成为当下北京众多表演艺术非遗化的符码和进身之阶。与在革命史学中的"封建""反动""腐朽"等标签迥异，在文化场域，宫廷、圣上俨然高瞻远瞩的非遗文化的催生婆、非遗保护的先驱与护法，功在当时，利在现今与千秋。对当下"典雅"的京剧、昆曲等非遗而言，真与假、正统与非正统、新与旧，在其保护传承中，始终是争论最多的议题。公说公有理、婆说婆有理。

---

[1] 李建峰：《试析全景敞视中不同主体的"非遗"视觉差：以汶川羌族羊皮鼓舞为例》，《民俗研究》2019年第6期。

然而，多少有些苍凉、萧瑟的是，不光梅兰芳、新凤霞、侯宝林越来越小众，白先勇张罗的青春版《牡丹亭》，刘老根大舞台上一度要价不菲的"绿色"二人转，以非主流相声、民间相声和草根相声自命、自扬的郭德纲，都一阵风式地过去了。自然而然，这使得在变的大势中，传统、正宗、正统反而更加重要。顺此逻辑，层层加冕而需要高级别"安保"的非遗，自然最终服务于有着话语权、行政权的小众（俨然无所不知甚至无所不能的"精英"）把持的，也是他们津津乐道的有着层层叠叠的门、（附设有人脸识别系统）闸机口的博物馆、展览馆、演艺馆、小剧场、或古旧或新建的传承基地——传习所、校舍等楼堂馆所，终至成为当代都市一道亮丽也晦暗的"馆舍"[1]产业。借非遗运动的强力，有着相对明确边界的大小市镇，都是这些馆舍产业欲一试身手、施展拳脚的舞台。

　　"活态论"者，虽然关注到非遗动态的、变的一面，关注到人、事、时等因素的掺和、互动，却又容易中"发展就是好的"的蛊，自觉或不自觉地成为发展幻象的囚徒，陷入正大光明的文化产业、旅游经济以及扶贫、脱贫之工具理性的陷阱，完全忽视原本与生活一体的非遗文化艺术的"内价值"——对于文化创造者、传承者、享用者和其存身的方言、社区、人群水乳交融、不可缺失的意义。敞阔的乡野，也是作为都市镜像的乡野，小众温馨化、浪漫化进而审美化并进一步工具化的乡野，成为活态论者天然的实验场、练功房。毫不奇怪，在这一构型的主导下，以服务于人、（古）村落、社区的口号，非遗铁定了要被舞台化、表

---

[1] 这与利奥塔用来指代农业文明之"房舍"相对，相当于利奥塔所言的都市文明。参阅[法]利奥塔：《非人：时间漫谈》，第205—221页。

陆　转场

演化，成为镜框、镜头势在必得的猎物。最终，活态论从另一路径为小众的"馆舍"事业添砖加瓦，与本真性论者合流。似乎没有围墙、栅栏合围的村庄社区，甚至心旷神怡、秀色可餐的乡野山水，也不折不扣、一本正经地沦为有无形墙围堵而内外都难以逾越的"馆舍"。

九腔十八调的京西斋堂川山梆子，虽然名列北京市第二批非遗名录，但终究还是沦为馆舍化的状态。其保护大抵是容易让他者凝视的戏台、服装、道具、乐器上的更新。已经跻身国家级非遗名录的京西千军台、庄户的古幡乐，也未能逃此宿命。事实上，在非遗运动肇始之初，也是2005年元宵节古幡会的现场，两个年过花甲的会首就愤慨地提出了"究竟在保护谁的非遗"这样尖锐的问题。[1]异地同声，在东莞木鱼歌的保护现场，人们有着同样的诘问。[2]

换言之，在相当意义上，正是非遗运动推动了当下遍布城乡的"馆舍"文化———一种多少有些不伦不类的转基因文化——的兴旺之象。无论是行政职能部门主导的实践，还是学界的理论探索与建构，欲实现保护初衷的中国非遗运动，还有漫长的路。动用了大量人力、物力、财力与智力的非遗伟业，必须始终直面这些基本问题：非遗为何？为何保护？怎样保护？是以现代民族国家的名义宣誓文化主权，以地方政府的名义强调文化所有权，还是承认人类文化、民族文化、民间文化、民俗文化的多样性、普遍性与公共性？是真正服务于文化持有者、非遗传承人、践行者

---

[1] 岳永逸：《举头三尺有神明：漫步乡野庙会》，济南：山东文艺出版社，2018，第214页。
[2] 黄琼：《谁的"非遗"：东莞木鱼歌的田野调查与思考》，《文艺争鸣》2014年第3期。

家长里短的日常生活，还是将文化剥离生活后再为脱域的转基因文化赋权、加冕而再脉络化、情境化？如何平衡非遗不可视的精神与可视的物质之一体两面的双重指向？如何避免让不一定有观者而门前冷落的表演成为非遗的鬼魅？

表演艺术类的非遗，核心肯定是不同舞台、形式的"表演"，是观与被观。然而，当所有门类的非遗，因其都具有的表演性、展示性，且必须常态性为异质群体——他者，在格式化、标准化、技术化的特定时空——馆舍抑或舞台——有序展演，从而成为笼中鸟时，非遗的可持续也是良性的传承与发展，就成了一个不得不直面的问题、难题。在此意义上，因为"小众"傲娇的私情、父母情结浓厚的行政官员强烈的文化"包养"或者说陪护意识（当然这也是一种身不由己的担当意识），非遗运动或者也可以视为一场有声有色、有板有眼的文化转基因运动。可视、赏心悦目但常常是空洞的形式美与舞台美，是非遗化后的文艺——转基因文艺——的旨归。而貌似天下兴亡匹夫有责之家国叙事的非遗八股，延续也是主动皈依到了宣扬苦难、锲而不舍的忠孝伦理和最终涅槃的传统的士大夫诗学与美学。借被形塑的作为"文化老英雄"的传承者，借转基因后俨然有着家国担当、兴旺天下的非遗，官员、资本家以及记述者、讲诵者、研究者本人都一体性地、圆满地实现了一览众山小的"士大夫化"和"精英化"。

于是，除了要诘问"谁的非遗""谁在舞台中央"，我们还必须时时警醒，进一步追问："谁应该在舞台中央？""谁真正在舞台中央？""舞台又是谁的中央？"

当然，并非仅仅是中国才需要警醒。这些其实是联合国教科文组织主导的遗产保护运动不可避免也必然有的困局。正如梅斯凯尔（Lynn Meskell）指出的那样：初衷在于保护人类遗产而满怀

陆 转场 309

理想的遗产保护，不但快速创造出了一个庞杂的技术官僚体系，还引发了更多的纠纷、隔阂，甚至冲突。[1]

——庸常的现实替代了宏大的理想。

（原文刊发于《民族艺术》2020年第6期）

---

[1] Lynn Meskell, *A Future in Ruins: UNESCO, World Heritage, and the Dream of Peace*, Oxford: Oxford University Press, 2018.

柒 余韵

回首向来萧瑟处

一

因为二十世纪二三十年代晏阳初倡导和实践的平民教育运动，定县驰名中国，也有了世界性的意义。正是在这一"洋博士下乡"的乡村建设以及民族自救运动中，定县秧歌进入这些洋博士的视野，且凸显了出来。1933年，作为定县平民教育运动的中坚，李景汉、张世文一道选编了《定县秧歌选》，由中华平民教育促进会（平教会）出版。数十年后，深度参与了定县平民教育运动的美国人甘博（Sidney D. Gamble），出版了定县秧歌的英文版，*Chinese Village Plays from the Ting Hsien Region (Yang Ke Hsüan)*。

自此，定县秧歌这种原本在乡野生发、传衍的小戏，不再仅仅是民间、乡土、方言与日常的。它与知识精英、城市、民族国家、政治、教育、文化、艺术审美、遗产、治理术、跨文化交际和世界等，都有了剪不断理还乱的关联。因为平教会诸君的关系，作为《定县秧歌选》主要的信息源，秧歌艺人刘洛福1931年前往北平登台献艺，并灌制了唱片。作为乡村戏，定县秧歌既是平民教育的媒介，也因之成为始终饱受赞誉的成果、经典。在当地的抗战动员，社会主义新人塑造，改革开放后的社会重整，红白喜事、庙会节庆等日常生活和当下的非遗运动中，定县秧歌这一被发现、动员以及主动请缨的乡土文艺，都不同程度地延续了其功能性效用，发挥着其或有形或无形的工具理性。

近百年来，正因为与演-观者日常生产生活、个体生命历程、社会运动、历史演进、地方文化建设、国家大政方针和科技革新之间的复杂互动，定县秧歌始终在学界有着热度。除李同民、李景汉、张世文、甘博、赵卫邦等奠基性的著述之外，朱迪丝（Johnson Judith）、欧达伟（R. David Arkush）、董晓萍、江棘等他者对定县秧歌都有可圈可点的著述：或偏重剧本，或偏重艺术，或偏重乡民的伦理道德观，或偏重女性在秧歌内外的在场。虽然风格各异，与定县秧歌的演-观者有着不同程度甚至有意的"间离"，这些主要依托定县秧歌剧文、剧情的著述却多少都基于或长或短、深浅不一的田野调查。

正是在田野调查这个意义上，作为定县本地人，年轻学者谷子瑞《定县秧歌：从乡村戏到非遗》这本更偏重于活生生的人的新著，显然有着其不容忽视也不可替代的价值。

二

子瑞对定县秧歌从乡村戏到非遗百年小史的梳理，在赋予定县秧歌以脉动——生命迹象——的同时，还给我们呈现了他者难以捕捉到的定县秧歌演进的隐蔽语本和其左冲右突的倔强。

在乡村戏这一历时性层面，定县秧歌有着下述繁杂、参差的风景：出于客位视角，李景汉等"海归"对定县秧歌的"净化"；随之，熊佛西对定县秧歌的舍弃，用话剧等外来的"文明戏"代替秧歌等土产的平教运动实践；平教运动对定县秧歌效度有限的功利性使用这一精英传统，和由之衍生且扑朔迷离的定县秧歌的"伪民间性"；以及诸多研究认真罗列的剧目的纰漏、瑕疵，研究者认真自圆其说的释读以及误读，等等。在当下也即非遗层面，因为非遗运动，定县秧歌的非遗化而命名的传承人与此前艺人，尤其是名角之间的不搭与分野。前者是自上而下的官方敕封，后者是自下而上的观者-民众的加冕。因为政府相关职能部门及行政人员和评审者的操控，与艺人有一定重合度的定县秧歌的非遗传承人成为多义与歧义的"复数"。其中，打政策擦边球的传承人、领导个人好恶决定的传承人赫然在列。这些多少"水土不服"、勉力嫁接杂交而成的传承人，势必对前在的艺人群体及其小社会造成一定程度的撕裂、重组。这种外力导致的分化自然影响到非遗化的定县秧歌的新生态。不仅仅是在中国，在世界的非遗保护中，这一令人警醒的发现都有着相当的普遍性。

子瑞多少有些将作为乡村戏和作为非遗的定县秧歌视为两极，对立了起来。在其辨析中，前者越发浪漫主义，素朴、拙野却温馨可人，后者则明显现实主义，理性、精明却庸常悲壮。乡村戏的定县秧歌成为评判非遗的定县秧歌的前提、基础与参照。

毫无疑问，哪怕是信息传递没有当下便通、快捷，当年李景汉等他者对艺人刘洛福的倚重与发现，尤其是将之"外派"北平的展演，对定县这个地域社会、对作为乡村戏的定县秧歌界绝对有着巨大的震动。这种震动产生的浪花、波纹，应该远胜于今天自上而下认定的非遗传承人对定县秧歌的影响。换言之，对乡村戏艺人–名角、非遗传承人二者放置在具体的社会环境、历史语境中进行结构性的整体比较，相关结论可能更加持平公允，至少会发现二者并非一个简单的水火不容、昔是今非的矛盾体。

非遗前（过去）、非遗化（现在）和后非遗（将来）之三段论，早已成为国内外海量非遗著述的经典范式。这些阶段分明且似乎精准的"八股"勾画，一方面受制于过去、现在和未来的线性时间观，另一方面则沉浸、演绎着发展就是好之幻象。在这种经典化的八股范式中：过去，不是不堪回首、忍辱偷生，就是辉煌灿烂、余味无穷，抑或艰难曲折；现在，虽然岌岌可危，却枯木逢春，且很快欣欣向荣；未来，尽管任重道远，却前景可期，光明一片。其实，每个非遗项目都有着自己的生命历程和演化轨迹。传承者的主体性得以发挥时，一个非遗项目就会有着因应时变、世变的调适能力，可能传衍下去。不接地气的外力的强行干预，心急火燎地打强心针，通常适得其反，甚或仅仅是回光返照，而无力回天。如此一来，非遗前、非遗化和后非遗这一看似动态的谱系，实则是静态与静力学的马甲，有着刻舟求剑的憨直、愚顽。

这种愚妄、偏执，多少剔除了时间对于特定个体、群体而言无时无地均在的主观性与主体性，将原本互现、作为一个连续体的时间物理化。被对象化，插入界桩的时间，成为一个一个裂块，或者一个个无限小的时间点。如此，作为符码，与这些时间块或时间点对应的人群、社会与文化,尽管可以任意涂抹、编织,却是隔山打牛,无法触碰本质。在《烧毁的诺顿》(*Burnt Norton*)开头,艾略特(T. S. Eliot)写道:"现在的时间和过去的时间/也许都存在于未来的时间/而未来的时间又包容于过去的时间。"

从乡村戏到非遗的命名,表明子瑞对定县秧歌有着时间连续体和"主观现在"(subjective present)抑或说"延展的现在"之意识。可是,在对比艺人和传承人时,她还是不自觉地陷入了时间裂块的缝隙,在两极间腾挪跳跃。对子瑞的这一质疑,多少有些鸡蛋里挑骨头,吹毛求疵。在新生的"非遗学"的语境下,它实属可能次生的,可遇而不可求的上穷碧落下黄泉的"非遗考古学"范畴。然而,在乡野与乡土一道野生野长而今天被命名为非遗的东西,通常是源头难明、谱系不清、空缺甚多而不可考的。至今,对定县秧歌而言,无论从哪个角度都重要莫名的刘洛福,其生卒年一直不详。更不用说,定县秧歌起源这一永恒的"迷思"(myth)。这一悖论,或者说"非遗考古学"这一伪命题,使得各国众多非遗项目的历史成为不断自我建构、完善的"发明的历史"。在这一世界性的潮流中,民族主义、现代民族国家、地方主义、文化相对主义、个人英雄主义、政治治理术、群体内部精英的优位主义、工业文明、信息技术文明等,都纷纷鞍前马后,染指其中。

子瑞多少朦胧地意识到社会静力学、革命诗学和文化单线进化论的威胁与危险性。她丝毫没有发明历史的企图,而是认真地发现历史。她的调研、书写有考掘的意味,却没有要写定县秧歌"知识考古"的野心。事实上,其踏查和梳理,已经成功地从历时与共时两个层面"热描"出了定县秧歌在乡村戏和非遗等不同阶段的复杂性、异质性和内在演进的连续性。在字里行间,她反复提醒我们，其看似否定性的辨析，并非要否定二十世纪三十年代平教运动、五十年代戏改、八十年代十套民间文艺集成工程和当下非遗运动等对定县秧歌横刀立马、扬名立万的良性影响。她仅仅根据自己的行走、观察、阅读、理解和思考，指出这些外力对定县秧歌影响的复杂性和多面性。其对相关否定性的揭示，反而正是要赋予这些运动以真实性、合理性，以及定县秧歌在演进中必然有的浓淡不一的"非乡土性"。其实，乡土性和非乡土性巨大张力编织而成的生态场，才是当下命名为非遗（工业非遗多少有些例外）的那些文化遗产生发、存身、传衍的真实远近布景。

正因为有着学术研究的持平之心和对故土的赤子之心，子瑞在历时、共时和观-演者心意等多个层面，都强调红白喜事、庙庆等"露天剧场"与省城京城、央视等高大上的"优位时空"的同等重要性。无论是因何种外力的正面影响抑或负面冲击，子瑞始终强调定县秧歌的生命力在艺人这个群体本身，在定县这块热土，在作为观者的民众的主动抉择。进而，其他著作中基本未出现的与庙庆-"台口"同等重要的演出场所——红白喜事-"小事"，成了定县秧歌蹒跚前行的根本。

与"唱台口"一道，"挡小事"不但赋予了秧歌艺人以生计、使观者人生仪礼有了神圣的庆典意味和热闹的氛围，在丰富当地人日常生活并使人生圆满、完美的同时，还为后起的非遗化的定县秧歌培养了基本的观演群体。即使在非遗化之后，台口、小事这些完全因乡野小民而生的敞亮的"空的空间"（the empty space）、质朴剧场（the poor theatre），依旧是定县秧歌最为根本的传衍时空与场域。领导、评委、导演以及传承人占主导地位的汇演、大赛以及送戏下乡的听令演出——有形无形也是全景监视的闭合舞台,虽然是非遗化定县秧歌的面子,却大抵是乱人眼而花里胡哨的点缀,实乃相关人群必须完成的工作和自娱自乐。然而,子瑞发现,正是这一制度性的点缀,使得因生计和传承而一体性的秧歌传承人-演者不得不面对多元化的"主家"。这些当下的"主家"包括:红白喜事的主家、红白喜事中"管事的"、庙主、政府官员、评审专家、记者、导演、高级别的传承人以及企业家,等等。

在书中,子瑞有些冷幽默地写道:在行动的文化建设与保护,"可能是重视,也可能是漠视;可能是鞭策,也可能是反讽",而"真正的传承是艺人在日常生活中自动自发完成的"。

值得称贺的是,国家级非遗这顶先声夺人的帽子没有遮蔽要写定县秧歌的子瑞的双眼。直接逼视定县秧歌本身的她,反而写出了作为定县秧歌的国家级非遗的由来与真相。子瑞告诉我们:对定县秧歌而言,哪怕是早早步入精英眼帘、走出国门,哪怕非我莫属、首当其冲地成为首批国家级非遗,其生命力依旧在乡野,在包裹城市并与之绵长互动的乡土。当乡野被雅化为城镇,当乡土始终被视为城镇的对立面而被强力挤压与侵蚀,被命名为非遗的定县秧歌就面临离乡、离土、离民,及至被"家国情怀"等大词霸凌、失语失声,而上气不接下气的窘迫和艰难。它既无望惟非遗马首是瞻、全身而进、华丽转身,也难以偃旗息鼓、全身而退、寿终正寝。

事实上,悬置抑或说悬浮(轻盈得沉重、沉重得轻盈;欲坠不坠、欲飞不飞),是诸多厚重却空洞、千篇一律的非遗报告和雄文——"非遗八股"——中称颂的非遗的真相。要振兴、弘扬多数原本与乡土一体却宛在水中央的非遗,道阻且长。显然,子瑞的这本小书应该是占据要津,对乡土没有真感情更乏真性情的非遗八股家们嗤之以鼻，不屑一顾的。不容置疑，这些有着话语权以及签字权的上位者，确实真心热爱高大上的"非遗"这个语词。

三

其实，写这本不温不火也不担心惹人恼而好处说好、坏处说坏，真心诚意向定县秧歌和故乡致敬的小书，子瑞并不容易。与她的定县秧歌和故土定县一道，子瑞本身也经历了化蛹为蝶的升华和心灵的净化。这种升华、净化，不是渐行渐远的背井离乡，而是对乡野的回归、亲近，直至水乳交融。

2016年刚上研究生那阵儿，听到我说定县秧歌、平教会、定县平民教育运动、李景汉、甘博、宋文川、韩飘高这些语词时，作为定县人的子瑞明显茫然，眼睛空空如也。这块土地上各色人等的起起落落，生生死死，飘飘荡荡，于青春的她并无多少印迹与意义，更不用说刻骨铭心的体验。她俨然生活在真空。常年朝夕置身的故土，仅是一个来去匆匆的驿站，无涉身心。一切，缥缈而欷歔！可是，对故土漠然而陌生的她很快就进入了角色，并将她对自己的成长、对故土的热爱熔铸到了对定县秧歌的调查、观察与省思之中。台前幕后、老少爷们、姑嫂妯娌、家长里短、声声秧歌、纤纤丝竹、传说故事、一草一木和冬寒夏热的四季转换等，都迅速浸透着她的每一个感官、每一种触觉。这些肌肤相亲而深呼吸、吐纳的瞬间化效应（instantaneous effect）熔铸、会通了她一个又一个的"意识的厚瞬间"。身外的故乡、秧歌不但化为感官、知觉，也私化为其如影随形且终生挥之不去的主体性之本质。

在此意义上，她倾注心力而成的这本《定县秧歌》就是她

柒　余韵　319

这个定县人个体的，是大写的"我"的。将这本素朴的小书，视为子瑞厚重的成年礼、视为她率真地树立给故土和定县秧歌的丰碑，应属情理之中。

虽然在读研之前对定县秧歌几乎一无所知，也没有在调查中跟着秧歌剧团三弦师父学三弦，但定县秧歌却对子瑞这个生命个体有着不言而喻的"纪念碑性"。这种纪念碑性无关一个可能在艺人之间流传的秧歌手抄文本、无关定县秧歌的国家级非遗名头，而是直接指向定县秧歌本身。诸如：苏东坡创定县秧歌传说之于不同受众的接受美学；定县秧歌上演的小事、台口、礼堂和央视等时空；定县秧歌的剧目、文本、角色行当、唱腔、舞台布景、锅烟子与油彩；刘洛福、宋文川的红火传奇；非遗传承人的尴尬与勉力；合伙搭班分钱的斗智斗勇，台前幕后不乏暖意的勾心斗角；意在培养秧歌传承人的昙花一现，且连景观性都荡然无存而俨然"废墟"的戏校；冬日里与剧团一道游走在乡野阡陌时，扑面而来的阵阵寒意……

不论什么级别，如果一项非遗外在于个体、于个体生命了无意义，那么它也只能在馆舍中化石般虚无地存在，徒劳也徒然。在此意义上，不同行政级别的非遗，不但是乡土的，它更应该是个体的，哪怕仅仅是个体自我的镜像与投影。其实，文学、艺术与所谓的学术著作，又何尝不是如此？

这难免让我想到善于写乡风民情、生老病死之常相的萧红，想到经常放逐并追问自我而一直在路上、无始无终的何贝莉。《生死场》《呼兰河传》都是悲情而绝望的。萧红的文字有吞噬一切的魔力。读者经常会身不由己地被其文字抛到洪荒之外，寂然凝虑，思接千载，却没了归路。在《无始无终：转山》中，贝莉始终都在藏地的圣山圣境中目的明确地拷问自己的灵与肉。以女性的柔弱、坚毅与果敢，以人性的刚健、怜悯和宽容，贝莉同时扮演了猎手与猎物的双重角色。灵山就在天边、眼前，脚下的路却没有尽头，甚至不知通往何方。

同为乡土以及非遗的暮歌，子瑞悲情而不煽情，更没有一度红火的非虚构写作不伦不类的矫情。反而，子瑞不时言说着希望与可能，字缝间不乏一丝丝闪闪烁烁的光。面对欣欣向荣同时也庸常甚或惨淡的现实，仿佛贝莉的转山，子瑞、定县秧歌和故土三位一体的"自我"的朝圣的脚步不免滞重，执拗的眼神难免疲困。可喜的是，她坚持了下来，与百年来定县秧歌的观-演者一道，阶段性地转完了自己的山，让世人看到了少了光晕却一样让人动容的定县秧歌，让远方的他者更明了定县这片静默的大地与热土。

我想，经过了成人礼的子瑞一直在喃喃自语："渺小与伟大同在。乡土在、故土在，人心在、人性在，一切皆有可能！"

料峭春风吹酒醒。无论阴晴、真假，非遗本身并不是一个问题！但是，定县秧歌永远都会是一个问题！

（原文刊发于《读书》2021年第11期）

附录
修山，小民的丰碑

哦，那烤得焦黄的胜利纪念碑，浸染着冬日童年里的甜蜜！

——［德］瓦尔特·本雅明

一

南北山头多墓田，清明祭扫各纷然。
纸灰飞作白蝴蝶，泪血染成红杜鹃。
日落狐狸眠冢上，夜归儿女笑灯前。
人生有酒须当醉，一滴何曾到九泉。

这首是南宋人高翥（1170—1241）的诗：《清明日对酒》。

根据晓欢的调查，该诗颔联"纸灰飞作白蝴蝶，泪血染成红杜鹃"和尾联"人生有酒须当醉，一滴何曾到九泉"常常作为楹联出现在川渝两地乡野的坟茔，以寄墓主之思、家人之情、士子之才和匠工之艺。这些坟茔，有的是逝者生前就处心积虑、兴师动众修建好的。在川渝多地的方言中，人们多把建造坟墓叫作"修山"。多年来，在乡野大地，一个人在生前就能将自己的寿域、寿材以及寿衣都准备好，那是其人生成功的标志之一。当然，修山也可能是子孙后代为了表达自己孝顺而有的作为。

在人们的精神世界中，寿域直接关涉香火的延续、子孙的福祉、家业的兴旺、与天地自然的和谐，等等。所以，涉及生死两界并同时指向死与生的"修山"，其重要性丝毫不逊色于阳宅的修建。俨然高人或隐士修"道"，因为修"山"的符征与符旨，一个人终老了，川渝两地的人们也惯称"上山了"。这些或者都是晓欢用"修山"二字作为其新著书名的原因。

在此引用高翥的诗，而非流传度更广的唐代杜牧的"清明时节雨纷纷"，是因为后者已经被世人诵读得太过诗意与浪漫，诵读得太过幸福和欢愉。仿佛一次任性的踏青、远足，有些乏困而找酒家的诗人-行者，即使不是春风得意，也是一片祥和与心安理得。与此不同，高翥《清明日对酒》明显多了分沉重，多了些感慨，放得下又放不下。于是，生缠绕着死，死咬合着生；生者知道自己死后的情形，死者则在坟茔笑看生者的哭；生者会伤痛如啼血杜鹃，死者也会安然与狐同冢而眠。

"纸灰飞作白蝴蝶，泪血染成红杜鹃"强调的是生者祭奠死者的悲，是真情，但何尝不是不同坟头生者之间的一种表演和攀比？"人生有酒须当醉，一滴何曾到九泉"则是曾经的生者——已亡人，和未来的死者——当下的生者，对人生的一种感悟、调侃、戏谑，看透也想得开的游戏精神满满。其中，有蓦然回首，有幡然醒悟；有回天乏力，有怅然无奈；有对子孙墓前祭扫的殷殷期许和镜像展望，生如死；有独守坟茔的凄然认命和对儿女灯前欢笑的人生之乐的祝福，死如生。

其五味杂陈、欲说还休、一哭一笑、生如鸟、死同兽、生死缠绕，剪不断理还乱，更是思量难忘，不思量也难忘。这些让杜牧的清明时雨、行人、牧童、杏花和酒家更显清爽、单薄。丝雨无痕。其原本要抒发的淡淡的羁旅之怅、人生之叹，益发地淡了。当然，这或者也是绝句和律诗的体裁之别、之限，是中国历史上唐、宋这两个同样伟大朝代的别与限。显然，对杜牧《清明》和高翥《清明日对酒》迥然有别的日常化阅读体验和再利用，源自后人对这两个过往"盛世"的拟构。这种拟构既是充满集体无意识、辩证色彩的梦境意象，也是一帧帧相互叠加的动态显影。

二

事死如事生，事亡如事存！

从晓欢这本《修山》的呈现可知，虽然历经千年，但受儒家学说传衍教化的国人的生死观并没有多大变化。哪怕今天川渝两地的子民主要是清初湖广填四川的移民的后裔！阴宅阳宅比邻，甚至无缝对接，在坟头雕刻精美的墓碑晾晒衣物，小孩子们玩过家家、捉迷藏……这些或者是今天城市子民万难想象的情景。生死的绝对区隔、将生与死锁闭在固定的空间——产房和太平间，是今天光鲜亮丽的都市生活的基本特征。

这种区隔、锁闭，重塑着人们对死亡的感知，重塑着人们对街坊邻里、长辈的情感，重塑着人们对生命体的理解。在时间、空间、心意等多重维度上，车水马龙、灯火辉煌的城市的生命都呈现出有序而规整的断裂，如刀切斧砍。生是生，死是死。生命，不再是一个你中有我、我中有你的连续体。人生，被简化为也真正成为人之生，难回望，也不愿前瞻。少了敬畏和对死的日常亲昵与凝视，无论功成名就还是辛苦恣睢，个体的生命也轻漫起来，随意挥洒，甚或如断线风筝，来去自如。生不一定伟大，

附录　325

死却越来越像凌空飞舞的鸿毛。

以重生、现代和文明的名义，葬礼，也被迫继而主动地从敬畏土地的农耕时代的"厚"演进为远离土地的后农耕时代的"薄"。

就生、死而言，在工业化、现代化之前的"乡土"中国，因共享的生命观、价值观和伦理道德，汉族人主导的城乡的差别并不是太大，甚至并无质的不同，而且一定是一丝不苟、厚重与厚实的，也是烦琐、冗长的。1940年前后，燕京大学社会学系的本科生陈封雄对北京郊区前八家村一带的丧仪进行了参与观察和真切记述。其完成于同年的学士毕业论文《一个村庄之死亡礼俗》对村民践行的生死一体观有着细腻的呈现。

在前八家村，长者面对质佳的寿衣，会倍感欣慰，也不乏自己准备寿衣者，"直若备办行装，处之泰然"。陈封雄写道：

> 制作或购买寿衣须择闰月中之吉日，择闰月乃延寿之意，寿衣之质料绝不得用缎，因"缎子"与"断子"音同。乡人制寿衣多用布，又不宜制皮衣，恐死者来世全身生毛，亦不可需衣领与纽扣（以布条代之），因"领子"有领去子孙之讳，纽扣俗呼"纽子"，将子孙扭去当属大忌。衣袖宜长，不使手掌外露，恐死者来世沦为乞丐，寿衣层次之总和应为奇数，乃忌重丧也。普通乡民所备寿衣多为白布衬衣衬裤各一，蓝布夹袄夹裤各一（无裤带，因有"带子"之忌），夹袍一件，此外尚有白布袜，腿带，布鞋各一只，瓜皮帽一顶。妇女无长衫与帽。

在死者尸身入棺之后，人们会在尸体上以"陀罗经被"盖之，下垫黄色褥子，取"铺金盖银"之意。陀罗经被，是黄色布上印有朱字番经，多是北京城鼓楼东的双盛染坊所制，各寿衣铺都有代售。盖陀罗经被时,人们有时会将其移到尸体足部,尸身不盖一物,谓将来死者托生时不至于妨碍其"起立"。此外,村民们还有给亡者"开光""开口"和去绊脚丝等多种仪式化行为。陈封雄写道:

> 继由孝子用茶盅盛净水,以新棉花沾之,揩拭亡人面部与眼睛,谓之"开光",谓使来世眼不瞎,实则乃使亡人目瞑之法,因有人死后尚睁目,以水拭之可使合目。开光时,孝子呼"开光啦!"乃相信死者仍有感觉,故以对生者之态度待之,拭毕将茶盅自脑后掷而碎之。
>
> 亡人口中之茶叶包亦须取出抛弃,否则来世成哑子,谓之"开口"。足部之绊脚丝亦须除去,以免来世不会行路,是故婴儿学步时,有人持刀在其后作斫物状,乃恐其前生未除绊脚丝也。亡人之手掌应向下,否则来生为乞丐。

事实上,这些丧仪还影响到幼儿的养育礼。在抓周仪式举行之后,人们要为幼儿举行一个附属的仪礼,剁绊脚丝。与陈封雄在燕京大学社会学系同年毕业的王纯厚在其学士毕业论文《北平儿童生活礼俗》中写道:"小儿由人扶着两臂,在地上站着,由另外一个家人在小儿两脚间用力剁着。扶着的人问:'剁什么哪?'剁的人答道:'剁绊脚丝哪。'连说数遍,这样小儿就容易学步了。"之所以如此,就是因为人们相信人是由死人转世托生的,死人脚上的绊脚丝,会阻碍小儿学步。

墓穴的布置与洞房,尤其是婚床,亦有相似之处:在避邪的同时,指向吉祥与子嗣香火。陈封雄注意到:墓穴中预先埋有一缸北京城内外阳宅中常有的金鱼,以示"吉庆有余";墓穴的四角埋有枣、栗,并用红纸包裹,以求子孙众多;撒在墓穴中的小米、玉米、高粱、红豆等五谷,用来辟土中的"邪气"。有的墓穴中,尤其是大户人家的墓穴中,还会放置或绘制有避火图,意在避免狐兔穿穴和蛟龙侵犯,使亡者"安生"。

在前八家村一带,婚仪中,尤其是铺床时使用的筷子,象征着"快生儿子",有着生育繁衍的符旨。与此相类,人们辞灵时,在给亡者准备吃食"布罐"用的新筷子,同样有着红事上有的符旨。陈封雄注意到:如果死者年少,布罐用的新筷子会被直接扔掉;如果亡者高寿,这双布罐用的新筷子,就会留与儿童使用,而且经常还会出现人们哄抢这双新筷子的行为。反之,根据陈封雄在燕京大学的同学石塽壬的调查,在平郊村一带,包括婚礼在内,遇到喜事时,人们要在坟头烧纸,告诉老祖宗家中喜事,这即"烧喜纸"。而且,在迎娶当天,在娶亲花轿启程后和返回前要摆设好天地桌,在其上将女家陪送的油灯——"长命灯"——点上,不能吹灭,只能待其油尽自灭。

显然,哪怕是京城近郊,在那个年代关涉生死的乡风民俗中,人们不仅践行着"事死如事生"的古训,还反向实践着"事生如事死"的辩证法。

三

其实,一直到二十世纪晚期,无论是城市还是乡村,无论是江南还是西北边陲,日常生活中的生和死对绝大多数受儒家伦理教化的国人而言,都还是一体的。

对晓欢在《修山》中强调的墓葬的形制、艺术,我绝对外行,不能置喙。嘱我作序,应该是因为我出生、成长的故乡正好在他这十多年来墓葬调查的地域范围之内。此外,或者还有对我从事的所谓民俗研究的归类。也即，他应该有敦促我反思、重品家乡父老乡亲生死的美意。

保存还相对完好的四川剑阁县迎水乡天珠村享堂式的何璋墓，修建于道光十年（1830），占地280多平方米。这是晓欢书中数次提及的案例之一。何璋墓距离我家仅仅十余公里。三十多年前，在老家教中小学时，我还去迎水乡中心校监考过。骑自行车往返途中，我自然遇到路边众多或新或旧、繁简不一、规模不等的坟茔。那时，一心想逃离故乡的我，对这些坟茔不以为意，从未驻足。通过晓欢的大作，我才知道何璋墓和它别样的意义。借此机会，我仅能给《修山》中呈现的正在消失的涵括生的死和包裹死的生，也即晓欢已经充分注意到的萦绕着这些有着沧桑感的众生坟茔——文物抑或废墟的无形文化，提供点个人的体验、家乡的佐证，也借此向名不见经传却魂牵梦绕的父老乡亲致敬！

因为碑铭和族谱都毁于"文化大革命"，按照有限的口传记忆，我们岳姓祖上倒不是湖广填四川"填"来的，而是从陕西迁来的。从陕西迁来的老祖先是落脚绵阳市魏城镇，后来有兄弟三人再从魏城迁到了有清云河（现在官名"葫芦坝河"）环绕的"岳家坝"这个地方，繁衍生息。我们这一支所在的背山面水的小山坳，因槐树得名，叫槐树地。

在槐树地，山脚下的阳宅和阴宅比邻守望是常态。出门只要不是下河而是上山，百十米范围内左左右右都是高高低低、大小不一的坟墓。儿时，上山给地里干活的父母送工具、放牛，离家翻山上学，都得在大小坟堆间穿梭。墓地的树少有人砍伐，植被不错，行走其间，不时能碰见进出坟茔的蛇、兔子、黄鼠狼和锦鸡等动物。在阳宅，黑漆漆的寿材基本都靠墙停放在厅房（堂屋）之中。我上小学三年级时，因村小学垮塌重新修建，我们这个十多人的班就借了一家人的厅房作教室。"教室"内，除放黑板的正前方，其他三面墙都停放的是棺材。换言之，寿材、坟墓是我们自小朝夕相处的物事与景观，我们也很早就知道一个人最终的归宿在哪里。小伙伴之间当然常会拿墓地夜晚不时闪烁的"鬼火"（磷火）炫耀胆大，也会编造些故事吓唬胆小的。

在年届四十时，父亲买了两棵大柏树，请木匠给他自己和母亲"割木头"——做棺材。家中使木匠的数月，正值暑假。当时，往来的邻里不是在谈论木材的好坏、棺材的大小，就是感叹父母的能干和作为子女的我们的好命。如同众多邻里一样，父母没有丝毫的惧意，有的是对木匠的殷勤周到，有的是对邻里的谦逊。当然，他们也确实有着时值壮年就能自己为自己准备好寿木而不用给子女增添负担的自豪。但对那时还年少的我而言，父母真的会死这个意念却深刻在了意识之中。一天天看着父母亲的棺材从无到有，我有着不知将来会怎样的隐忧和恐惧。这也激发了自己必须寻摸咋活的意识，读书反而用功些了。

虽然早已经有了体系化也不乏成功的学校教育制度，但那个年代在槐树地的人生更像是门手艺活儿。生是怎么回事，死是怎么回事，人该怎么活，不是学校里的先生苦口婆心教出来的，而是家人、长辈、邻里、比邻的阴宅阳宅和日常也见惯不惊的生与死给熏出来的。老旧的俗话"穷人的孩子早当家"，或者说的就有这层意思。代际的更替、生死的必然，沉重与轻盈，一个人不论年龄大小，真的领悟到了，人生就特别踏实、从容，生命就显得坚韧、坦然：有梦想，却很难有非分之想；会努力，但又舍得，随心随性，拿得起放得下，不钻牛角尖儿，不一根筋地死磕；怨天尤人的同时也安贫乐道，笑口常开。

在槐树地，一个人生前给自己做寿材，绝不仅仅是当事人的坦然与成功。对于家庭、邻里、亲戚来说，它都是一件大事，会引起三亲六眷的广泛关注。只要财力允许，随之而来在家族或自己所属房支的墓地繁简不一的修山也就自然而然，至少会将坟台石早早地找石匠打好。在此意义上，槐树地乡邻的生不但与死是一体，也是指向死的，好像生就是为了按部就班的死。这种指向、交融是个体的、家族的，也是地方的。也因此，只要是儿孙绕膝的寿终正寝，丧礼都不乏喜庆色彩。

　　直至二十世纪九十年代，槐树地的小孩对红白喜事宴请时才有的各种干果、拼碗、糯米片子、甜烧白、龙眼肉和夹沙肉的盼望是常态。对于坐在席桌上嘴馋的小孩子而言，生死本身又不那么重要了，哪怕也会在大人的教诲、带动下鞠躬、磕头。当然，妇女、老少等弱势群体，也不乏以死的极端方式抗争和求生，即"我死给你看"！民工潮未兴起之前，投河觅井、悬梁上吊、喝农药在槐树地是不时会有的突发事件。好在，多数是有惊无险、虚惊一场。在邻里亲戚的关注与哄劝下，弱者也好，强者也罢，人们都有了面子。日子该怎么过还怎么过，没有过不去的坎儿。

　　老人一旦故去，在邻里亲戚的主动帮助下，儿孙后辈们会按照自小耳濡目染的既定仪礼，在端公（阴阳生）、知客先生的指导下，一丝不苟地将老人送上山。在择定的日子天明前出殡时，鞭炮齐鸣，纸钱翻飞，雄鸡开道，孝子抱着遗像、神位，大人小孩擎举的花圈、旗罗伞盖、纸人纸马，起起伏伏，俨然声势不小的皇家仪仗。按既定程序安埋好逝者，生者再次聚首主家坐席吃喝，日子如常。对变化多端、求新求异的都市文明熏染出来的强调个人主义且自我中心的子民而言，槐树地围绕死亡的这一切，可能是愚昧、落后的，或者是因循守旧以至不屑一顾、嗤之以鼻的。

　　因为地处山野，虽然早已有人外出打工、有都市文化不停地浸

附录　331

透与吞噬，但老家人坦然面对死亡的这种心态，至今也没有多少变化。清楚地记得，2012年春节，年过花甲、在城市乡村两地换住多年也喜欢打麻将的堂姐，被诊断说得了癌症，且预判时日不多。回到乡下的堂姐没有一蹶不振，只是叮嘱与我同龄的外甥马上给她做棺材。去探望她的那天，天气阴晦，堂姐家正在使匠人割木头。堂姐没有化疗，只是到镇医院打打点滴。老家不缺木材，做棺材也总是力所能及地挑上好的木料。好棺材讲究一块木料做成的整底、整盖。在我见到堂姐时，她满脸笑容，爽朗地说："我们买的好料，匠人把料砍多了，棺材给我做小了，还不知道躺进去舒不舒适！"这反而让原本伤感的我，多少有些轻松、自然起来。

其实，不仅老家的父老乡亲是这样。在陕甘宁一带，过六十大寿的老人当天要在自己的寿木躺躺这一习俗近年还不时能碰到。在当地，"合木"就是专门用来指称这一仪式性行为的方言。沈燕的新著《假病：江南地区一个村落的疾病观念》（2022），言说的就是当下江南的乡野，人们是如何坦荡地面对生死交错的日常，尤其是吃斋念佛的蹒跚老者如何与死亡打交道与管理死亡。

四

在《修山》中，晓欢通过川渝乡野的众多现存墓葬的形制、营造、艺术、守护、使用以及偷盗的释读，全方位地展现了迥异于现代都市中国的乡土中国抑或说传统中国、民俗中国，尤其是西南中国的生死观和相应的实践，呈现出了乡野中国的小民百姓丧葬中的肃穆与喜庆闹热的杂合性。同时，他也特别强调祖坟对于乡民心性、情感、故乡认同和乡村振兴的不可缺失性。

一百多年前，法国人谢阁兰（Victor Segalen）曾经到过川北，并拍摄过那时川北的墓葬、石碑和石窟等。这些行走和拍摄，是谢阁兰后来出版其诗集《碑》的基础。在《修山》中，晓欢不无景仰地引用了《碑》"序言"中的文字。因痴迷中国而探秘并尝试揭秘中国的谢阁兰在《碑》序言开篇写道：

  这是一些局限在石板上的纪念碑，它们刻着铭文，高高地耸立着，把平展的额头嵌入中国的天空。人们会在道路旁、寺院里、陵墓前突然撞上它们。它们记载着一件事情、一个愿望、一种存在，迫使人们止步伫立，面对它们。在这个破烂不堪、摇摇欲坠的帝国中，只有它意味着稳定。

  铭文和方石，这就是整个的碑——灵魂和躯体，完整的生命。碑下和碑上的东西不过是纯粹的装饰，有时是表面的华丽。（车槿山、秦海鹰译）

  其实，夹杂着一张张庶民墓碑、坟地图片的《修山》，何尝不是一座让我等枯守斗室的宅男羡慕嫉妒恨的"丰碑"？而且，这座丰碑是给川渝大地如蝼蚁般的小老百姓树立的。

  十多年来，利用教学之余的空当和假期，晓欢在川渝乡野不疾不徐、探头探脑地踏访、测量、采录、拍摄、描绘、思考与书写。这些行动本身同样有着巫鸿定义和强调的纪念碑性。毫无疑问，晓欢不辞辛劳踏查的川渝乡野残存的这些"生基"，完全是皮埃尔·诺拉（Pierre Nora）意义上的"记忆之场"（Les Lieux de mémoire）。然而，正是晓欢的劳作与凝视，小民的生死才具有了纪念碑性，小民们的坟茔、墓碑才成为对个体、宗族、地方、民族和国家都不可替代的记忆之场，成为中华文化原生态的露天博物馆。事实上，这些散落乡野，如星火般存在的墓碑、坟茔，更加坚实地赋予中华文明以一体性、绵长性以及恒定性，意味着谢阁兰所言的"稳定"。

"打断骨头连着筋"。父母和子女之间、祖宗和后人之间、传统和现代之间、都市和乡野之间，都是如此。在此意义上，墓碑、祖坟，不是阴阳的阻隔，而是通道，是守土的小民百姓和流动的农民工我行我素、自然切换和穿越的元宇宙（Metaverse）。作为永恒之物，或者说小民欲念中的永恒之物，它"调节着围绕它呼啸而过的精神往来"！乡村振兴，肯定在人。但正如晓欢在《修山·后记》中所示：祖坟，或者是在外漂泊的乡民回乡的最后理由！晓欢通过微信告诉我，他遇到的那位在外打工大姐深深触动他的原话是："农村老家我们不回去了，祖坟都没有了！"

哪怕是个例，这都多少有些残酷！

以此观之，晓欢的《修山》更加意义非凡。或者，今后人们再提中国人的墓葬时，不会再只是念叨妇好墓、各种皇陵，抑或武梁祠、三星堆。或者，今后人们提及西南乡野的墓葬碑铭时，不只是会想到柏施曼（Ernst Boerschmann）、谢阁兰等洋人和晓欢称赏有加也确实伟大的建筑师梁思成。

过去，是未来的前奏。未来，是过去的后效应。在《柏林童年》（*Berliner Kindheit um neunzehnhundert*）开篇，本雅明有言：

哦，那烤得焦黄的胜利纪念碑，
浸染着冬日童年里的甜蜜！（王涌译）

正视身边寻常的生死，做我们力所能及的事，这应该更有意义。为了更好地活着，我们也只能如此。

人，终将归于泥土！

（原文刊发于《读书》2022年第10期）

后　记

　　这是一本有出版资助的书。更准确地说，它是一本有出版资助的个人文集。本书以"散"命名，但并不草率！

　　它关注社会现实、学术事实，力求呈现"常识"。它有着道德和操守，与非遗有关，又远非非遗。尽管如同达那伊德姐妹之桶（the cask of Danaides）和西西弗斯之石（the stone of Sisyphus）的非遗，亦如吴刚永远砍伐的那棵桂树和夸父追逐的炎炎烈日的非遗，俨然经国之大业、不朽之盛事，已经成为镶有金边、漫天飞舞、散发光晕的热气球。

　　因为尝试表达一些意涵——观看、演讲和书写时所透过的那个盲点、那太过可见的不可见性、那太过亲近的疏远、那未知的熟知，这本以非遗为经的小册子也就外显出些许的阳刚之气，从而具有点必定会被不以为然的攻击性。仿佛刚一出脚就泄气干瘪的足球，其力道之不足、射程之有限，完全可以忽略不计。然而，尽管漏洞百出，整装待发前就奄奄一息，这却是一次自不量力、不忘初心而持之以恒的游戏性的尝试与僭越：希望看到"更远的前方"，而非"前面那个人的后背"。可是，它又丝毫没有为"身后的人"做榜样的闲情逸致与雅量。

　　故，它不趾高气扬，更非纪念碑，而是谦卑、温和与反身性的，像在当今城乡夕阳下随处可见的熠熠生辉、裹挟微风的回旋镖。搜肠刮肚、苦心焦虑也小心翼翼地写作、发表与出版，既是自省与自伤，也是自我协商以及期待中的自我修复与和解。自然，即使不是严格意义上的"声名狼藉"，这也是一个失去自己面孔和自身存在的过程。

米歇尔·福柯曾无可奈何也底气十足地写道："一本书产生了，这是个微小的事件，一个任人随意把玩的小玩意儿。"

二〇二三年七月廿八日定稿